本书为天津市文化艺术科学研究规划项目(批准号 E08062)

津沽文化研究集刊第八种

主编 王振良

紫荠掇实

水西庄查氏家族文化研究

叶修成 著

天津出版传媒集团

天津古籍出版社

图书在版编目（CIP）数据

紫芥掇实：水西庄查氏家族文化研究 / 叶修成著.
—— 天津：天津古籍出版社, 2017.4
（津沽文化研究集刊 / 王振良主编）
ISBN 978-7-5528-0507-9

Ⅰ.①紫… Ⅱ.①叶… Ⅲ.①家族—文化研究—天津 Ⅳ.①K820.9

中国版本图书馆 CIP 数据核字(2017)第 065011 号

紫芥掇实：水西庄查氏家族文化研究
叶修成 著

出版人 / 张玮

*

天津古籍出版社出版
（天津市西康路 35 号　邮政编码：300051）
http://www.tjabc.net
今晚报社印刷厂印刷
全国新华书店发行
开本 880×1230 毫米　1/32　印张 11　字数 240 千字
2017 年 5 月第 1 版　2017 年 5 月第 1 次印刷

ISBN 978-7-5528-0507-9
定　价：58.00 元

序 言

黄禄衡

今夏,天津地区多雨而未涝,就农事而言,这是个丰收的好兆头。8月中旬,叶修成先生携书稿来,我急忙忙喜匆匆地认真拜读。果然,这是在水西庄研究这块沃土上耕耘出的又一大收获,是这个研究领域中的又一大成果!

我们在这里所说的水西庄,不是一个狭义的具体物质形态的园林,而是天津历史上一个重要的文化现象,这个文化现象看似一峰兀立,但它的出现绝不是偶然的,而是有着非常丰富的原因,这里面有历史的、政治的、经济的、文化的、社会的,甚至还有地理的,等等。认识水西庄,对于全面、准确地认知天津,甚至认知一个历史时期,都具有非常重要的价值。天津的城市发展过程,决定了它是一个多元的、复合的城市文化形象,不能也不可能用单一的文化符号予以勾画和定位。运河文化、码头文化、租界文化……等等提法,虽然各有其道理,但都无法准确地进行概括。水西庄现象就是天津文化构成中不可忽视的重要元素和因子。

人们谈到水西庄,常常引用袁枚在《随园诗话》中的一段话,将水西庄和小玲珑山馆、小山堂、瓶花斋并列,称为"运河上的四颗明珠"。其实袁枚之所以将这几处相提并论,首先不是甚至根本就不是因其园林之盛,而是因为这些园林主人的学识与收藏,是因为这里出现的影响颇大的文化活动。正如本书中几次提到的杭世骏的叹息:"查莲坡殁而北无坛坫,马嶰谷殁而南息风骚。"杭世骏是看到了园林背后真正的价值,看到了园林主人在文坛上的作用和影响。

正因为如此,自清末水西庄湮没以来,它就从来没有淡出过人们的视线,保护和承续水西庄的文脉,便成为一批又一批有识之士为之努力的事业。至少自20世纪20年代即有人在进行着水西庄的文物收集、资料整理与学术研究,否则在30年代初成立"水西庄遗址保管委员会"时,也不可能参与人数众多,并在短短的四年内取得那么多的成果。自那时至今已近百年,关于水西庄文化现象的研究时有高潮与低谷,但是从未中断,特别是自20世纪90年代始,水西庄研究越发引起学者的重视,也产生了更为广泛的影响。这个过程,作者在本书中有专章论述,毋需我在此饶舌。

尽管水西庄的研究在某种程度上与水西庄在天津的历史文化影响还不相匹配,但毕竟经过众多学人的努力,已产生了一批颇为可观的成果。这些成果涉及很多方面,虽然还不能构成若干分支(像红学那样,已形成了曹学、版本学、大观园学等),但一些研究已呈现出向纵深发展的趋势,这是一个可喜的现象。

叶修成先生的《紫芥摄实:水西庄查氏家族文化研究》便是这些研究成果中的一部力作,一个亮点。如果说,研究天津的历史文化不能不涉及水西庄,那么可以说,研究水西庄则不能不对这部书作深入细致的研读。

水西庄文化,当然不是水西庄主人家族的文化,它是由当时一批文人学者(包括官员)共同构成的文化现象和文化成果。再广而言之,甚至可以包括在水西庄衰落之后仍受其影响而产生的文学活动(如城南诗社等),但就其主体与源头而言,首先则是查氏家族的文化活动,一切水西庄文化现象无不是由此而衍生出来的。那么,研究查氏家族文化对于探究天津文化,其意义不言自明。更何况,水西庄的由兴而衰,终至不存,与查氏家族的由兴盛而渐趋平淡有着不可割裂的关系。尤其重要的是,查氏家族的任何变化,都反映着一个历史时期,尤其是清中期的政治、经济、文化、社会的种种,折射出丰富的社会现象,传递出具体的历史讯息。从一个家族看一个时期、一个地区、一段历史,是具体而生动的,是真实而鲜活的,这也是治学的重要方法和方向。

叶修成先生选择了这样的角度用功用力,可谓是有胆有识,十分明智。这必将是一条艰苦的治学之路,从本书中那些分量颇重的文章中可以看出作者的用功之勤,用力之大,既有文才,更有史眼。作者利用大量的资料,条分缕析,涉足之处,既深又广,列举丰富的例证,组织严谨的考据,进行周密的论证,旁征博引,左右互证,有辨析求真之意,无哗众取宠之词,更没有故作惊人之语,充分显示出负责任学者的严肃治学态度和深厚学术素养。

一切研究工作都须从资料入手。作者在这部书中发现和整理了大量非常有研究价值的资料,一切结论皆从资料出发,因此极具说服力。如发现和辑录了一批佚文(诗词),有着不可忽视的含金量。又如,书中"水西庄及查氏家族文事活动编年"一章,虽主要将文事活动时间下限截至乾隆十四年,然而其实际跨度达300年之久,仅此一斑即可见其整理过程之艰辛。这个工作过程或许是枯燥的,但其成果诞生之喜悦和对学术之贡献亦足以冲抵其枯燥了。再如,作者对一些长期以来似乎已成定论的观点提出了不同看法,对若干尚有争议的问题表达了观点,予以了辨析,更是基于对资料的充分掌握和深入分析。

作者的这些工作是积数年之功奉献给水西庄研究领域的重要成果,对于推动水西庄研究的深入开展具有很高的价值和意义,我们祝贺这部力作走近读者,为水西庄研究的画卷上涂上浓重的一笔。

我们说水西庄是天津市民的一个"乡愁",可叶修成先生并不是自幼生活在海河之滨、运河之畔的学者,但他对天津倾注了这般的挚爱,使我深受感动。叶先生带领着一个年轻的团队在做着水西庄研究的事业,这使我有充分的理由相信,水西庄文化研究是有广阔的前景的。带动一批年轻人来做研究,这可能是叶修成先生一系列成果中更为重要的吧!我对此充满希冀。

叶先生嘱我作序,不敢违拗,遂拉杂写了以上文字,虽不成样子,然皆为心声。

2016 年 8 月

目 录

序言 / 黄禄衡 ·· 001

第一章 水西庄及查氏家族研究述略 ·············· 001
 一、20世纪30年代兴起时期 ················· 002
 二、20世纪90年代发展时期 ················· 003
 三、新世纪以来继续推进时期 ················· 005

第二章 水西庄兴衰史论 ·························· 013
 一、水西庄主人及其著述 ····················· 013
 二、水西庄的兴建与衰落 ····················· 015
 三、水西庄兴盛的时代背景 ··················· 017
 四、水西庄的宾朋好友 ······················· 019
 五、水西庄的历史文化意义 ··················· 025

第三章 水西庄查氏家族研究 ···················· 031
 第一节 水西庄查氏家族成员生平及其著述 ······ 031

第二节　家谱所见查日乾遗文辑存 ………………… 051
　　第三节　杭世骏佚文《查莲坡墓志铭》与查为仁乡试科场案 … 063
　　　一、杭世骏与《查莲坡墓志铭》 ………………… 063
　　　二、查为仁乡试科场案之真相 …………………… 068
　　　三、查氏父子逃匿地点与被捕过程 ……………… 076
　　　四、查为仁乡试科场案的意义 …………………… 078
　　第四节　查为义生平仕履及其文艺创作 …………… 079
　　　一、查为义的生平仕履 …………………………… 080
　　　二、查为义的文学与艺术创作 …………………… 085
　　第五节　水西庄主人传记五篇 ……………………… 090
　　第六节　水西庄查氏后裔墓志铭四方 ……………… 102

第四章　水西庄宾朋研究 …………………………… 116
　　第一节　英廉在津创作及其与水西庄查氏家族的交往 … 116
　　　一、英廉其人其诗 ………………………………… 116
　　　二、英廉与水西庄查氏家族的交往 ……………… 119
　　　三、英廉与天津其他诗人的交游 ………………… 130
　　　四、英廉在天津登览纪行之作 …………………… 137
　　第二节　《查氏七烈编》中所见清代佚词九首 …… 146
　　　一、陈维崧佚词《潇湘夜雨》 …………………… 147
　　　二、雍乾之际文士佚词 …………………………… 152
　　第三节　厉鹗与水西庄查氏的交游及其佚作 ……… 157
　　　一、厉鹗与查氏南北诗文赠答 …………………… 158
　　　二、厉鹗的天津之旅 ……………………………… 165
　　　三、《拟乐府补题》的唱和与结集 ……………… 174
　　　四、查氏著述中所见厉鹗佚作 …………………… 179

第四节　水西庄查氏著述中所见杭世骏佚序二篇 …… 182
第五章　水西庄及查氏家族文事活动编年 ………………… 190
附录 ………………………………………………………………… 294
　　一、水西庄始建年代新证 ………………………………… 294
　　二、乾隆帝五次驻跸水西庄 ……………………………… 297
　　三、"屋南小筑"在天津旧城内 …………………………… 299
　　四、《天津市红桥区志》有关水西庄内容的辨误 ……… 302
　　五、查氏在天津的别业 …………………………………… 311
　　六、水西庄重建的构想 …………………………………… 315
　　七、水西庄及查氏的传奇故事 …………………………… 319

参考文献 …………………………………………………………… 322
后记 / 叶修成 ……………………………………………………… 330

第一章 水西庄及查氏家族研究述略

天津是一座有着六百多年建城历史的文化名城,人文底蕴深厚,名家辈出,著述宏富。据高洪钧《天津艺文志》的不完全统计,1949年以前的津籍乡人有著作1500种左右,作者500余人[①]。然而,由于相关的学术研究和宣传推介等方面的力度不够,这些名家及其著作大多已经湮没无闻。其中,天津水西庄查氏家族即为其例。

水西庄查氏,原系安徽休宁查氏支派。北宋仁宗嘉祐七年(1062),查铨(字仲评)从休宁迁至饶州浮梁;宋徽宗崇宁二年(1103),查绍(字克初)又迁江西临川县紫石村;明朝万历年间,查秀(字聿秀)北迁顺天府宛平县定居[②];清代康熙中叶,查日乾(字天行)移居天津经营盐业,成为一代盐商巨贾。康熙末年,查日

[①] 高洪钧:《〈天津艺文志〉与天津历史文化名人》,《天津成人高等学校联合学报》2004年第4期。
[②] (清)查口乾:《世表》,查禄百、查禄昌等纂:《宛平查氏支谱》卷一,1941年铅印本。

乾、查为仁父子以业盐所得,在天津城外迄西南运河畔开始构筑水西庄①。

水西庄地处水路要冲,加上查氏父子儒雅好客,因而凡取道运河北上南下的文人墨客多曾过访或憩留水西庄,诸如陈元龙、吴廷华、厉鹗、杭世骏、沈德潜、万光泰、陈皋、汪沆、刘文煊、钱陈群等。乾隆帝出巡,也曾有五次驻跸于此。

查氏父子与过往及定居天津的文化名流在水西庄内或吟诗填词,或著书立说,或作画题辞,或研讨学问,或观演戏剧,或鉴赏金石、书画、图籍,等等。乾隆初期,水西庄的文事活动臻于鼎盛,与江浙诗社遥相呼应,影响遍及大江南北。此类文事活动实为天津,乃至中国文化史上的不朽盛事。诗人袁枚曾将水西庄与扬州马曰琯(字秋玉)的"小玲珑山馆"、杭州赵昱(字功千)的"小山堂"、吴焯(字尺凫)的"瓶花斋",并称为当时四大书史收藏之家、文人雅集之所②。

尽管水西庄园林及文人群体的文化活动早已引起了学者们的注意,但与其影响之大极不相称的是,关于水西庄文化活动以及查氏家族创作著述的研究却是远远不够的。为了便利水西庄爱好者和研究者检阅文献资料与搜集相关信息,现将前贤时哲研究成果拟分三个阶段论述和介绍如下。

一、20世纪30年代兴起时期

繁华兴盛过后,清朝末年水西庄即已衰败不堪。为了保护和承续水西庄文脉,1932年12月,严智怡、李金藻等人发起并成立了

---

① 叶修成:《水西庄始建年代新证》,《今晚报》2013年9月3日。
② (清)袁枚:《随园诗话》卷三,江苏广陵古籍刻印社,1998年,第50页。

"天津水西庄遗址保管委员会"①,此后又召开了十多次筹备会议②。这期间,做了很多重要的保护性工作,如调查故址、征集文物、接管园林、修葺建筑、拍摄图片,并前往河北省三河县北石渠村访求水西庄遗物及查氏后裔,而且与广智馆合办了水西庄文物展览会,又举办了三次大规模的水西庄诗会活动。对水西庄及查氏家族也进行了初步的研究,这批研究成果均刊发于《河北第一博物院画报》之《天津芥园水西庄专号》③。如《天津芥园水西庄记》详细叙述了水西庄兴建衰废的历史过程及其文人群体的各类文化活动。《莲坡先世世谱》介绍了查氏家族的起源和发展以及北迁宛平这一支后代繁衍的情况。辑录的《查为仁传》后附查为仁系狱年数的考索,以及水西庄宾客如吴廷华、汪沆、刘文煊、万光泰、厉鹗、杭世骏、朱岷等人生平、履历和著述的简介。《谈荟》一栏则概述了查为仁娶妻经过及妻子金至元的行略、创作和家世;并讨论了查日乾在百草沟的墓葬以及查氏榆垡的祖茔地址;又对查氏别业"屋南小筑"的地理位址和园林景点也进行了考察。民国时期的水西庄遗址保管委员会的各项活动和研究工作,因抗日战争爆发而被迫终止。

二、20 世纪 90 年代发展时期

20 世纪 90 年代,缘于地方史志的编修,天津诸多文史专家投身埋首于水西庄的研究,于是掀起了新一轮的水西庄研究浪潮,水西庄学会亦于 1992 年 3 月正式成立。这一时期的大部分研究成

---

①《河北第一博物院画报》第 49 期《天津水西庄遗址保管委员会成立记》,1933 年 9 月 25 日。
②《广智星期报》第 231—406 期。
③《河北第一博物院画报》第 49 期,1933 年 9 月 25 日。

果,1997年被收集整理出版了《水西庄研究专辑》[①]。其中,有论述水西庄文化价值的,如杨大辛《天津历史文化的水西庄现象》、张仲《水西庄与盐商文化》、郭凤岐《天津文人文化的辉煌代表》;有研究水西庄园林建筑的,如臧颂《天津水西庄园林胜迹考》、李建华《水西庄的园林特点及在天津园林史上的地位》;有研究水西庄书画文物的,如王振德《水西庄的翰墨因缘》、万群《水西庄藏文物掇英》;有研究水西庄饮食服饰的,如若禹《漫谈水西庄的饮食与服饰》、张树基《水西庄与"沧酒"》;有研究查氏家族事迹的,如曲振明《于斯堂查氏家事琐记》、杨松年《查善和的骑射与年谱》、蕑安《天津查氏主要人物事迹考录》;有研究查氏交游的,如贾国强《乾隆驻跸水西庄》、戴柏俊《名流与水西庄》;有研究水西庄与《红楼梦》之关系的,如周汝昌《水西庄查家与曹雪芹》、韩吉辰《水西庄与大观园探源》;有介绍水西庄重建设想的,如黄禄衡《以文助商,借商兴文》等等。从以上丰富的学术成果来看,学者们已经涉及了水西庄研究的多个领域,取得了不菲的学术成就。

2001年出版的《天津市红桥区志》第四篇《历史名园水西庄》则对水西庄的发展历史以及过去的研究工作进行了简要的系统梳理和整编,分为三个部分进行了介绍:第一部分介绍了水西庄的兴建、地位、扩建与修葺等情况;第二部分介绍了水西庄诗歌酬唱、图书刊刻、方志纂辑、金石图籍收藏、歌舞戏剧表演、园艺花卉培育、乾隆四次驻跸等主要文化活动;第三部分介绍了自民国时期以来的水西庄研究概况,并编排了水西庄查氏家谱[②]。

[①]《天津文史》1997年第8期《水西庄研究专辑》(内刊)。
[②]王世新主编:《天津市红桥区志》,天津古籍出版社,2001年,第161—194页。

这一时期,水西庄研究取得了丰硕的科研成果,其中最引人注目的是发现了水西庄与《红楼梦》大观园之间可能有着密切的因缘关系。

三、新世纪以来继续推进时期

新世纪以来,水西庄复建项目进入了实质性的工作议程,为此,曾经召开了多次复建水西庄的讨论会。

2008年4月,"红桥区水西庄复建项目论坛"在天津泰达城展览中心隆重举行,诸多专家学者就水西庄的复建如何体现其历史风貌和文化内涵,从不同的层次和角度纷纷建言献策,提出了各自独到的意见和建议。如郭凤岐认为复建后的水西庄,关键在于它的历史与神韵,为此提出"神、韵、魂、品"是水西庄文化的精神实质和基本特征[①]。方兆麟建议复建水西庄,不能仅仅停留在园林景观的再现,而要更加注重其文化内涵,把握水西庄文化与运河文化、天津整体文化的关系,体现出南北文化交融的特点[②]。陈克认为水西庄复建应当定位于文化创意产业项目,文化策划应当涵盖运河文化、盐商文化、园林文化、名士墨客的雅文化、饮食文化和帝王文化等[③]。罗澍伟认为复建的水西庄要能彰显鲜明的个性,并充分发挥其社会功能,应当是总体环境恬静优雅,具有浓郁的地方特色,具有一定档次和高层面的,在现代化大城市中难得一见,全天候的古典园林型休闲场所[④]。王振德认为复建的水西庄要

[①] 郭凤岐:《历史与文化神韵之体现》,《红桥区水西庄复建项目论坛汇编》(内刊)。
[②] 方兆麟:《让水西庄重放异彩》,《红桥区水西庄复建项目论坛汇编》(内刊)。
[③] 陈克:《复建水西庄,文化策划要先行》,《红桥区水西庄复建项目论坛汇编》(内刊)。
[④] 罗澍伟:《人无我有,与众不同》,《红桥区水西庄复建项目论坛汇编》(内刊)。

尽一切可能,最大限度地恢复历史本来面目,并复制和搜集有关水西庄的书籍文献资料、诗文书画作品、研究成果来充实和弘扬天津高雅文脉①。郭鸿林认为水西庄类属于士人园林,并详细阐释了士人园林的写意风格、构园原则、素雅格调和造园手法,建议复建水西庄要充分体现士人园林的造园风格②。章用秀对于复建水西庄提出了如下建议:利用水西庄人文资源,发掘文化底蕴,突出特色,把文化品牌做足做好;尽量突出水西庄自身的本来面目,在保持原有特色的基础上,建筑的情况可以根据现实需要适当调整,但不要搞得面目全非;在突出文化品位后,体现历史文物价值的同时,把水西庄作为天津重要文化旅游景点,千方百计提升它的经济价值③。刘尚恒认为复建水西庄,要突出其"质朴而秀野"的园林特色,并重现天津历史文化,尤其是高雅文化,使其成为天津历史文化研究和活动的中心④。韩吉辰认为复建水西庄应当突出四个主要特色:人文、饮食标志性的园林建筑,乾隆四次驻跸于此,与《红楼梦》大观园的联系,查氏后裔名人辈出等⑤。李建华建议复建的水西庄要能展示天津历史园林风貌及历史文化盛景的园林景观;造就一个旅游、修养、休闲的景区;开辟一个现代诗、书、画活动阵地;既要忠于历史史料,又要考虑当今观赏需求和市场运作;开展丰富多彩的活

---

① 王振德:《弘扬高雅文脉,坚持复旧如旧》,《红桥区水西庄复建项目论坛汇编》(内刊)。
② 郭鸿林:《复建水西庄要充分体现士人园林的造园风格》,《红桥区水西庄复建项目论坛汇编》(内刊)。
③ 章用秀:《恢复中华名园水西庄的建议》,《红桥区水西庄复建项目论坛汇编》(内刊)。
④ 刘尚恒:《质朴而秀野,文化蕴庄中》,《红桥区水西庄复建项目论坛汇编》(内刊)。
⑤ 韩吉辰:《复建水西庄应当突出四大魅力》,《红桥区水西庄复建项目论坛汇编》(内刊)。

动,扩大水西庄的知名度等等①。此次论坛上专家学者的发言推动了水西庄复建项目工程实施的进展步伐,同时也促进了水西庄历史文化研究的深化和提升。

2012年7月,"重建水西庄专家论证会"在天津市文联召开,参加者有孙福海、任芙康、唐云来、曹德兆、黄禄衡、赵华、张春生、白金、韩吉辰、王振德、鲁韧、郭鸿林、刘尚恒、张文琴、叶修成、郭兆瑞、王全聚等。与会人员就曹磊、席丽莎所制"重建水西庄设计图"纷纷提出自己的看法和建议。其后,形成了一系列的讨论文章,自9月份开始即在《天津日报》"满庭芳"版陆续刊登。

2013年8月,由天津水西庄研究中心主办,金侨集团承办的"历史与传承——水西庄研讨会"在天津水游城假日酒店隆重举行。天津各界人士的代表应邀出席了本次研讨会。会议期间,赵建忠、韩吉辰、徐保满、康军、孙爱霞、叶修成等专家学者围绕"城市需要什么样的水西庄"、"水西庄对于当下社会、城市与人居的核心价值与意义"、"水西庄进阶天津人文景观地标,我们还需要做些什么"等话题展开了热烈的讨论和交流,并为水西庄的未来规划与价值延伸提供了许多建设性的意见和建议。

与此同时,有关水西庄及查氏家族的学术研究也在往纵深方向推进,由此,水西庄研究亦进入了一个新的历史阶段。

2008年12月,红桥区政协与天津博物馆共同整理出版了《水西余韵》②,首次展示了研究者难得一见的有关水西庄的珍贵资料和图片,其中收录了天津博物馆藏水西庄书画作品原件、书画摄影

---

①李建华:《对复建水西庄的几点拙见》,《红桥区水西庄复建项目论坛汇编》(内刊)。
②陈克、岳宏主编:《水西余韵》,天津古籍出版社,2008年。

玻璃底片；城南诗社在水西庄三次雅集所创作的诗歌作品；有关水西庄遗址保管委员会的资料和照片，如《天津水西庄遗址保管委员会成立记》《河北十四县古迹古物调查记略（三河县）》《天津市芥园水西庄故址图》、十五次《天津水西庄遗址保管委员会筹备会议记录》等等。这些史料的公开发行，打破了以往水西庄资料的封闭、垄断和收藏散乱的状况，必将对推动水西庄的进一步深入研究大有裨益。

  刘尚恒亦将多年来精心撰写的有关水西庄的单篇论文结集为《天津查氏水西庄研究文录》予以出版[①]。著作中，刘先生考究了水西庄的兴废史及其活动事迹，提出水西庄研究应当从资料工作做起，并为查为仁、查礼的生平事迹作了编年。本书所引资料丰赡，考证精深严密，结论恰当公允，而且附录了数篇关于水西庄和查氏家族研究的论文，如蔚安的《关于〈水西庄记〉的来龙去脉》《查善和自述》；张文琴的《天津馆藏查氏水西庄文献述略》等。

  韩吉辰《红楼寻梦水西庄》探究了《红楼梦》中大观园与水西庄内景点的相似性与关联性，揭示了大观园与水西庄可能存有的某种联系。同时还推测水西庄内寄寓的孤儿可能就是被抄家之后的曹雪芹；曹雪芹著书所在地"黄叶村"即是天津的西沽村[②]。这部著作是韩先生二十余年来致力于"《红楼梦》与水西庄之关系"研究的显著成果。

  章用秀对水西庄历代主人，如查日乾、查为仁、查为义、查礼的履历事迹、德行品性、创作风格、学术成就等方面进行了较为深入

[①]刘尚恒：《天津查氏水西庄研究文录》，天津社会科学院出版社，2008年。
[②]韩吉辰：《红楼寻梦水西庄》，清华大学出版社，2015年。

的探研,这对我们全面了解查氏家族成员的生平思想颇有助益①。

王之望则开创了有关水西庄文学方面的研究,如其所写《珍贵的史料,博恰的赏评——查为仁的〈莲坡诗话〉评析》对查为仁所撰《莲坡诗话》的文学地位和史料价值作出了允恰的评论,指出查为仁在诗文赏评中,渗透着自己独特的诗歌审美观、价值观,反对诗坛的形式主义、复古主义风气,主张"独出性灵",倡导独创精神,推尊清新自然、不假雕饰的诗风,取向"淡而弥永"的审美境界,并认为《莲坡诗话》实乃清《诗话》之翘楚②。《佳词醇雅,笺助风流——略论查为仁、厉鹗的〈绝妙好词笺〉》则解读出《绝妙好词笺》的笺注者与原词作者、编选者在审美价值、政治态度和思想倾向等方面有着极为相似之处③。这种由文献史料的钩沉转向文学文本的研究,预示了水西庄研究新的发展动态。

2009年9月,天津财经大学中文系举办了水西庄查氏后裔座谈会。参会的查氏后裔有夏钢(族名查保钢)、梁丽丽(族名查保丽)、查胜(族名查保胜)、查保伟等。大家就水西庄研究现状、《水西庄传奇》创作构想、水西庄文献资料搜集整理及出版规划、深入系统研究水西庄及查氏家族文化等话题进行了座谈探讨。会议决定成立"天津水西庄研究中心",由"水西庄学会"秘书长韩吉辰兼任中心主任。本次座谈会的召开,标志着高校教师开始加入水西庄研究队伍,充实了科研力量,提升了研究层次。

---

① 章用秀:《天津地域与津沽文学》,天津社会科学院出版社,2000年,第83—95页。
② 王之望:《珍贵的史料,博恰的赏评——查为仁的〈莲坡诗话〉评析》,《天津大学学报》(社会科学版)2008年第1期。
③ 王之望:《佳词醇雅,笺助风流——略论查为仁、厉鹗的〈绝妙好词笺〉》,《广西社会科学》2009年第5期。

近年来,随着相关研究的深入推进,水西庄也逐渐引起了学界同人的关注,学术成果亦甚夥。有研究水西庄在清代文坛地位与作用的,如张兵、王小恒《天津查氏水西庄与清代雍、乾之际文坛走向》①、李瑞豪《水西庄雅集与雍、乾之际的畿辅诗坛》②等;有研究水西庄文化内涵和文化特质的,如陈玉兰、项姝珍《天津查氏水西庄诗人群的文化心态及雅集内涵》③《天津查氏水西庄雅集的江南文化特质》④等;有研究水西庄主人文学成就的,如项姝珍《论查为仁孤高愁苦的诗心》⑤、孙爱霞《查为仁诗词简论》⑥、杨传庆《查礼及其〈榕巢词话〉》⑦、孙爱霞《北查风流,尽在水西——查礼诗词研究》⑧等;有研究宾客与水西庄之关联的,如范学亮《商盘笔下的查氏"水西园"所蕴含的文献价值》⑨、王小恒《万光泰与津门查氏水西庄》⑩《论浙派诗人陈皋的诗文化活动》⑪等;有研究水西庄文献的,如项姝珍

---

① 张兵、王小恒:《天津查氏水西庄与清代雍、乾之际文坛走向》,《西北师大学报》(社会科学版)2014年第6期。
② 李瑞豪:《水西庄雅集与雍、乾之际的畿辅诗坛》,《河北师范大学学报》(哲学社会科学版)2015年第1期。
③ 陈玉兰、项姝珍:《天津查氏水西庄诗人群的文化心态及雅集内涵》,《浙江师范大学学报》(社会科学版)2013年第1期。
④ 陈玉兰、项姝珍:《天津查氏水西庄雅集的江南文化特质》,《苏州大学学报》(哲学社会科学版)2014年第4期。
⑤ 项姝珍:《论查为仁孤高愁苦的诗心》,《怀化学院学报》2012年第10期。
⑥ 孙爱霞:《查为仁诗词简论》,《山东文学》(下半月)2010年第5期。
⑦ 杨传庆:《查礼及其〈榕巢词话〉》,《古典文学知识》2012年第3期。
⑧ 孙爱霞:《北查风流,尽在水西——查礼诗词研究》,《社科纵横》(新理论版)2010年第2期。
⑨ 范学亮:《商盘笔下的查氏"水西园"所蕴含的文献价值》,《名作欣赏》2011年第14期。
⑩ 王小恒:《万光泰与津门查氏水西庄》,《兰州文理学院学报》(社会科学版)2014年第2期。
⑪ 王小恒:《论浙派诗人陈皋的诗文化活动》,《兰州文理学院学报》(社会科学版)2016年第2期。

《天津查氏水西庄文献活动略论》①、李桂芹《论〈绝妙好词笺〉的典范意义》②《〈拟乐府补题〉的词学文献价值》③等；也有研究水西庄园林特点的，如曹磊、席丽莎《京南花月无双地，蓟北繁华第一城——记天津历史名园查氏水西庄》④等；甚至还有将水西庄及其主宾作为硕士学位论文选题的，如项姝珍《天津查氏水西庄雅集研究》⑤、孙晓芳《查礼旅桂诗文笺注》⑥等。

综合以上所述可知，八十多年来有关水西庄及查氏家族的研究，尽管取得了不少成就，但是对水西庄及查氏家族的系统而专门的学术研究可以说是尚未真正展开，学术含量较高的论文和专著等研究成果亦为寥寥，因而深入而系统地研究水西庄及查氏家族的文事活动，尚亟需开展。为此，我们建议从两个方面着手工作：其一，搜集、整理、点校和出版相关文献资料，将研究者难以见到的原始资料公之于众；其二，开发、研究和宣传水西庄及查氏家族文化，建构水西庄文化品牌。为此，提出如下一些论题，供水西庄文化爱好者参考以及进一步研究：《水西庄与〈红楼梦〉之关系研究》《水西庄查氏文学思想研究》《水西庄文化前承与嗣响研究》《大运河文化视域下的水西庄文化研究》《水西庄文人群体研究》《水西庄女眷研究》《水西庄文物研究》《水西庄文化传播研究》《水西庄口述史搜集

---

① 项姝珍：《天津查氏水西庄文献活动略论》，《图书馆学刊》2015年第8期。
② 李桂芹：《论〈绝妙好词笺〉的典范意义》，《安徽师范大学学报》（人文社会科学版）2015年第5期。
③ 李桂芹：《〈拟乐府补题〉的词学文献价值》，《南阳师范学院学报》（社会科学版）2011年第7期。
④ 曹磊、席丽莎：《京南花月无双地，蓟北繁华第一城——记天津历史名园查氏水西庄》，《新建筑》2014年第4期。
⑤ 项姝珍：《天津查氏水西庄雅集研究》，浙江师范大学硕士学位论文，2013年。
⑥ 孙晓芳：《查礼旅桂诗文笺注》，广西师范学院硕士学位论文，2015年。

与整理》《宾客有关水西庄资料汇编》《水西庄诗文赏析》等等。

集中精力从事于这方面的研究，对于深入理解天津深厚的历史文化底蕴，传承和弘扬天津的地域文化，促进地方历史、地方文学的研究，具有极其重要的意义；水西庄及查氏家族是天津的文化品牌，发掘和利用水西庄及查氏家族文化资源，对于向世人宣传天津历史上的文化成就，促使世人来了解天津、认识天津和研究天津，促进天津的现代城市文化建设，激发天津人民爱乡之情，提高天津城市文化的品味，完善天津城市的文化功能，也有着重要的历史意义和现实价值。

第二章 水西庄兴衰史论

清代天津名园水西庄,诗人袁枚将之与扬州马曰琯的"小玲珑山馆"、杭州赵昱的"小山堂"、吴焯的"瓶花斋",誉为当时四大书史收藏之家、文人雅集之所①。水西庄历代主人广揽天下文人墨客,遍交朝廷内外要员,宴游觞咏,诗文赠答,成就了文坛一桩风雅盛事而彪炳史册。水西庄文化现象在中国文化史上具有独特而重要的历史文化意义。

一、水西庄主人及其著述

水西庄,由津门大盐商查日乾父子创建,其鼎盛时期则在第一、第二代主人操持期间。查氏家族渊深的文化素养和高超的诗情才艺,是水西庄文事活动兴盛的重要人文因素。现将水西庄主人的生平履历和创作著述分别简介如下。

---

① (清)袁枚:《随园诗话》卷三,江苏广陵古籍刻印社,1998年,第50页。

查日乾(1667—1741),字天行,号惕人,又号慕园,著有《春秋臆说》《史腴》等①。生有三子:查为仁、查为义、查礼。

查为仁(1694—1749),又名成甦,字心穀,号蔗塘,又号莲坡、花海翁、花影庵主人、澹宜居士,庠生,康熙五十年(1711)辛卯科解元,一生未仕,著有三十二种,付梓者《蔗塘未定稿》《绝妙好词笺》等②。

查为义(1700—1763),字履方,号集堂,又号砥斋,太学生,历官安徽太平府通判、江南淮南仪所监掣通判,署淮北盐运分司,工画兰竹,兼写意花卉,著有《集堂诗草》等③。

查礼(1715—1782),原名为礼,又名学礼,字恂叔,号俭堂,又号铁桥、鲁存、榕巢、茶垞、藕汀、红螺山人、九峰老人、澹安居士,太学生,历官户部陕西司主事、广西庆远府理苗同知、太平府知府、四川宁远府知府、川北道、松茂道、四川按察使、四川布政使、兵部侍郎兼都察院右副都御史、湖南巡抚等,《清史稿》卷三百三十二有传。工画墨梅,著有《铜鼓书堂遗稿》《沽上题襟集》《经案茶铛集》《嘉祐石经考》《唐人行次考》《皇朝摹印可传录》《味古庐箴铭文小集》《桂海随笔》《味古庐印谱》《铜鼓书堂藏印目》等④。

水西庄文脉,前后承续了一百多年。查氏后裔中较为知名者,尚有查善长(1729—1798)、查善和(1733—1800)、查淳(1734—1822)、查诚(1752—1811)、查彬(1762—1821)、查梧(1773—

---

① 查禄百、查禄昌等纂:《宛平查氏支谱》卷一,1941年铅印本。
② 查禄百、查禄昌等纂:《宛平查氏支谱》卷一,1941年铅印本。
③ 查禄百、查禄昌等纂:《宛平查氏支谱》卷一,1941年铅印本。
④ 查禄百、查禄昌等纂:《宛平查氏支谱》卷一,1941年铅印本。

1824)、查林(1782—1832)、查讷勤(1773—1817)、查恩绥(1839—1906)等人,他们均有著述流传后世。

二、水西庄的兴建与衰落

水西庄位于天津旧城以西三里南运河南岸,始建于康熙末年①,雍正年间陆续建成。有关庄园的地理方位、构建背景、建筑形态和景物特色,查为仁曾有载录:

> 天津城西五里,有地一区,广可百亩,三面环抱大河,南距孔道半里许,其间榆槐柽柳,望之蔚郁。暇侍家大人过此,乐其水树之胜,因购为小园。垒石为山,疏土为池,斧白木以为屋,周遭缭以短垣,因地布置,不加丹垩,有堂有亭,有楼有台,有桥有舟。其间姹花袭竹,延荣接姿,历春绵冬,颇宜觞咏。营筑既成,以在卫河之西也,名曰"水西庄"。②

水西庄内的主要景点,汪沆《津门杂事诗》注释云:"中有揽翠轩、枕溪廊、数帆台、候月舫、绣野簃、碧海浮螺亭、藕香榭、花影庵、课晴问雨诸胜"③。水西庄面临卫水,背枕郊野,植花莳竹,风景

---

①"花影庵"有二:一在西曹,康熙五十二年(1714)春,查日乾、查为仁系狱时所建(见查为仁《旧雨兼新雨初集》);一在水西庄内,但不知建于何年。查为仁于康熙五十九年(1720)三月蒙恩矜释出狱。其《蔗塘未定稿·是梦集》有诗《花影庵盆梅初放》一首,系于康熙六十一年(1722)冬。据此诗题可知,水西庄之花影庵于1722年冬即已建成,换言之,水西庄亦于此年即已肇建,因此,民国《天津芥园水西庄记》所谓水西庄"经始于雍正元年"的说法不确。
②(清)查为仁:《抱瓮集》,(清)查为仁:《蔗塘未定稿》,乾隆八年(1743)写刻本。
③(清)汪沆:《津门杂事诗》,乾隆四年(1739)写刻本。

秀丽，《(乾隆)天津县志》即称其"水木清华，为津门园亭之冠"①。清代赞美水西庄风物的诗词古文颇多。雍正十一年(1733)九月，文渊阁大学士陈元龙乞休归里，过访水西庄，并为之撰写《水西庄记》。此文记述了查日乾辟地构园的经过，并描绘了水西庄的旖旎风光，"亭台映发，池沼萦抱，竹木荫庇于檐阿，花卉缤纷于阶砌，其高可以眺，其卑可以憩也。津门之胜，于是乎毕揽于几席矣"②。水西庄内曲水池沼、垂柳修竹，体现出了浓厚的江南园林特色，不仅拥有大面积的水域，而且栽种了许多南方植物。北方园林水西庄所特有的江南风韵，正是吸引大批江浙士人来此游赏的重要自然因素。

乾隆年间，水西庄又经多次扩建。乾隆十二年(1747)十月，查礼于水西庄旁营建"近圃"③，内有野色亭、梦余室、沽上校书房等景点④。同年十一月⑤，查为仁扩建的"小水西庄"落成，查为仁绘图并题诗。时值查为仁生辰⑥，其率妻儿刘氏、查善长、查调凤、查容端、查绮文等人在庄内举行诗会。其后，儿媳严月瑶、侍女宋贞娘等人亦和诗⑦。乾隆二十二年(1757)秋，查为义在"近圃之右，得地数

---

① (清)吴廷华、汪沆：《天津县志》卷七，来新夏、郭凤岐主编：《天津通志》(中)，南开大学出版社，2001年，第78页。
② (清)吴廷华、汪沆：《天津县志》卷七，来新夏、郭凤岐主编：《天津通志》(中)，南开大学出版社，2001年，第78页。
③ (清)查礼：《铜鼓书堂遗稿》卷七，《续修四库全书》第1431册，上海古籍出版社，2002年，第52—54页。
④ 陈克、岳宏主编：《水西余韵》，天津古籍出版社，2008年，第91页。
⑤ 据宋贞娘诗题"时乾隆丁卯长至月"，可知小水西庄建成于乾隆十二年十一月。
⑥ 据查容端诗句"园成正值悬弧庆"，可知此日正值查为仁的生辰，即十一月初七日。
⑦ (清)梅成栋纂：《津门诗钞》卷八、卷二十，天津古籍出版社，1993年，第253、616—619页。

亩",另建"介园"①,后更名为"芥园"②。

乾隆十三年(1748)二月,乾隆帝出巡东鲁,途经天津,驻跸水西庄③。乾隆十六年(1751)春,水西庄改建为行宫④。其后,咸丰三年(1853)、同治十二年(1873),水西庄两度水浸,楼阁废圮,台榭倾颓;光绪二十六年(1900),兵警入驻,草木荒落⑤。于今,水西庄园林荡然无存,早已成为了历史的陈迹,正如金庸先生2001年夏来访时所题诗云:"天津水西庄,天下传遗风。前辈繁华事,后人想象中。"

三、水西庄兴盛的时代背景

水西庄建成之后,雍正年间,造访的宾客并不多,因而,水西庄显得颇为寂寥。其文事活动的兴盛实源于乾隆元年(1736)的博学鸿词科考。

为了笼络在野士人以歌咏盛世、粉饰太平,乾隆帝谕令京内大臣及各省督抚荐举各地名流雅士在京城举行博学鸿词科考。这次考试发生在乾隆丙辰年,故称之为丙辰词科。当时被保荐者达260余人⑥,而参加考试者有170余人⑦。应征的士子多为当时文坛的精

---

① (清)查礼:《铜鼓书堂遗稿》卷十四,《续修四库全书》第1431册,上海古籍出版社,2002年,第103页。
② 高凌雯:《天津县新志》卷二十四,来新夏、郭凤岐主编:《天津通志》(中),南开大学出版社,2001年,第1012页。
③ 高凌雯:《天津县新志》卷首,来新夏、郭凤岐主编:《天津通志》(中),南开大学出版社,2001年,第497页。(清)查礼:《铜鼓书堂遗稿》卷三十一,《续修四库全书》第1431册,上海古籍出版社,2002年,第225页。
④ 陈克、岳宏主编:《水西余韵》,天津古籍出版社,2008年,第185页。
⑤ 王世新主编:《天津市红桥区志》,天津古籍出版社,2001年,第163页。
⑥ (清)杭世骏:《词科掌录举目》,周骏富辑:《清代传记丛刊》,台湾明文书局,1986年,第9页。
⑦ 王澈:《乾隆元年荐举博学鸿词史料(下)》,《历史档案》1990年第4期。

英。查礼亦曾应考①,虽未中式,但却有幸结识了这批士子。应征士子中,有数十人与水西庄查氏诗文往来赠答,另有十多人曾先后造访过水西庄,参与雅集吟咏,如沈德潜、厉鹗、杭世骏、袁枚、周长发、朱稻孙、汪沆、万光泰、符曾、李锴、查祥、王霖、张凤孙、周大枢、申甫、许佩璜、傅王露、汪祚、金文淳等等。水西庄文事活动一时臻于鼎盛,与扬州马曰琯的"小玲珑山馆",南北遥相呼应,在士林中影响极大。彼时,水西庄由查为仁主盟。时人江春(字颖长,号鹤亭,歙县人)将查为仁与马曰琯并称为"南马北查"②。

其后,随着厉鹗的到来,水西庄文事活动达至顶峰。厉鹗先后三次入京,皆因有事,未曾过访水西庄③,但与查为仁一直保持着书信往来、诗文赠答④。这期间,并为查礼所辑《沽上题襟集》、查为仁所著《蔗塘未定稿》分别作序⑤。乾隆十三年(1748),厉鹗以孝廉铨选县令进京。他取道大运河,六月末到达天津,馆于查氏古春小茨。厉鹗在此与宾朋们雅集酬唱、游览风景、鉴赏书画、观看戏剧,并与查为仁篝灯茗碗,商榷笺注《绝妙好词》,且为之作序。宴游觞咏数月后,闰七月中旬,厉鹗未入京就选,即离开了天津,返归浙江⑥。

乾隆十四年(1749)六月,查为仁去世⑦。查礼亦于同年四月底

---

① 赵尔巽等撰:《清史稿》卷三百三十二,中华书局,1977年,第10962页。
② (清)李斗:《扬州画舫录》卷十二,中华书局,1960年,第274页。
③ (清)厉鹗:《沽上题襟集序》,(清)查礼辑:《沽上题襟集》卷首,乾隆六年(1741)写刻本。
④ (清)查礼辑:《沽上题襟集》卷三,乾隆六年(1741)写刻本。
⑤ (清)查礼辑:《沽上题襟集》卷首,乾隆六年(1741)写刻本。(清)查为仁:《蔗塘未定稿》卷首,乾隆八年(1743)写刻本。
⑥ 陆谦祉:《清厉樊榭先生鹗年谱》,台湾商务印书馆,1981年,第72—75页。(清)厉鹗:《樊榭山房续集》卷七,中华书局,1936年,第175—176页。
⑦ 查禄百、查禄昌等纂:《宛平查氏支谱》卷一,1941年铅印本。

离开天津,赴任粤西①。彼时,水西庄由查为义操持。而查为义风期清远,素淡人生,且诗学才艺均逊于查为仁和查礼,再加上博学鸿词的应征士子此时也陆续进入仕途,或纷纷返归故乡,水西庄的文事活动于是也就逐渐走向了衰落。

四、水西庄的宾朋好友

雍乾年间,与水西庄查氏交往的宾朋好友,前后多达两百余位。其中,多年寄寓天津,并经常参与水西庄雅集酬唱的在野诗人及下层小吏,除本文所提名者之外,重要者还有:徐兰(字芬若,号芝仙,虞山人)、查奕楠(字贡木,号松晴,海宁人)、查羲(字如冈,一字尧卿,号选佛,海宁人)、余尚炳(字犀若,号月樵,绍兴人)、余峥(字元平,号高妙,山阴人)、余懋樯(字荆帆,号枫溪,诸暨人)、朱岷(字仑仲,一字导江,武进人)、赵贤(字端人,号浅山,钱塘人)、葛正笏(字搢书,号信天,昆山人)、恽源浚(字哲长,号铁箫,阳湖人)、田同之(字在田,德州人)、赵虹(字饮谷,嘉定人)、高镤(字季冶,辽阳人)、高秉(字青畴,号泽公,辽阳人)、高薵(字五云,号宗山,新城人)、吴可驯(字骥调,仁和人)、潘世仁(字廷简,仁和人)、陆宗蔡(号染香,元和人)等。

这些多年参与水西庄文事活动的宾朋好友,构成了一支较为稳定的诗人群体,所作诗歌也体现出了一定的共同特征,形成了水西庄独特的诗歌艺术风格,主题多般叙写常态生活,吟咏风物景致,抒发宾主友情,疏离社会政治;语言则素朴自然、平淡和雅,摒

---

① (清)查礼:《铜鼓书堂遗稿》卷九,《续修四库全书》第1431册,上海古籍出版社,2002年,第66页。

绝华丽浮艳。

为了广邀声誉,提高名望,水西庄主人还结交了朝廷内外的众多要员兼及诗人。这些要员虽然多数未曾到访水西庄,但他们与查氏之间的简牍往来、诗文赠答,也极大地助推了水西庄文事活动的繁荣与发展。这些要员兼及诗人中,知名者主要有(以生年为序):

陈元龙(1652—1736),字广陵,号乾斋,海宁人,官至文渊阁大学士兼礼部尚书。康熙三十五年(1696)十月初三日,查日乾生母刘氏七十寿辰,为之作诗贺寿①。雍正十一年(1733)九月,乞休归里,过访水西庄,为之赋诗四首,并撰写《水西庄记》一文②。乾隆元年(1736)六月初八日,查日乾七十寿辰,为之撰写《慕园府君七十寿序》③。

陈仪(1670—1742),字子翙,号一吾,文安人,官至侍读学士。康熙四十九年(1710)十月初三日,查日乾为生母刘氏补办八十寿诞庆典,为之作诗贺寿④。康熙五十二年(1713),为查日乾生母刘氏遗照题诗⑤,并撰写《祭刘太君文》⑥。康熙五十五年(1716)九月初九日,查为仁作诗《赏菊》两首,为之和诗⑦。乾隆元年(1736)六月初八日,查日乾七十寿辰,为之作诗贺寿⑧,并撰写《慕园府君七十寿序》⑨。乾隆六年(1741)五月十二日,查日乾卒,为之撰写《祭

---

① 查禄百、查禄昌等纂:《宛平查氏支谱》卷八,1941年铅印本。
② (清)吴廷华、汪沆:《天津县志》卷七、卷二十三,来新夏、郭凤岐主编:《天津通志》(中),南开大学出版社,2001年,第78、240页。
③ 查禄百、查禄昌等纂:《宛平查氏支谱》卷五,1941年铅印本。
④ 查禄百、查禄昌等纂:《宛平查氏支谱》卷八,1941年铅印本。
⑤ 查禄百、查禄昌等纂:《宛平查氏支谱》卷八,1941年铅印本。
⑥ 查禄百、查禄昌等纂:《宛平查氏支谱》卷四,1941年铅印本。
⑦ (清)查为仁辑:《赏菊倡和诗》,(清)查为仁:《蔗塘未定稿》,乾隆八年(1743)写刻本。
⑧ 查禄百、查禄昌等纂:《宛平查氏支谱》卷八,1941年铅印本。
⑨ 查禄百、查禄昌等纂:《宛平查氏支谱》卷五,1941年铅印本。

查慕园文》①。

赵国麟(1673—1750),字仁圃,号拙庵,泰安人,官至文渊阁大学士兼礼部尚书。雍正十三年(1735)三月十二日,与查日乾相逢于虎丘,为之赋诗一首②。乾隆五年(1740)九月二十二日,为查日乾所辑《查氏七烈编》作序③。

陈世倌(1680—1758),字秉之,号莲宇,海宁人,官至文渊阁大学士。乾隆元年(1736)六月初八日,查日乾七十寿辰,为之撰写《慕园府君七十寿序》④。乾隆十九年(1754)甲戌科会试,查为仁之子查善长考取进士,为正主考官。

钱陈群(1686—1774),字主敬,号香树,嘉兴人,官至刑部侍郎。雍正三年(1725)秋,乞假南归,过访水西庄,作诗赠别,查为仁次韵送之⑤。

张鹏翀(1688—1745),字天飞,一作天扉,号南华山人,嘉定人,官至詹事府詹事。乾隆五年(1740)三月,查礼为其《使滇集》题诗⑥。乾隆六年(1741)二月十六日,为查礼所辑《沽上题襟集》作序⑦。同年四月,查为仁为其《西山纪游图》题诗⑧。乾隆九年(1744),

---

① (清)陈仪:《陈学士文集》卷十三,《丛书集成初编》第 2498 册,商务印书馆,1935 年,第 261—262 页。
② 查禄百、查禄昌等纂:《宛平查氏支谱》卷八,1941 年铅印本。
③ (清)查日乾辑:《查氏七烈编》卷首,乾隆五年(1740)宛平查氏刻本。
④ 查禄百、查禄昌等纂:《宛平查氏支谱》卷五,1941 年铅印本。
⑤ (清)查为仁:《抱瓮集》,(清)查为仁:《蔗塘未定稿》,乾隆八年(1743)写刻本。
⑥ (清)查礼:《铜鼓书堂遗稿》卷三,《续修四库全书》第 1431 册,上海古籍出版社,2002 年,第 27 页。
⑦ (清)张鹏翀:《沽上题襟集序》,(清)查礼辑:《沽上题襟集》卷首,乾隆六年(1741)写刻本。
⑧ (清)查为仁:《山游集》,(清)查为仁:《蔗塘未定稿》,乾隆八年(1743)写刻本。

查礼进京,至接叶亭造访张鹏翀①。

张照(1691—1745),字得天,号泾南,娄县人,官至刑部尚书。乾隆元年(1736)九月,为查为仁《花影庵集》作序②。乾隆六年(1740)二月,为查为仁《游盘杂诗》题诗③。

商盘(1701—1767),字苍雨,号宝意,会稽人,官至云南元江府知府。雍正十三年(1735)秋,假满入都,过访水西庄,查为仁出歌者演剧,商盘吹紫箫和之,并赋诗多首④。

秦蕙田(1702—1764),字树峰,号味经,无锡人,官至刑部尚书。乾隆二十七年(1762),为查日乾之侧室王氏撰写《王太君传略》⑤。

英廉(1707—1783),冯氏,字计六,号梦堂,汉军镶黄旗人,官至东阁大学士。乾隆十一年(1746)至十三年秋,任天津河防同知。这期间,多次参与宴游觞咏⑥。

钱载(1708—1793),字坤一,号萚石,秀水人,官至礼部侍郎。乾隆四十八年(1783),为查礼撰写《俭堂府君小传》⑦。

曹秀先(1708—1784),字芝田,号地山,新建人,官至礼部尚书。乾隆四十九年(1784)六月,查礼及其妻合葬三河县马昌营,为之撰写《俭堂府君墓志》⑧。

----

① (清)查礼:《铜鼓书堂遗稿》卷二十九,《续修四库全书》第1431册,上海古籍出版社,2002年,第217页。
② (清)查为仁:《花影庵集》卷首,(清)查为仁:《蔗塘未定稿》,乾隆八年(1743)写刻本。
③ (清)查为仁:《山游集》,(清)查为仁:《蔗塘未定稿》,乾隆八年(1743)写刻本。
④ (清)查为仁:《莲坡诗话》卷中,(清)查为仁:《蔗塘未定稿》,乾隆八年(1743)写刻本。
⑤ 查禄百、查禄昌等纂:《宛平查氏支谱》卷二,1941年铅印本。
⑥ (清)英廉:《梦堂诗稿》卷八,《四库未收书辑刊》第9辑第26册,北京出版社,2000年,第422—426页。
⑦ 查禄百、查禄昌等纂:《宛平查氏支谱》卷二,1941年铅印本。
⑧ 查禄百、查禄昌等纂:《宛平查氏支谱》卷三,1941年铅印本。

刘墉(1719—1804),字崇如,号石庵,诸城人,官至体仁阁大学士。乾隆四十八年(1783)癸卯科顺天府乡试,查为义之孙查彬中举,为正主考官。嘉庆六年(1801)十一月,为查彬之母项氏撰写《项太孺人六十寿序》①。

纪昀(1724—1805),字晓岚,献县人,官至协办大学士。乾隆十九年(1754)甲戌科会试,与查为仁之长子查善长为同科进士。乾隆四十九年(1784)甲辰科会试,查为义之孙查彬考取进士,为副主考官。乾隆六十年(1795)三月,查为义与其妻杜氏、继配王氏合葬三河县留水渠,为之撰写《江南淮南仪所监掣通判集堂查公墓志铭》②。

在所有到访者之中,地位最尊贵者,还要数乾隆帝。乾隆帝出巡,曾于十三年、三十五年、三十六年、三十八年、四十一年先后五次驻跸水西庄,并为之赋诗三首,后勒碑立于水西庄御碑亭内③。

康熙二十二年(1683),查日乾奉母始来天津自谋生计④,在城内筑有于斯堂。其时可称为"于斯堂时代"。其间,查氏所交往的名流,主要有(以生年为序):

姜宸英(1628—1699),字西溟,号湛园,慈溪人,官至翰林院编修。康熙三十五年(1696)十月初三日,查日乾生母刘氏七十寿辰,

---

①查禄百、查禄昌等纂:《宛平查氏支谱》卷五,1941年铅印本。
②(清)纪昀:《纪文达公遗集》卷十六,《续修四库全书》第1435册,上海古籍出版社,2002年,第472—473页。
③高凌雯:《天津县新志》卷首、卷二十四,来新夏、郭凤岐主编:《天津通志》(中),南开大学出版社,2001年,第497—498、1012页。
④(清)陶良玉:《慕园府君六十寿序》,查禄百、查禄昌等纂:《宛平查氏支谱》卷五,1941年铅印本。

为之作诗贺寿①。康熙三十七年(1698)二月十五日,为查氏撰写《七烈传》②。

吴雯(1644—1704),字天章,号莲洋,蒲州人。康熙三十五年(1696)十月初三日,查日乾生母刘氏七十寿辰,为之作诗贺寿③,并为查氏作《七烈哀辞》一文④。

查嗣韩(1645—1700),字荆州,号皋亭,海宁人,官至翰林院编修。康熙三十五年(1696)十月,为查日乾生母刘氏撰《刘太君七十寿序》⑤。康熙三十六年(1697)十月,为查日乾作《容斋跋》⑥。

查慎行(1650—1727),初名嗣琏,字夏重,号查田,后改名慎行,字悔余,号他山,又号初白,海宁人,官至翰林院编修。康熙四十九年(1710)十月初三日,查日乾为生母刘氏补办八十寿诞庆典,为之作诗贺寿⑦。康熙五十九年(1720)十一月二十四日,为查为仁《无题诗》作序⑧,并传授查为仁作诗之法,"诗之厚,在意不在辞;诗之雄,在气不在直;诗之灵,在空不在巧;诗之淡,在脱不在易,须辨毫发于疑似之间,余可类推。"⑨

查昇(1650—1707),字仲韦,号声山,海宁人,官至詹事府少詹事。康熙三十九年(1700)秋日,为查日乾生母刘氏小照题诗⑩。

---

① 查禄百、查禄昌等纂:《宛平查氏支谱》卷八,1941年铅印本。
② 查禄百、查禄昌等纂:《宛平查氏支谱》卷二,1941年铅印本。
③ 查禄百、查禄昌等纂:《宛平查氏支谱》卷八,1941年铅印本。
④ (清)查日乾辑:《查氏七烈编》卷一,乾隆五年(1740)宛平查氏刻本。
⑤ 查禄百、查禄昌等纂:《宛平查氏支谱》卷五,1941年铅印本。
⑥ 查禄百、查禄昌等纂:《宛平查氏支谱》卷七,1941年铅印本。
⑦ 查禄百、查禄昌等纂:《宛平查氏支谱》卷八,1941年铅印本。
⑧ (清)查为仁:《无题诗》卷首,(清)查为仁:《蔗塘未定稿》,乾隆八年(1743)写刻本。
⑨ (清)查为仁:《莲坡诗话》卷上,(清)查为仁:《蔗塘未定稿》,乾隆八年(1743)写刻本。
⑩ 陈克、岳宏主编:《水西余韵》,天津古籍出版社,2008年,第40页。

查嗣瑮(1653—1734),字德尹,号查浦,海宁人,官至侍讲。康熙三十五年(1696)秋,为查日乾生母刘氏小照题诗①。康熙三十七年(1698)十月初一日,为查日乾作诗《赠别天行弟》②。康熙丙子戊寅之间,来游天津,寓居查氏于斯堂,前后几及两载,与张氏遂闲堂宾主诗酒唱和③。康熙五十二年(1713),为查日乾生母刘氏遗照题诗④。

汤右曾(1655—1721),字西厓,仁和人,官至吏部侍郎。康熙四十九年(1710)十月初三日,查日乾为生母刘氏补办八十寿诞庆典,为之作诗贺寿⑤。

赵执信(1662—1744),字伸符,号秋谷,益都人,官至右春坊右赞善。康熙六十一年(1722)十月,为查为仁之妻金至元《芸书阁剩稿》作序⑥。

陈鹏年(1663—1723),字沧洲,湘潭人,官至河道总督。康熙五十八年(1719)九月,为查为仁《花影庵集》作序⑦。康熙六十一年(1722),为查为仁之妻金至元撰写《金孺人小传》⑧。

五、水西庄的历史文化意义

水西庄,作为一座历史名园,在中国文化史上曾经产生了非常

---

①陈克、岳宏主编:《水西余韵》,天津古籍出版社,2008年,第40页。
②查禄百、查禄昌等纂:《宛平查氏支谱》卷八,1941年铅印本。
③(清)查为仁:《莲坡诗话》卷上,(清)查为仁:《蔗塘未定稿》,乾隆八年(1743)写刻本。
④查禄百、查禄昌等纂:《宛平查氏支谱》卷八,1941年铅印本。
⑤查禄百、查禄昌等纂:《宛平查氏支谱》卷八,1941年铅印本。
⑥(清)金至元:《芸书阁剩稿》卷首,(清)查为仁:《蔗塘未定稿》,乾隆八年(1743)写刻本。
⑦(清)查为仁.《花影庵集》卷首,(清)查为仁.《蔗塘未定稿》,乾隆八年(1743)写刻本。
⑧(清)金至元:《芸书阁剩稿》卷首,(清)查为仁:《蔗塘未定稿》,乾隆八年(1743)写刻本。

深远的影响,具有十分重要的历史文化意义。其意义主要体现在以下三个方面。

(一)延揽失志文士,抚慰失意心灵

水西庄查氏崇尚气谊,喜好结纳。大江南北才人,凡过津门者,一刺之投,无不延款,尤其对仕途失志的文人雅士,更是百般优待。

乾隆元年博学鸿词科考,应试者170余人,仅录取了15人①。其余应征未选之士,或羁留京师,继续等待机会;或重返山林,仍然诗酒自娱;或游走江湖,另寻仕进之阶。其中,就有十多人曾先后造访水西庄,来此寻找失意心灵的慰藉、宾朋好友的温情。

汪沆,博学鸿词科考落选之后,当年即来天津,寓居于查氏香雨楼②。文酒诗乐之余,他仍然时常眷念仕途,渴望科名,正如他客居津门时所作诗云:"威凤自应栖阆苑,枯槎无路觅河源。至今剩有觚稜梦,终恋君王一饭恩。"③但自从来天津后,他积极参与水西庄雅集酬唱,宴游觞咏,同时受聘纂修天津府县志乘,失意的心灵在此得到了一定程度的纾解。直至乾隆八年(1743),汪沆赴闽中,入将军幕府,从此离开了水西庄④。

杭世骏,乾隆八年二月以言事获罪被罢,愤懑抑郁之下,立马来到天津,以寻求心结的慰解。查为义延请同人集会南溪园,赋诗劝勉,抚慰他失职后的创痛;查为仁陪他游览杨柳青、水西庄,消解他心中的郁闷。杭世骏也作诗云:"羁愁慰藉仗群公""一夕清欢笑

---

① 王澈:《乾隆元年荐举博学鸿词史料(下)》,《历史档案》1990年第4期。
② (清)查礼:《津门杂事诗序》,(清)汪沆:《津门杂事诗》卷首,乾隆四年(1739)写刻本。
③ (清)杭世骏:《词科余话》卷三,周骏富辑:《清代传记丛刊》,台湾明文书局,1986年,第899页。
④ (清)查礼:《铜鼓书堂遗稿》卷五,《续修四库全书》第1431册,上海古籍出版社,2002年,第36页。

语通",宾主诗酒流连,调适了心绪。数日之后,杭世骏即返回京城。初夏时,杭世骏南归浙江,再度过访水西庄,与同人诉说衷肠,依依惜别①。查礼等人在水西庄内置酒饯别,作诗送行②。

吴廷华,福建兴化府同知罢免之后,乾隆二年(1737),即来天津,时常参与水西庄诗歌酬唱活动,并与汪沆共同纂修天津府县志乘③。乾隆三年底,受方苞之邀,进京入值三礼馆,任纂修官④。

查为仁收养培育孤儿,赒恤潦倒文人,款接名流雅士,因而,水西庄一时成为失志与在野文人的心灵栖息地和生活庇护所,彼时在南北士林中影响巨大。许佩璜(字渭符,江都人)过访水西庄时,赠以查为仁诗云:"庇人孙北海,置邮郑南阳。"⑤即以东汉孙嵩庇护赵岐免受迫害,西汉郑庄结交天下名士的典故,来称誉查为仁广揽宾客、荫庇士人的事迹。

(二)结交高官大吏,转换商人身份

在官本位的传统社会里,商人的社会地位较为卑微。水西庄查氏虽因经营盐业而家资雄厚,但家族中早期并无仕宦人员,所以其社会地位并不高贵。实地到访水西庄的宾朋,亦多为失意或罢免的官员、失志或在野的文人、遁入空门的佛道人士,时任官员者则不多见。由此可知,当时官商之间交往的分界甚为严明。因此,水西庄

---

①(清)杭世骏:《道古堂诗集》卷十一,《续修四库全书》第1427册,上海古籍出版社,2002年,第83—84页。
②(清)查礼:《铜鼓书堂遗稿》卷五,《续修四库全书》第1431册,上海古籍出版社2002年,第37页。
③(清)吴廷华:《天津府志后序》,来新夏、郭凤岐主编:《天津通志》(上),南开大学出版社,1999年,第589页。
④(清)杭世骏:《词科余话》卷七,周骏富辑:《清代传记丛刊》,台湾明文书局,1986年,第1104—1105页。
⑤(清)梅成栋纂:《津门诗钞》卷二十九,天津古籍出版社,1993年,第949页。

查氏急欲通过仕途来转变其盐商身份和提升社会地位。查日乾极力鼓励三个儿子通过科举考试或捐银纳赀而进入仕途，甚至冒着被处以极刑的危险，约请曾经中举的邵坡代作文章，制造了查为仁乡试科考舞弊案[1]。同时，水西庄查氏广交朝廷内外的高官大吏，希望能够得到仕途上的援引。如雍正九年（1731），查日乾携查礼进京拜见陈元龙[2]，陈元龙时任文渊阁大学士兼礼部尚书。乾隆七年（1742），查为仁携查善长入都过访杭世骏[3]，杭世骏时任翰林院编修。水西庄查氏先后结交的其他高级官员，尚有徐用锡、朱轼、蒋溎、陈宏谋、陈时夏、赵殿最、金德瑛、梁诗正、任兰枝、陈大受、杨汝毂、汪由敦、赵大鲸等。

其后，查氏后裔成进士者有三人：查善长、查彬、查讷勤；中举人者有九人：查诚、查鹤（1770—1797）、查毅勤（1811—1891）、查咸勤（1791—1863）、查以新（1838—1873）、查丙章（1831—1881）、查恩绥、查双绥（1864—1928）、查尔崇（1862—1930）。其他进入仕途者，还有：查为义，官至江南淮南仪所监掣通判；查礼，官至湖南巡抚；查淳，官至大理寺少卿；查枢（1761—1807），官至云南永善县知县；查林，官至云南晋宁州知州。

水西庄查氏家族由盐商巨贾向官宦之家的华丽转身，也为我们深入研究清代的科举制度、商人身份转变以及天津盐商文化等重要课题提供了一个经典学术案例。

---

[1] 叶修成：《杭世骏佚文〈查莲坡墓志铭〉与查为仁乡试科场案》，《贵州社会科学》2013年第10期。
[2] （清）查礼：《铜鼓书堂遗稿》卷二十九，《续修四库全书》第1431册，上海古籍出版社，2002年，第206—207页。
[3] （清）杭世骏：《道古堂诗集》卷十，《续修四库全书》第1427册，上海古籍出版社，2002年，第79页。

(三)繁荣文学艺术创作,促进地域文化发展

水西庄建成之后,查氏即以此作为平台,广揽天下文人雅士。乾隆初期,到访并参与水西庄文事活动者,即有两百来位。吴廷华描述了当时文人在此雅集的盛况,"四方闻人过沽上者,争识之。斗韵征歌,日常满座,北海风雅,及亭馆、声乐、宾客之盛,咸推水西庄。"① 查氏与宾客在水西庄内或吟诗填词,或著书立说,或作画题辞,或研讨经史,或鉴赏金石,或观演戏剧,各类文化活动极为兴盛,影响遍及大江南北。乾隆五年(1740)冬,查礼将刘文煊、吴廷华、查为仁、汪沆、陈皋、万光泰、胡睿烈及其本人"在津酬唱之作,每年简择数章,各成一卷"②,辑录为《沽上题襟集》八卷,并请厉鹗作序。扬州"小玲珑山馆"诗人群体,在厉鹗倡率之下,成立邗江吟社,举办诗会吟咏,效仿水西庄故事,也将宾主酬唱诗作结集为《韩江雅集》。其后,汪沆则将"韩江之雅集"与"沽上之题襟"联袂并称③。由此,当查为仁和马曰琯去世之后,杭世骏不禁扼腕叹息:"查莲坡殁而北无坛坫,马嶰谷殁而南息风骚!"④ 杭氏为诡谲时世中的士林失去了两位重要的组织者和庇护者而深感锥心之痛!

天津,虽地接北京,但向为军事重镇,发挥着拱卫京师的功能,

---

① (清)吴廷华:《莲坡府君小传》,查禄百、查禄昌等纂:《宛平查氏支谱》卷二,1941年铅印本。
② (清)查礼:《沽上题襟集后序》,(清)查礼辑:《沽上题襟集》卷末,乾隆六年(1741)写刻本。
③ (清)汪沆:《樊榭山房文集序》,(清)厉鹗:《樊榭山房文集》卷首,中华书局,1936年,第209页。
④ (清)杭世骏:《吾尽吾意斋诗序》,《续修四库全书》第1426册,上海古籍出版社,2002年,第308页。

由此,民俗尚武力,文风不昌盛,故被称为"椎鲁不文"之地①。然而,当水西庄文事活动兴盛之时,天津的诗人②,周焯(字月东)、胡捷(字象三)、胡睿烈(字文锡)、查曦(字汉客)、赵松(字泰瞻)等人积极参与集会,宴游觞咏,切磋诗艺。水西庄宾朋的诗词酬唱、书画创作,极大地激发和培育了天津文人的诗情才艺,也有力地促进了天津地方文学与艺术的发展,他们共同开创了天津历史文化前所未有的繁盛局面。水西庄宾主所创作的诗词书画、所刊刻的图书古籍、所收藏的金石鼎彝,也都成为天津丰厚的历史文化遗产中的一部分。

天津查氏在南运河畔构筑水西庄,延揽四方文人学子雅集酬唱、诗文赠答,水西庄一度成为失志与在野文人的心灵栖息地,与江浙诗社遥相呼应,南北交流与对话,在当时士林中产生了极大的影响。乾隆初年,水西庄的文事活动进入了全盛时期,诗文创作也体现出了独特的艺术风格。本章重在发掘北方园林水西庄文事活动兴盛的人文因素、自然环境和时代背景,介绍水西庄查氏所交往的重要宾朋,揭示出水西庄的文学地位和历史价值,以期引起学界对水西庄的更多关注,从而进行深入而系统的研究,并在清代文坛给予水西庄文人群体以应有的文学席位。

---

① (清)王又朴:《诗礼堂古文》,《清代诗文集汇编》第 248 册,上海古籍出版社,2010 年,第 241 页。
② 天津人多为外地移民,凡移居者第二代以下,此处即视为天津人。

第三章 水西庄查氏家族研究

第一节 水西庄查氏家族成员生平及其著述

水西庄查氏家族拥有深厚的文化素养和高超的诗情才艺,这也是水西庄文事活动兴盛的重要人文因素。水西庄文脉,前后承续了一百多年,其历代主人均有著述流传后世。查氏后裔中有三人成进士,九人中举人,其他还有多人进入仕途。现将水西庄查氏家族主要成员的生平履历和创作著述分别简介如下。其中,有关著述则详细列出书名、卷数、册数、版本、行格、序跋、馆藏等。这些信息首先得自《中国古籍总目》《清人诗文集总目提要》等目录学著作,《清代诗文集汇编》及《四库》类等丛书目录索引,查氏家族成员的碑传资料和《宛平查氏支谱》,以及高校古文献资源库读者检索系统、台湾古籍影像检索系统等网络检索,然后再征验各大图书馆的实际馆藏,并有所修正和补充。

查日乾(1667—1741),字天行,别字一亭①,号惕人,又号慕园,著有《春秋臆说》四卷②、《史腴》四卷等③,今均未见。

辑《查氏七烈编》三卷,附词一卷,三册一函,乾隆五年(1740)宛平查氏刻本,十行二十一字,白口,四周单边,单黑鱼尾。卷一为文;卷二、三为诗;附词一卷。卷首有赵国麟序。甲申国变,查氏一门九位女眷自缢殉节。各地名流士子纷纷撰写诗文悼念和褕扬查氏女眷的忠贞与节烈。查日乾将这些诗文词搜辑成集,付梓刊行。现藏中国国家图书馆、中国科学院国家科学图书馆总馆、浙江图书馆等。

辑《刘太君补庆集》,今未见。康熙四十五年(1706),生母刘氏八十寿辰,查日乾时在狱中,不能祝寿。出狱后,查日乾于康熙四十九年(1710)十月初三日为生母补办庆典,许汝霖、诸起新、苏滋恢、张坦、陈仪、王揆、李录予、王云锦、蒋陈锡、戎澄、汤右曾、杜于藩、查嗣珣、查慎行、查谨、查克建等人赠予诗文贺寿④。查日乾将这些诗文辑录成集,并撰《刘太君补庆集后志》⑤。

查国才(1603—1658),查日乾叔祖父,字明寰,国学生,著有《西山草》《朴园吟》等,明清鼎革之际,皆失传⑥。

查日乾以"为善维勤,以绥尔禄,保世光大,承家之福"等十六

---

① (清)高云:《一亭跋》,查禄百、查禄昌等纂:《宛平查氏支谱》卷七,1941年铅印本。
② 又称《左传臆说》四卷,陈鹏年作序,查礼题跋,乾隆二十二年(1757)查礼刊刻于广西太平府。(清)查礼:《铜鼓书堂遗稿》卷三十《跋左传臆说》,《续修四库全书》第1431册,上海古籍出版社,2002年,第218页。
③ 查禄百、查禄昌等纂:《宛平查氏支谱》卷一,1941年铅印本。高凌雯:《天津县新志》卷二十三,来新夏、郭凤岐主编:《天津通志》(中),南开大学出版社,2001年,第922、934页。
④ 查禄百、查禄昌等纂:《宛平查氏支谱》卷八,1941年铅印本。
⑤ 查禄百、查禄昌等纂:《宛平查氏支谱》卷七,1941年铅印本。
⑥ (清)查日乾:《世系》,(清)陈皋:《明寰府君小传》,(清)查业新:《明寰府君张太君墓志》,查禄百、查禄昌等纂:《宛平查氏支谱》卷一、卷二、卷三,1941年铅印本。

字为谱序,来规定后世子孙的辈份名次①,现亦据此胪列查氏家族各代较为特出者如下。

(一)"为"字辈

查为仁(1694—1749),查日乾长子,又名成甄,字心穀,号蔗塘,又号莲坡、花海翁、花影庵主人、澹宜居士,庠生,康熙五十年(1711)辛卯科顺天乡试解元,一生未仕,著有三十二种,付梓者《蔗塘未定稿》《莲坡诗话》《绝妙好词笺》等②。

《蔗塘未定稿》九卷,外集八卷,乾隆八年(1743)写刻本,十行二十一字,小字双行二十七字,白口,四周单边,单黑鱼尾。卷首有厉鹗序。是书分为内集九卷:《花影庵集》二卷、《无题诗》二卷、《是梦集》一卷、《抱瓮集》一卷、《竹村花坞集》一卷、《山游集》一卷、《押帘词》一卷;外集八卷:《赏菊倡和诗》一卷、《花影庵杂记》二卷、《芸书阁剩稿》一卷、《游盘日纪》一卷、《莲坡诗话》三卷。该书收录了查为仁自康熙五十三年(1714)至乾隆六年(1741)所作诗词及与友人赠答诗文。现藏中国国家图书馆、中国科学院国家科学图书馆总馆、首都图书馆、上海图书馆、天津图书馆、北京大学图书馆、复旦大学图书馆、南开大学图书馆、中国人民大学图书馆、华东师范大学图书馆等。今被收入《清代诗文集汇编》(第273册)。其中,《蔗塘外集》八卷,手稿本,十行二十一字,无格,现藏上海师范大学图书馆。《莲坡诗话》翻刻不断,先后被收入《龙威秘书》(第3集)、《昭代丛书》(癸集萃编)、《赐砚堂丛书未刻稿》《待清书屋杂钞》《清诗

---

① (清)查日乾:《名次定目》,查禄百、查禄昌等纂:《宛平查氏支谱》卷一,1941年铅印本。
② 查禄百、查禄昌等纂:《宛平查氏支谱》卷一,1941年铅印本。《河北第一博物院画报》第49期《莲坡先世世谱》,1933年9月25日。

话》《屏庐丛刻》《丛书集成初编》《续修四库全书》(第1701册)、《天津图书馆珍藏清人别集善本丛刊》等丛书,亦被多家出版社单本刊印发行。

《无题诗》二卷,又题《蔗塘诗集》,康熙五十七年(1718)刻本,八行十七字,小字双行二十六字,白口,四周双边。卷首有张光璧、释明潜、查为仁等人序,卷末有钱陈群题诗、柳如绪题跋,并附于宗瀚(字剑水)、张光璧(字青城)、钱陈群(字修亭)、高云(号红薑)、释明潜(字昭然)、李湘(字青崖)、释明耕(字心耕)、董白(字守素)等人的评点。现藏上海图书馆。其后,经查为仁润笔修改,被收入《蔗塘未定稿》。

《昨非斋草》一卷,书签墨笔又题《怅然吟》,康熙五十六年(1717)秋冬所作诗歌。康熙五十七年(1718)刻本,八行十八字,白口,左右双边。现藏中国国家图书馆。

辑《旧雨兼新雨》初集、二集,原名《苍葭集》,查为仁校改,并分为两集,一册一函,康熙间红格钞本,九行十八字,白口,四周双边,单黑鱼尾,版心印有"昨非斋唱和诗"。是书收录了康熙五十二年(1713)至五十四年(1715)间,朝琦倡率,查为仁、方云旅、方登峰、方庄、徐天稽、谈汝龙、吴国璋、方世槱、李湘、查为义、吴陈琰、顾尔才、贺孟频等人的唱和诗,以及挽朝琦诗数首。现藏北京大学图书馆。

辑《水琴山画堂围炉集》一卷,又题《蔗塘外集》,乾隆十年(1745)写刻本,十行二十一字,小字双行同,白口,四周单边,单黑鱼尾。卷首有万光泰序。是书收录了乾隆九年(1744)十一月至乾隆十年(1745)正月查为仁与宾客的酬唱诗作。现藏上海图书馆。

辑《澹宜书屋六咏》一卷,又题《蔗塘外集》,乾隆十二年(1747)写刻本,十行二十一字,小字双行同,白口,四周单边,单黑鱼尾。卷末有查为仁跋。乾隆七年(1742)冬,查为仁在澹宜书屋周边拓建水琴山画堂、古芸室、衣月廊、竹间楼、花影庵,仍总称之为澹宜书屋,作为"投老偃息"之所,并为六处建筑,各赋诗一首。其后,沈德潜、陈邦彦、厉鹗、吴廷华、符曾、沈廷芳、赵虹、陈章、金焜、刘文煊、潘世仁、陈皋、吴可驯、赵贤、杨文灏、万光泰、王承祖、查羲、傅王露、张映辰、朱佩莲、高蔼、陈镳、朱世楠、祝勋、余尚炳、余懋檴、周宪、释佛云、查昌文、查奕栋、陆宗蔡等人亦各赓和诗词六首。是书今为天津章用秀先生藏有。

辑《拟乐府补题》一卷,又题《蔗塘外集》,乾隆十三年(1748)写刻本,十行二十一字,白口,四周单边,单黑鱼尾。卷首有查为仁序。是书收录了厉鹗、陆培、闵华、张奕枢、陈皋、张云锦、吴廷采、楼锜、万光泰、查为仁等十人咏物唱和词作五调五题四十一首。词牌和词题分别为《天香·赋薛镜》《水龙吟·赋漳兰》《摸鱼儿·赋芡》《齐天乐·赋络纬》《桂枝香·赋银鱼》。现藏中国国家图书馆、中国科学院国家科学图书馆总馆等。

辑《松陵集》一卷,刊本,收录了查为仁与金至元夫妇的唱和诗歌①,今未见。

《绝妙好词笺》七卷,与厉鹗同笺,乾隆十五年(1750)宛平查氏澹宜书屋刻本,四册一函,九行二十一字,小字双行同,白口,四周单边,单黑鱼尾。卷首有厉鹗序;卷末有查善长、查善和跋;钱塘汪沆、陈皋校勘。现藏中国国家图书馆、中国科学院国家科学图书馆总馆、上海图书馆、天津图书馆、浙江图书馆、复旦大学图书馆、南开大学图书馆、中国人民大学图书馆、浙江大学图书馆、上海师范大学图书馆等。是书先后被收入《四库全书》《四部备要》,且不断被

---

①徐世昌纂:《大清畿辅书征》卷四十一,民国天津徐氏铅印本。

翻刻,如道光八年(1828)钱塘徐楙爱日轩刻本,三册一函,九行二十一字,小字双行同,白口,四周单边,单黑鱼尾;同治十一年(1872)会稽章寿康刻本,三册一函,十一行二十三字,小字双行同,白口,左右双边,单黑鱼尾;上海沅记书庄宣统元年(1909)石印本;上海扫叶山房民国石印本。其后,亦被多家出版社单本刊印发行。

查为义(1700—1763),查日乾次子,字履方,号集堂,又号砥斋,太学生,历官安徽太平府通判、江南淮南仪所监掣通判,署淮北盐运分司,工画兰竹,兼写意花卉,著有《集堂诗草》[1],今未见,可能毁于家火。乾隆四十八年(1783),家宅遭遇火灾,查为义画作仅存二十幅,其子查溶哀辑为《集堂府君画册》,陈用敷、查善和、查溶分别为之题跋[2];朱珪、张问陶等人亦题诗[3],今亦未见。

查礼(1715—1782),查日乾三子,原名为礼,又名学礼,字恂叔,又字鲁存,号俭堂,又号榕巢、茶坨、藕汀、铁桥、桂海、红螺山人、九峰老人、澹安居士、破梦庵主,太学生,历官户部陕西司主事、广西庆远府理苗同知、太平府知府、四川宁远府知府、川北道、松茂道、四川按察使、布政使、兵部侍郎兼都察院右副都御史、湖南巡抚等,《清史稿》卷三三二有传,工画墨梅,著有《铜鼓书堂遗稿》《榕巢词话》《沽上题襟集》《经案茶铛集》《嘉祐石经考》《唐人行次考》《皇朝摹印可传录》《味古庐箴铭文小集》《桂海随笔》《味古庐印谱》《铜鼓书堂藏印目》等[4]。

---

[1] 查禄百、查禄昌等纂:《宛平查氏支谱》卷一,1941年铅印本。
[2] 查禄百、查禄昌等纂:《宛平查氏支谱》卷七,1941年铅印本。
[3] 查禄百、查禄昌等纂:《宛平查氏支谱》卷八,1941年铅印本。
[4] 查禄百、查禄昌等纂:《宛平查氏支谱》卷一,1941年铅印本。(清)梅成栋纂:《津门诗钞》卷七,天津古籍出版社,1993年,第223—224页。《河北第一博物院画报》第49期,1933年9月25日。陈克、岳宏主编:《水西余韵》,天津古籍出版社,2008年,第90—91页。

《铜鼓书堂遗稿》三十二卷,乾隆五十七年(1792)宛平查氏刻本,四册一函,十二行二十二字,小字双行同,白口,左右双边,单黑鱼尾,卷首有杭世骏、顾光旭等人序;卷末有查淳后序。是书收录了查礼自雍正七年(1729)至乾隆四十七年(1782)所作诗词文。卷一至卷二十四为诗,卷二十五至卷二十七为词,卷二十八至卷三十一为文,卷三十二为词话。现藏中国国家图书馆、中国科学院国家科学图书馆总馆、首都图书馆、上海图书馆、天津图书馆、山东图书馆、浙江图书馆、湖南图书馆、北京大学图书馆、复旦大学图书馆、南开大学图书馆、南京大学图书馆、北京师范大学图书馆、清华大学图书馆、中国人民大学图书馆、武汉大学图书馆、四川大学图书馆、中山大学图书馆、吉林大学图书馆、山东大学图书馆、华东师范大学图书馆、辽宁大学图书馆等。今被收入《续修四库全书》(第1431册)、《清代诗文集汇编》(第338册)。其稿本存三卷:卷十九、卷二十、卷二十一,现藏中国科学院国家科学图书馆总馆。其中《词话》一卷,又名《榕巢词话》《铜鼓书堂词话》,先后被收入《花近楼丛书》《屏庐丛刻》《词话丛编》等。《题画梅》三十四则,被收入《画论丛刊》(第6册);又名《画梅题记》,被收入《屏庐丛刻》;又名《画梅题跋》,先后被收入《花近楼丛书》《美术丛书》(续集)、《中华美术丛书》(第8册)、《中国古代美术丛书》等。

《查恂叔集》,清钞本,涵括《升庵雅集》《韫玉怀珠集》《榕巢词话》《北征续集》等。现藏中国国家图书馆。

《恂叔随笔》不分卷,清钞本。现藏山东图书馆。

《安南纪略》二卷,清钞本,十二行二十四字,白口,蓝格,左右双边。现藏中国国家图书馆。

辑《沽上题襟集》八卷,乾隆六年(1741)宛平查氏写刻本,四册一函,十行二十二字,小字双行二十四字,白口,左右双边,单黑鱼尾。卷首有厉鹗、张鹏翀等人序,卷末有查礼序。是书收录了刘文煊、吴廷华、查为仁、汪沆、陈皋、万光泰、胡睿烈、查礼等八人在津酬唱之作,人各一卷,并附胡忠桢、章琦、余尚炳、赵昱、恽源浚、查为义、王霖、杜甲、厉鹗、葛正笏、陈章、李时馨、施安、周大枢、朱岷、余懋檴、万光谦、赵贤、凌洪仁、周焯、杭世骏、张凤孙、李元等人诗歌三十五首。现藏中国国家图书馆、天津图书馆、上海图书馆、南京图书馆、北京大学图书馆、清华大学图书馆、中国人民大学图书馆等。

辑《愍题上方二山纪游集》一卷,乾隆十二年(1747)查氏刻本,一册一函,十二行二十四字,细黑口,左右双边。是书收录了乾隆十一年八月查礼、释佛云、万光泰、高镔等人同游愍题、上方二山所作诗一百一十七首。现藏中国国家图书馆、上海图书馆、北京大学图书馆、吉林大学图书馆等。又被收入《昭代丛书》(癸集萃编)、《小方壶斋舆地丛钞》(第四帙)和《待清书屋杂钞》《丛书集成续编》《中外地舆图说集成》《古今游记丛钞》等。

辑《查氏一门烈女编》一卷,乾隆三十四年(1769),查礼初刻于川北道廨之问心堂;嘉庆二年(1797),查淳重雕于京口常镇道廨之敬事堂,十二行二十三字,白口,左右双边,单黑鱼尾;道光十一年(1831),查林再梓于云南城志书局之鹤寄楼,十二行二十三字,白口,四周双边,单黑鱼尾。现均藏中国国家图书馆。光绪二十五年(1899),查恩绥活字排印于江西广信府署攻恶讼过之堂。现藏天津图书馆、上海图书馆、北京大学图书馆等。

辑《咸熙录》一卷,乾隆四十二年(1777)刻本。现藏清华大学图书馆。

辑《卜砚集》二卷,乾隆四十九年(1784)经训堂刻本,道光元年(1821)宝拙堂重刻本,查林校字,一册一函,十一行二十一字,小字双行同，白口，四周双边，单黑鱼尾。是书收录了查礼、陈兆仑、金文淳、钱载、纪复亨、钱大昕、王昶、彭元瑞、戴第元、刘芬、毕沅、吴璜、陆锡熊、吴省钦、刘斌、程晋芳、吴省兰、管世铭、万光泰、赵文哲、严长明、洪亮吉、姚汝金、郑王臣、吴燨文、赵秉渊、汪炤、刘光绪等人为桥亭卜卦砚所作诗词。现藏华东师范大学图书馆、中国科学院国家科学图书馆总馆、首都图书馆、北京师范大学图书馆、云南大学图书馆等。

辑《铜鼓书堂藏印》不分卷，二册一函，嘉庆四年（1799）查氏铜鼓书堂刻钤印本，四周单边，卷首有王文治、翁方纲等人序。现藏中国国家图书馆、中国科学院国家科学图书馆总馆、上海图书馆、天津图书馆、清华大学图书馆、南京大学图书馆等。

编《味古庐印谱》，收录了高镔、高秉、李向叔、李宬业、周焯、周学上等人为查礼所篆印章七十四枚，查礼手书注释印文及篆者姓名。是书摄影底片现藏天津博物馆①。

辑《瀛博纪行草》，乾隆五年（1740）十月，查礼出行瀛博，沿途与故人唱酬赠答，其后辑录成帙，并为之作序②，今未见。

辑《宣炉谱》，乾隆五年（1740）十二月编③，今未见。

辑《经笥茶铛集》，乾隆十一年（1746）三月，查礼将所作悼念亡妻之诗词，汇集成编，附以宾朋所赠诔传志铭与诗篇简札，并为之作序④，今未见。

---

① 陈克、岳宏主编：《水西余韵》，天津古籍出版社，2008年，第90—91页。

② （清）查礼：《铜鼓书堂遗稿》卷二八，《续修四库全书》第1431册，上海古籍出版社，2002年，第204页。

③ （清）查礼：《铜鼓书堂遗稿》卷四，《续修四库全书》第1431册，上海古籍出版社，2002年，第30页。

④ （清）查礼：《铜鼓书堂遗稿》卷二八，《续修四库全书》第1431册，上海古籍出版社，2002年，第204页。

(二)"善"字辈

查善长(1729—1798),查为仁长子,字树初,号篴槎,又号铁云,廪生,乾隆十八年(1753)举人,次年进士,历官刑部贵州司员外郎、礼部主客司郎中、湖广道监察御史、刑科掌印给事中、巡视天津瓜仪漕务,著有《铁云诗稿》①,今未见。

查善和(1733—1800),查为仁次子,字用咸,一字敬亭,号介仲,又号东轩、燕南病逸、妙无庐道人,庠生,著有《东轩诗稿》,另有三十六种未付梓②。

《东轩诗稿》六卷,手定底稿本,三册一函,十行二十一字,四周单边、白口,单黑鱼尾。现藏台湾"国家图书馆"。

《静喜草堂杂录》不分卷,清稿本。现藏天津图书馆。

《二十一史然疑必识》③,今未见。

辑《宝砚斋诗》一卷,附录一卷,一册一函。是书收录了商盘等人所作诗歌。乾隆间写刻本。现藏复旦大学图书馆。

查杰(1755—1808),查为义三子,字季伟,号次山,著有《铁画轩诗稿》④,今未见。

查淳(1734—1822),查礼长子,字厚之,号篆仙,又号梅舫,太学生,历官四川南江县、南部县、宜宾县等知县;云南赵州、武定直隶州、福建龙岩直隶州等知州;广西平乐府、桂林府等知府;江苏常镇通道;湖南督粮道;贵州、江西按察使;江西布政使;大理寺少卿等。工画墨梅,著有《梅舫诗钞》等。已梓者,有《湘漓合稿》《蜀游

---

① 查禄百、查禄昌等纂:《宛平查氏支谱》卷一,1941 年铅印本。
② 查禄百、查禄昌等纂:《宛平查氏支谱》卷一,1941 年铅印本。
③ 高凌雯:《天津县新志》卷二十三,来新夏、郭凤岐主编:《天津通志》(中),南开大学出版社,2001 年,第 970 页。
④ 查禄百、查禄昌等纂:《宛平查氏支谱》卷一,1941 年铅印本。

诗钞》①,今均未见。

《灵渠纪略》三卷②,今亦未见。

(三)"维"字辈

查诚(1752—1811),查善和长子,榜名维城,字卫宗,号静岩,又号海沤,庠生,乾隆四十二年(1777)举人,工画兰竹花卉,兼写意山水,著有《天游阁诗稿》等③。

《天游阁集》三十三卷,十六册,涵括文集十四卷、诗集十九卷,清钞本。现藏中国社会科学院文学研究所。

《海沤诗钞》④《天游阁诗钞》⑤,今均未见,或已收入《天游阁集》。

《天游阁杂著》⑥,今亦未见。

查鹤(1770—1797),查善和三子,字修年,国学生,乾隆五十九年(1794)举人⑦。

查彬(1762—1821),查为义之孙,查溶长子,榜名曾印,字伯垫,号憩亭,又号湘芗,庠生,乾隆四十八年(1783)举人,次年进士,历官安徽凤台县、怀宁县,河南淇县、太康县、安阳县等知县;郑州、信阳州等知州;署汝州、直隶州等知州,工画兰竹,兼写意花卉,著有《湘芗漫录》《采芳随笔》《小息舫诗草》等⑧。

---

① 查禄百、查禄昌等纂:《宛平查氏支谱》卷一,1941年铅印本。
② (清)陶樑辑:《国朝畿辅诗传》卷五十三,《续修四库全书》第1681册,上海古籍出版社,2002年,第678页。
③ 查禄百、查禄昌等纂:《宛平查氏支谱》卷一,1941年铅印本。
④ (清)梅成栋纂:《津门诗钞》卷八,天津古籍出版社,1993年,第256页。
⑤ 高凌雯:《天津县新志》卷二十三,来新夏、郭凤岐主编:《天津通志》(中),南开大学出版社,2001年,第950页。
⑥ 高凌雯:《天津县新志》卷二十三,来新夏、郭凤岐主编:《天津通志》(中),南开大学出版社,2001年,第970页。
⑦ 查禄百、查禄昌等纂:《宛平查氏支谱》卷一,1941年铅印本。
⑧ 查禄百、查禄昌等纂:《宛平查氏支谱》卷一,1941年铅印本。

《湘芗漫录》，内涵《六十四卦经史汇参》二卷，《易经集说》一卷，道光十九年（1839）有怀堂刻本，五册一函，九行二十一字，小字双行同，白口，四周双边，单黑鱼尾。卷首有牛鉴、费庚吉等人序，卷末有查璨、查昕等人跋。现藏中国国家图书馆、中国科学院国家科学图书馆总馆、首都图书馆、上海图书馆、天津图书馆、山东图书馆、南京图书馆、浙江图书馆、北京大学图书馆、南开大学图书馆、清华大学图书馆、中国人民大学图书馆、山东大学图书馆、华东师范大学图书馆、辽宁大学图书馆、河南大学图书馆等。今被收入《四库未收书辑刊》（第 1 辑第 2 册）。

《小息舫诗草》八卷，清钞本，九行二十一字。卷首有沈峻、李毓琛、朱履中等人序。现藏中国国家图书馆、上海图书馆、天津图书馆、浙江图书馆等。光绪三十一年（1905），上海群益印刷编译局承印，十二行三十字，小字双行同，白口，四周双边。查筠、查景绥、查介绥等人校刊。卷首有李毓琛、彭勋、张井等人序，卷末有沈峻、朱履中等人后序；查景绥二跋。是书收录了查彬自乾隆四十九年（1784）至道光元年（1821）所作诗歌六百一十八首。

编《采芳随笔》二十四卷，嘉庆十九年（1814）刻本，十六册两函，十行二十二字，小字双行同，白口，左右双边，单黑鱼尾。卷首有崔龙见、张灼等人序。现藏中国国家图书馆、中国科学院国家科学图书馆总馆、首都图书馆、上海图书馆、天津图书馆、浙江图书馆、北京大学图书馆、南开大学图书馆、北京师范大学图书馆、清华大学图书馆、南京大学图书馆、华东师范大学图书馆、上海师范大学图书馆、河南大学图书馆等。

查梧（1773—1824），查为义之孙，查溶次子，原名维藩，字仲士，又字凤来，号蔼吉，国学生，工画花卉，兼写意人物，著有《蔼吉诗稿》①。

《蔼吉诗稿》八卷,附悼亡百首一卷,嘉庆间精钞本,十行二十一字,小字双行同,白口,四周双边,单黑鱼尾。现藏中国科学院国家科学图书馆总馆。

查枢(1761—1807),查淳长子,字斗一,号北亭,又号桐屋,优廪贡生,历官直隶赵州训导;河间府教授;云南永善县、建水县等知县;工画墨梅,著有《北亭遗草》②,今未见。

纂修《永善县志略》二卷,首一卷,清钞本,嘉庆八年(1803)纂修,光绪间邹勖旃增补。现藏上海图书馆、云南图书馆等。今被收入《中国地方志集成·云南府县志辑》。

查林(1782—1832),查淳次子,字桂一,号茂亭,又号花农、松生、守栩,国学生,云南候补通判,历署曲靖、云南府同知;呈贡县知县;晋宁州知州,工画墨梅,著有《花农诗钞》《湘中诗余》等③,聘修《云南通志》。

《花农诗钞》六卷,涵括《酿秋轩草》《有方集》《滇吟》,二册一函,道光十二年(1832)云南通志局刻本,十行二十一字,小字双行同,白口,四周双边,单黑鱼尾。卷首有史昺序,卷末有黎讷跋,门人张杰、郭于魏校勘。是书收录了查林自嘉庆十一年(1806)至道光十二年(1832)所作诗歌四百七十五首。现藏中国国家图书馆、中国科学院国家科学图书馆总馆、首都图书馆、北京大学图书馆、吉林大学图书馆等。今被收入《清代诗文集汇编》

---

① 查禄百、查禄昌等纂:《宛平查氏支谱》卷一,1941年铅印本。
② 查禄百、查禄昌等纂:《宛平查氏支谱》卷一,1941年铅印本。
③ 查禄百、查禄昌等纂:《宛平查氏支谱》卷一,1941年铅印本。《河北第一博物院画报》第49期,1933年9月25日。

(第 537 册)。

《查花农别驾诗钞》,清钞本,棕丝栏,被收入《黔南游宦诗文征》。现藏中国国家图书馆。

(四)"勤"字辈

查讷勤(1773—1817),查诚长子,字谨之,号云帆,又号简庵,国学生,嘉庆三年(1798)举人,嘉庆六年(1801)进士,历官翰林院检讨、中允赞善、国史馆协修、起居注协修、功臣馆纂修、文渊阁校理、詹事府左春坊左中允、右春坊右赞善、京察一等记名道府、陕西督粮道①,著有《查云帆书诗笺》②,今未见。

查默勤(1790—1832),查彬长子,字拙补,号识庵,太学生,著有《槐窗笺记》③。

辑《槐窗笺记》一卷,清稿本,朱丝栏。现藏浙江图书馆。

查璨(1796—1862),查彬次子,原名燮勤,字柔克,号友庵,又号柤山,国学生,著有《柤山试帖》《骈体字义补》等④。

《柤山帖体诗存》四卷,光绪十年(1884)刻本,四册一函,九行二十字,小字双行同,四周双边。查筠校刊。卷首有张祥河、张锡庚、胡履吉、查璨等人序,卷末有赵书升、周尔墉、俞长赞、陶福恒、张之万等人跋,毛宗达、杨际清、李毓恒、查以谦、查筠等人后序。现藏北京大学图书馆。

查玮(1801—1846),查彬三子,官名昕,原名劼勤,字邻哉,号相庵,又号槎士,国学生,著有《我容轩试帖》⑤,今未见。

---

①查禄百、查禄昌等纂:《宛平查氏支谱》卷一,1941 年铅印本。
②《河北第一博物院画报》第 49 期,1933 年 9 月 25 日。
③查禄百、查禄昌等纂:《宛平查氏支谱》卷一,1941 年铅印本。
④查禄百、查禄昌等纂:《宛平查氏支谱》卷一,1941 年铅印本。
⑤查禄百、查禄昌等纂:《宛平查氏支谱》卷一,1941 年铅印本。

查省勤(1801—？)，查杰之孙，查应龙长子，字曾三，号心吾，又号遂初，恩贡生，著有《知无忘斋杂著》①，今未见。

查久勤(1806—？)，查杰之孙，查应龙次子，字观恒，号健庵，岁贡生，著有《韵学辨字》②，今未见。

查毅勤(1811—1891)，查杰之孙，查应龙三子，字致远，号果庵，廪生，道光二十三年(1843)举人，历官怀来县、怀安县儒学教谕，著有《静学斋杂著》③，今未见。

查咸勤(1791—1863)，查礼曾孙，查榦之子，字贞复，号芙波，廪生，道光元年(1821)恩科顺天乡试解元④。

编《续墨谱》一卷，一册一函，光绪十八年(1892)滇南节署刻本，九行二十五字，小字双行同，单黑鱼尾。卷首有高钊中序以及自序。是书辑录了诸多清人作文之法。现藏北京大学图书馆。

(五)"以"字辈

查以新(1838—1873)，查璨次子，字铭三，号春庭，庠生，咸丰八年(1858)举人⑤。

查丙章(1831—1881)，查晹次子，原名以曻，榜名丙旭，号耀庭，又号耀南，廪贡生，同治三年(1864)举人，官至刑部山东司员外郎⑥。

查凌汉(1841—1900)，查毅勤长子，字帖青，号铮臣，又号铁道

---

① 查禄百、查禄昌等纂：《宛平查氏支谱》卷一，1941年铅印本。
② 查禄百、查禄昌等纂：《宛平查氏支谱》卷一，1941年铅印本。
③ 查禄百、查禄昌等纂：《宛平查氏支谱》卷一，1941年铅印本。
④ 查禄百、查禄昌等纂：《宛平查氏支谱》卷一，1941年铅印本。(清)魏茂林：《清秘述闻续》卷二，中华书局，1982年，第587页。
⑤ 查禄百、查禄昌等纂：《宛平查氏支谱》卷一，1941年铅印本。
⑥ 查禄百、查禄昌等纂：《宛平查氏支谱》卷一，1941年铅印本。

人,廪膳生,蔚州复设训导,著有《百花诗遗稿》①,今未见。

(六)"绶"字辈

查恩绶(1839—1906),查默勤之孙,查以观长子,字承先,号荫阶,附贡生,同治六年(1867)举人,历官内阁中书记名同知、内阁典籍四品衔、内阁侍读、京察一等记名道府现官三品衔、江西广信府知府、赣州府知府、署南昌府知府、文渊阁检阅本衙门撰文、军机处存记、协办侍读、恭办大婚典礼万寿庆典处总办管理、诰敕房事务兼办中书科、诰敕房事务管理稽察房事务、管理汉本堂事务、国史馆校对官、实录馆详校官、方略馆详校官、玉牒馆帮纂修官、会典馆协修官、会典馆纂修官等②。

编《经训堂藏书总目》一卷,附《管书阅书章程》,光绪二十七年(1901)刻本,一册一函,九行二十八字,黑口,四周双边。现藏吉林大学图书馆。

查景绶(1866—1923),查璨之孙,查筠次子,字孝先,号星阶,又号三阶,国学生,分省试用通判,著有《诗本音补正》③。

《诗本音补正》一卷,清稿本,文素松题跋。现藏浙江图书馆。

查双绶(1864—1928),查丙章之子,字毅夫,号玉阶,庠生,光绪十四年(1888)举人,官至湖北蕲州知州④。

校点《日本陆军大学校论略》一卷,(日本)东条英教口述,(日本)川岛浪速初译,张浍、查双绶点定,光绪二十四年(1898)浙江书局初刻;光绪二十七年(1901)小仓山房影印,被收入《富强斋丛书

---

①查禄百、查禄昌等纂:《宛平查氏支谱》卷一、卷首,1941年铅印本。
②查禄百、查禄昌等纂:《宛平查氏支谱》卷一,1941年铅印本。
③查禄百、查禄昌等纂:《宛平查氏支谱》卷一,1941年铅印本。
④查禄百、查禄昌等纂:《宛平查氏支谱》卷一,1941年铅印本。

续全集》。现均藏北京大学图书馆。

(七)"尔"字辈

查尔崇(1862—1930),查恩绥长子,字沟生,号峻丞,又号查湾,附生,光绪十一年(1885)举人,盐运使衔四川候补道,赏戴花翎,四川全省保甲局总办,河南开封电报局总办,津浦铁路总公所文案,湖北全省模范大工厂督办,河南税局局长,直隶全省烟酒公卖局局长,简任职苏州关监督,工画山水,著有《查湾诗钞》①,今未见。

(八)"禄"字辈

查禄百(1906—?),查枢之来孙,查尔本长子,字颐如,号逸儒,又号百草庄人,交通部天津扶轮学校理科毕业②。

查禄昌(1911—?),查尔崇继子,号荫荪,又号丹枫,河北省立法商学院商学士③。

《宛平查氏支谱》八卷,首末各一卷。查禄百、查禄昌等纂修,民国三十年(1941)铅印本,封面有徐世襄题签。现藏吉林大学图书馆。

(九)查氏家族女眷

水西庄查氏家族,一门风雅,不仅男子染翰操觚,而且闺阁之秀,亦工文墨。

金至元(1696—1721),查为仁之妻,字含英,又字载振,山阴人,金大中之女,著有《芸书阁剩稿》④。

《芸书阁剩稿》一卷,乾隆八年(1743)写刻本。十行二十一字,小字双行二十四字,白口,四周单边,单黑鱼尾。卷首有赵执信、王

---

①查禄百、查禄昌等纂:《宛平查氏支谱》卷一,1941年铅印本。
②查禄百、查禄昌等纂:《宛平查氏支谱》卷一,1941年铅印本。
③查禄百、查禄昌等纂:《宛平查氏支谱》卷一,1941年铅印本。
④查禄百、查禄昌等纂:《宛平查氏支谱》卷一,1941年铅印本。

时鸿、胡捷、查为仁等人序,陈鹏年撰传。雍正九年(1731),由查为仁编定,收入《蔗塘未定稿》外集。现藏中国国家图书馆、中国科学院国家科学图书馆总馆、首都图书馆、上海图书馆、天津图书馆、北京大学图书馆、复旦大学图书馆、南开大学图书馆、中国人民大学图书馆、华东师范大学图书馆等。民国二十一年(1932),被收入《金氏家集四种》,天津金氏刻本,卷末有金钺题跋。现藏中国国家图书馆、中国科学院国家科学图书馆总馆、首都图书馆、北京大学图书馆、南开大学图书馆、中国人民大学图书馆、清华大学图书馆、华东师范大学图书馆等。今被收入《明清妇女著述汇刊》(第4册)、《江南女性别集》(上册)等。

李钦(1715—1745),查礼之妻,字安媛,大同人,李秉乾之女,《孝经》《尚书》《毛诗》皆成诵,尤解诗词,著有《清机小舍遗稿》①,今未见。

查调凤,查为仁次女,字鸣祥,号香初,长洲宋惠绥之妻,著有《鸣祥诗草》②,今未见。

查容端(1726—1790),查为仁三女,字淑正,自号晓镜主人,曲沃裴昇文之妻,著有《淑正诗稿》《晓镜阁稿》等③,今均未见。

查绮文,查为仁五女,字丽言,号芬余,天津牛兆奎之妻,著有

---

① 查禄百、查禄昌等纂:《宛平查氏支谱》卷一,1941年铅印本。徐世昌纂:《大清畿辅书征》卷四十一,民国天津徐氏铅印本。
② 查禄百、查禄昌等纂:《宛平查氏支谱》卷一,1941年铅印本。徐世昌纂:《大清畿辅书征》卷四十一,民国天津徐氏铅印本。
③ 查禄百、查禄昌等纂:《宛平查氏支谱》卷一,1941年铅印本。徐世昌纂:《大清畿辅书征》卷四十一,民国天津徐氏铅印本。(清)完颜恽珠辑:《国朝闺秀正始集》卷十,道光十一年(1831)刻本。(清)章学诚:《章学诚遗书》卷十六《裴母查宜人墓志铭》,文物出版社,1985年,第157页。

《丽言诗草》①,今未见。

查蔚起,查为仁六女,字东山,号静颐,仁和杭守宸之妻,存词一首②。

严月瑶(1724—1785),查善长之妻,字阆娟,长洲人,严文照之女,著有《阆娟诗草》《吹兰阁诗草》等③,今均未见。

张珍(1776—1813),查梧之妻,字希三,号宝亭,吴县人,著有《怀香阁吟稿》④,今未见。

张亚晖(1809—1847),查梧之儿媳,查录勤之妻,字淑仙,号吟香,吴县人,著有《吟香阁诗稿》⑤,今未见。

宋贞娘,查为仁侍女,字草亭,乾隆十一年(1746)八月买得,著有《草亭诗草》⑥,今未见。

《兰闺清韵》,清手稿本。是书收录了查绮文、查蔚起、查容端、严月瑶等四人在水西庄送别查调凤所作的诗词。现藏天津博物馆⑦。

为了较为直观地呈现水西庄文脉传承情况,现将本节中所出现的查氏家族主要成员的世系制作图表,如下:

---

① 查禄百、查禄昌等纂:《宛平查氏支谱》卷一,1941年铅印本。徐世昌纂:《大清畿辅书征》卷四十一,民国天津徐氏铅印本。
② 查禄百、查禄昌等纂:《宛平查氏支谱》卷一,1941年铅印本。陈克、岳宏主编:《水西余韵》,天津古籍出版社,2008年,第14页。
③ 查禄百、查禄昌等纂:《宛平查氏支谱》卷一,1941年铅印本。徐世昌纂:《大清畿辅书征》卷四十一,民国天津徐氏铅印本。陈克、岳宏主编:《水西余韵》,天津古籍出版社,2008年,第181—185页。
④ 查禄百、查禄昌等纂:《宛平查氏支谱》卷一,1941年铅印本。
⑤ 查禄百、查禄昌等纂:《宛平查氏支谱》卷一,1941年铅印本。
⑥ 徐世昌纂:《大清畿辅书征》卷四十一,民国天津徐氏铅印本。(清)梅成栋纂:《津门诗钞》卷七,天津古籍出版社,1993年,第219页。
⑦ 陈克、岳宏主编:《水西余韵》,天津古籍出版社,2008年,第12—15页。

水西庄查氏文脉世系图

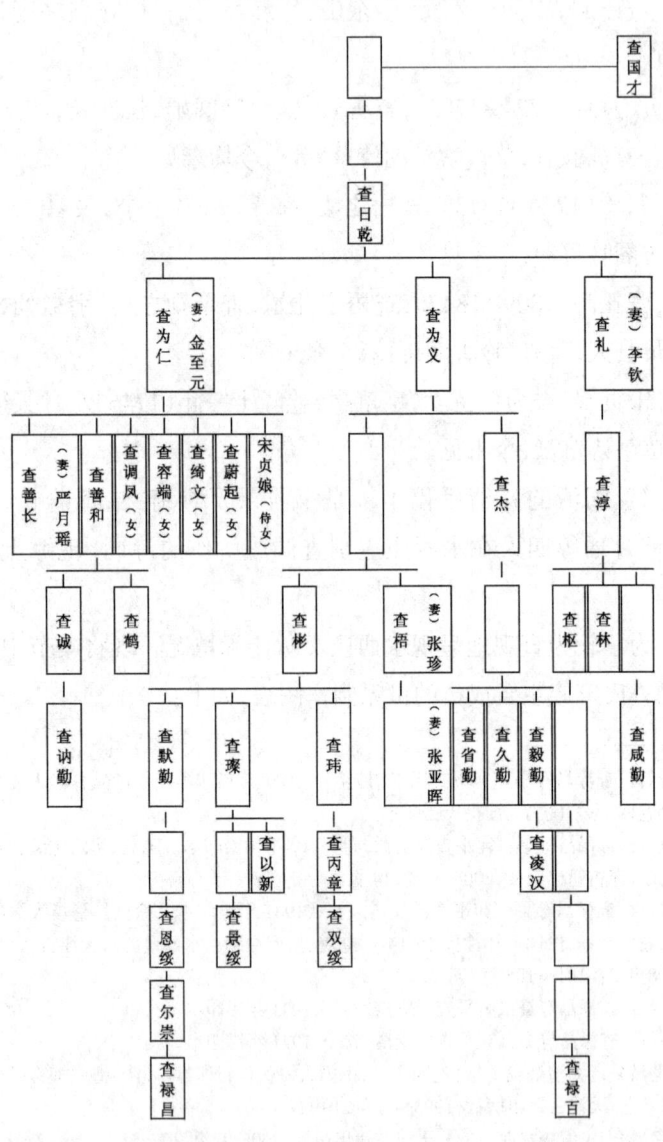

第二节 家谱所见查日乾遗文辑存

查日乾少孤失学，十七岁即来天津自谋生计，早年并没有接受过正规的学习训练，因而他一生很少创作诗文，其著述《左传臆说》四卷、《史腴》四卷今已散佚，但《宛平查氏支谱》中还保存了他的一些文章。这些遗文的内容，对于我们了解查氏家族的渊源与流衍及其在天津的早期发展，具有重要的意义。现将这些遗文辑录并点校如下。

宛平查氏支谱序

天下有待而为者，时也。其可以勉力为之而不必复有所待者，亦时也。苟失其时而欲为者，卒不得为，则异日之追悔可胜道哉！如吾先曾祖永忠公席富厚之遗业，思所以继述前人者，大端悉举，惟是北迁以来，家谱未备。于是敦请新安、临川族之巨儒耆旧常馆于家，遂得汇集受姓以来及历朝支分派衍于四方者，靡不详载，深幸家乘之备，莫过于此。又复博访善书者，缮写端楷；并剞劂名手，寿之梨枣。谓以是传之子孙，可以循流溯源，无一遗憾矣。乃镂版过半，遽谢尘事，未竟之业，贻之后人。吾先祖振寰公力能为之，时方锐志功名，谓科第旦晚可得，姑少待焉，亦奚不可？讵意中道溘逝，迄于无成。至先叔祖抚手泽之存，悲父兄之志，鸠工卒业，刻期告竣矣，突遭甲申之变，一门殉节者七人，先叔祖仅以身免。先父、先叔以修葺榆垡庄房为避难计，乡城隔绝，而贼焰方张，城内外焚劫殆尽，人且莫保，何有于家乘乎？我朝定鼎以来，先君因守乡僻，发愤读书，希振先业，再图修辑，乃仅薄宦维扬，未展怀抱卒于任所，而家乘又为一阻。

日乾时在襁褓,随先慈北上,鹪枝寄宿,无以为家。年及弱冠,又以奔走风尘为将母计,水源木本,非不萦怀,然亦有待而然,当时实未暇及也。迨至甫立家业,正拟搜罗旧闻,汇订全帙,又以借帑一案,维系保狱。若非先慈三叩九重,得蒙圣恩宽释,则安望有再生之日?归及一载,更陷法网,淹留北寺,复有七年,何幸重沐圣恩,得以复见天日。屈指前后,十有四载。今忽忽已届五十有二矣,须鬓皓然,亲故零落,回思往事,恍惚梦中。诚想如露如电之身木,不若草木之有根蒂,人生寿至七十,便称古稀。大约二十以前,血气未定;五十以后,筋力日衰,止此中三十年,可以进取富贵。兹者已将其半消磨缧绁之中,后此虽跻耄耋,将何为哉?言念及此,痛悔何及?用是愿以再造之身少补先人未尽之事。其新安、临川,自有全谱,无庸备载。兹只叙其于始迁京师及今七世宗支继绝,以及庐墓所在,一一详志,昭示后来。呜呼噫嘻!此何时哉?家计式微,积冗如猬,甚非可为之时也。顾念先曾祖之于家谱,必待尽善尽美而为之,以致不克竟其业;先祖必待身取科第而为之,亦致未能成其志;先叔祖为之,诚亟亟矣,而厄于鼎革,终无成焉;日乾于此,苟非勉力草创以贻后人,更复何待?后人而能振起遗绪,亦可由此以复先曾祖之旧。即不然,而或耕或读,守其故业,使知春露秋霜,犹思报本,不致茫然于所从来,是则日乾今日草创之微意也。少孤失学,言之无文,姑序其大概,有如此云。

　　康熙五十七年岁在戊戌长至前三日,北迁第五世裔孙日乾题于榆垡之致严楼。①

---

① 查禄百、查禄昌等纂:《宛平查氏支谱》卷首,1941年铅印本。

按：在此序文中，查日乾历叙自曾祖以来数代人修辑家谱的曲折复杂过程，并最终草创于己手。其中，也提及了查氏家族曾经所遭遇的甲申之变、借帑案、科场案等多次变故。

世表

　　查出于姬姓鲁公之后曰延公者，食采于柤，因以为氏。《春秋》书"公会吴于柤"，即其地也。传至十二世何公，字文杰，汉武帝建元辛酉，徙居东齐济阳县。四十七世祖瑛公，字少蕴，生三子：长曰师诣公，唐咸通己丑，迁居宣城，乾符六年己亥，避黄巢乱，复徙徽歙之黄墩，乃四十八世祖也；次曰师让公，迁北直；三曰师诩公，迁南康星子。五十世祖曰文徽公，字希回，南唐历官工部尚书，谥宣国公，迁于休宁。弟文征公，字希音，迁婺源。文徽公生七子：长曰元一公，迁海陵；次曰元祐公，三曰元规公，世居休宁城西；四曰元方公，乃五十一世祖也；五曰元赏公，迁泰州；六曰元素公，七曰元范公，迁闽县。五十二世祖曰道公，字湛然，元方公之长子，宋太宗端拱戊子科进士第一人，除左正言直史馆；事母至孝，真宗称为纯孝，进龙图阁待制。生四子：长曰循之公，字汉臣，一字伯环，五十三世祖也；次曰拱之公，迁居休之城北；三曰永之公，出继文征公之孙甄公为嗣，世居婺之凤山，传均宝公，迁海宁；四曰冲之公，居海陵。五十五世祖铨公，字仲评，宋仁宗皇祐壬辰以明经官广平郡守；嘉祐壬寅迁饶州浮梁。至六十六世祖绍公，字克初，徽宗崇宁癸未，因避党祸，始迁抚州临川，家于紫石村；弟大海公，迁铅州。传至七十三世朴公，字茂言，即高高祖也，生三子：长钟公，字聿钟；次秀公，字聿秀，即高祖也；三锡公，字聿俊，世居紫石。聿钟公同聿秀公,迁浦天。聿钟公无传。聿秀公生二子:长曰忠公,字永忠,号敬园,即先曾祖也;次曰庆公,字永庆,无传。永忠公万历己酉科顺天副榜,生二子:长曰国英,字振寰,即先祖考也,为人端方诚悫,至性孝友,同居者六十余年,始终无间;次曰国才公,字明寰,喜读书好施与,惜哉无传。振寰公生二子:先府君讳如鉴,字允哲,届长;次曰如镜,字允著,出继明寰公为嗣。先府君年四十无子,及任江都少尹,甫生不肖曰乾,字天行,三岁先府君即见背。乾生子:长曰为仁,字心毂;次曰为义,字履方;三曰为礼,字鲁存。不肖幼失严训,凡祖父懿言善行,未得其详,仅辑梗概以俟孝子贤孙远绍先人之芳躅,光大我门楣,是所深望焉。

康熙岁在戊戌嘉平月,七十八世裔孙曰乾顿首百拜薰沐手书重识于蓼莪书屋。①

按:查曰乾在此文中有条不紊地系统梳理了查氏家族的源流衍变。从中我们也可以看出,浙江海宁查氏与水西庄查氏同源异流,祖籍安徽休宁。北宋太宗时的查道(字湛然)是他们共同的祖先。宋真宗时,查均宝从婺源凤山迁居海宁,是为海宁查氏始祖。宋仁宗嘉祐七年(1062),查铨(字仲评)从休宁迁至饶州浮梁;宋徽宗崇宁二年(1103),查绍(字克初)又迁抚州临川紫石村;明万历间,查钟(字聿钟)与查秀(字聿秀)北迁京师。水西庄查氏即出自北京这一支。据此亦可知,袁枚等人所谓查为仁"本籍海宁"②的这类说法都是错误的。

---

① 查禄百、查禄昌等纂:《宛平查氏支谱》卷一,1941年铅印本。
② (清)袁枚:《随园诗话》卷四,江苏广陵古籍刻印社,1998年,第71页。

永忠府君王太君墓志

先曾祖考永忠府君讳忠,行长,号敬园,江西抚州府临川县人。随先高祖聿秀府君迁居北京,入籍顺天府宛平县,明万历己酉科副榜。出二子:振寰、明寰两府君;女一:四姑,适指挥使黄孟春。先曾祖妣王太君,宛平县人。原合葬于都城西直门外卫伍村之祖茔,今于康熙乙未年丁亥月丙子日辛卯时迁葬于宛平县南榆垡之东北阡。谨按:穴位系酉龙入手,丁酉穿山立向,坐丁向癸,兼丑未三分,分金用庚午、庚子,坐柳土獐四度。因前明甲申之变,祖宗生卒年月日时尽皆失传。

康熙五十四年岁次乙未十月十有四日丙子,曾孙日乾、度,元孙业新、为仁、为义、为礼,六世孙希贤、善言百拜谨志。①

按:从此墓志铭文中,我们可以得知:查氏自江西临川迁居北京,即入籍顺天府宛平县;并在北京城西直门外卫伍村尚有一块祖茔地。

振寰府君周太君墓志

先祖考振寰府君讳国英,行一,顺天府宛平县人,国学生。出二子:允哲、允著两府君。二女:大姑,适朱氏;二姑,遭甲申之变,随母自缢。先祖妣周太君,宛平县人,遭甲申三月十八日闯贼之变,即日自缢,详载《七烈传》。故凡祖宗生卒年月日时

---

① 查禄百、查禄昌等纂:《宛平查氏支谱》卷三,1941年铅印本。

尽皆失传。原合葬于都城西直门外卫伍村之祖茔,今于康熙乙未年丁亥月丙子日辛卯时迁葬于宛平县南榆堡之东北阡。谨按:穴位系酉龙入手,丁酉穿山立向,坐丁向癸,兼丑未三分,分金用庚午、庚子,坐柳土獐四度。

康熙五十四年岁次乙未十月十有四日丙子,孙日乾,曾孙为仁、为义、为礼百拜谨志。①

允哲府君方太君刘太君墓志

先考允哲府君讳如鉴,顺天府宛平县人,由国学生选授江都县主簿,题升本县县丞,待赠修职郎,生于明天启癸亥年十二月初一日卯时,卒于大清康熙己酉年十月二十一日戌时。先妣方太君,待赠孺人,宛平县人,生于明崇祯戊辰年正月初三日子时,卒于明崇祯癸未年十二月二十七日子时。原合葬于都城西直门外卫伍村之祖茔,今于康熙乙未年丁亥月丙子日辛卯时迁葬于宛平县南榆堡之东北阡。先妣刘太君,待赠孺人,宛平县人。出一子:日乾;出二女:长适候选知县马达,次适江南仪征县知县马章玉,俱浙江绍兴府山阴县人。太君生于明崇祯丁卯年十月初三日卯时,卒于大清康熙癸巳年五月十一日子时,原厝榆堡,康熙乙未年丁亥月丙子日辛卯时合葬于东北阡。谨按:穴位系龙由兑来,右旋而转,翻身逆结,己卯穿山内向,己山亥向,兼丙壬三分外向;丙山壬向,兼子午三分内向,分金用左边辛巳、辛亥。方太君改用外盘缝针,丁巳、丁亥外向,分金用右边辛巳、辛亥。府君暨刘太君二棺坐翼火十三度,

---

① 查禄百、查禄昌等纂:《宛平查氏支谱》卷三,1941年铅印本。

方太君一棺坐翼火十度。

康熙五十四年岁次乙未十月十有四日丙子,男日乾,孙为仁、为义、礼百拜谨志。①

祭汉璋马公文

乾与公,婚弟兄也。予三岁失怙,公受先君遗托,事先慈如母,抚予如弟,饮食教诲,俾至成立,不啻膺腑之相关也。回忆辛亥以前,每逢寒食,公必携予拜先墓,且云:"子婿之尽礼,不过毕世而已。"言已,歔欷泣下。予三世单传矣。年十四,公即为求姻于从叔文熙公,盖计及早婚以延姒续也。予伶仃孤苦,所如辄龃龉不合。公与其母周太君恤予之情转挚,自少及长,言语礼貌,未尝一日少衰。年十七,公为予完姻。既值周太君丧,亲串族党云集牟署。公指予,曰:"座中惟君能振拔,独嫌其喜夸大耳。"知己之评,铭心不忘,思之有余痛焉。又私谓予曰:"君才颇堪树立,恐依我终非久计。日复一日,无所见闻,不如奉亲北上,乘时利济,展其湋蕴。"间谓吾姊、吾甥曰:"异日可以与汝母子患难相扶而不背者,庶几此人。"呜呼!公之言,历历如昨,但公之所期于予,与予之所以副公之期者,今竟何如耶?公居家孝友,莅政和平,至衡物鉴人,若烛照而数计。予阅历长安四十年,求可与公比肩者,盖戛戛难之。公尝云:"吾家得张黄盖,诰封大夫,则志愿足矣。"今甥辰官保定太守,公之志愿已酬。究其由来何?莫非周太君之苦节,公之积德所致耶?公于癸酉岁捐馆,予为贫贱衣食计,不得抚棺

---

① 查禄百、查禄昌等纂:《宛平查氏支谱》卷三,1941 年铅印本。

一恸。三十余年,居尝念及,恧焉欲汗。迨稍有饶余,又两遭患难,是以有怀未遂,迄今忽忽五十有七岁矣。须鬓皓然,老成亲故,渐次零落,追思往事,恍惚梦中。呜呼!公之没已久,我姊又先公没。我母方念往伤怀,而公继娶董恭人,事我母如亲母,孝养备至,不异我姊在日。犹忆康熙癸巳年,辰甥任顺天南路司马,老母丧,过黄村,董恭人躬被衰绖,率辰甥出数十里外,拜迎道侧,奠哭极哀,阖署相随,悉衣缟素。于此见公之事我母,备极敬顺,实有以感孚内外,故虽公没已久,情谊益深,而董恭人之竭诚推爱,尤所感激而涕零者也。今适有事吴门,因兼程赴越一叩墓门,以罄积恫。公如知我,当歆此薄醑,而翩然泉下也。呜呼,公不可见矣!

雍正元年岁次癸卯夏四月上浣,日乾拜奠。①

按:查日乾三岁失怙,在此祭文中,他历叙姐夫马章玉(字汉璋)抚育其成人、促成其婚姻等许多感人事迹,深情地表达了他的感恩之心。

重筑于斯堂记

尝观天地间之一事一物,其自有而之无,复自无而之有,信有天焉,岂人之所能得测哉!日乾幼孤,赖先慈抚育至于成立,然弱冠之年,犹皇皇然奔走衣食。尝私心窃愿曰:"吾安得一亩之宫、百亩之田,以供吾母菽水之需乎?"无何,荷天地祖宗之灵,天时人事万谋而合,颇有余力鸠工筑室。自土木以及

---

① 查禄百、查禄昌等纂:《宛平查氏支谱》卷四,1941年铅印本。

粉绘，俱亲监其事，既备美观，又极完固。堂成，名曰"于斯"，盖取张老之祝也。顾而乐之，以为子孙数传可以无事修葺。不意甫数年，涉入帑案，平昔之经营，尽入于官，身几不保。又赖先慈叩阍，蒙恩得释，乍离犴狴，再入津门，是何异卢生之梦觉而禹锡之重来耶？忽焉而有者，谁之功？忽焉而无者，谁之咎？感慨系之，其又何尤于是？收拾余烬，少整规模，幸而彼苍默祐，尚能复十之二三。更不自揆，又罹文网，父子拘幽，计穷力竭，以为自今难望幸免矣。讵意至己亥秋及庚子春，俱得邀恩释放。计在请室者，前后共有十二年。嗟乎！人生七十谓之古稀。且始二十年，未必有为；后二十年，不免迟暮；中间精神之聚会，血气之坚凝，不过三十年耳。兹者十有二年，几去其半，而况再见天日，已虚度五十有零矣！方以幸免之身，得扫除先人墓侧，又何暇碌碌尘俗，复蹈曩时之故辙乎？所为痛定思痛者，先慈卒于癸巳之夏，亲见子若孙之入于狱而不及见其出，虽在九原，岂能瞑目？所以终天之恨，风木之悲，无时已也。于今儿女成行，迄无宁宇，更勉营菟裘之地，愿以终老。草草复筑一堂，仍名"于斯"，志不忘也。而或者以为因陋就简不足以饰美观、延佳客，逊于前之堂也远甚。余谓："前之成是堂也，岂料有今日？则今之为是堂也，又岂能料后时哉？吾见高门大第不旋踵而化为废井颓垣，其后人之有无，并不可问矣。则余今日之筑，又自无而自有也，苟非邀天之幸，何以至是？而子犹以简陋诮之，无乃不知命也夫？"既成，遂为记，以勒之石，垂戒子孙，使知一事一物，有天鉴焉，不必羡人之所有，亦不必愧己之所无，惟长奉天而行，置有无于不可知之数，则得之矣。

康熙岁次辛丑二月中浣,日乾记。①

按:查日乾前此建有"于斯堂",此次所筑"于斯堂",当为后世诗文中所谓的"于斯东堂"。

百草山庄记

蓟州之西,连峰叠嶂百余里,其中坦然而遐旷者,为平谷。平谷之西北二十里,为百草沟,三河之所辖也。乾隆三年,余卜兆于此,以为他年息影之地。既而绕其旁,筑团焦数间,春秋佳日,尝过从焉,遂名之曰"百草山庄"。山庄之外,流水环匝,杂树成行,有桥焉,偃而委,可以通舟舆;有泉焉,仰而喷,可以涤烦渴。游鱼瀺灂,时鸟互鸣,就高荫以垂纶,面深林而振策,致足乐也。至若群岩列峙,翠逼檐宇,远而望,则三盘峭立,田子春逃禄之地也;近而顾,则平芜际野,耶律帝呼鹰之地也;回首而四眺,则逶逶迤迤,疑断疑续。歧焉,若攀;肃焉,若揖;勇焉,若趋;退焉,若避。披雾之岭,金井之峡,呼鹿之峪,吴公之寺,可以名字者凡数十处,而余庐适处乎其下。当夫晴霏昼敛,皎月晚升,与田父渔师,倘佯而野语,抚苍苔而循落叶,披素石而鉴清波,怡怡焉,其又何知尘世之累哉!余既爱山水之清远,足以娱耳目;而尤爱其地之淳朴,而得其自然之性。折柳可以樊圃,引流可以盈沼,植黍可以酿,菥薪可以爨,则此庄也,或为菟裘之计,或为金粟之藏,奚施而不可也?爰为之记,以志其胜,且为子若孙告焉。

---

①查禄百、查禄昌等纂:《宛平查氏支谱》卷六,1941年铅印本。

乾隆五年岁次庚申正月下浣之四日,慕园老人日乾自记,时年七十有四。①

刘太君补庆集后志

生人谁无父母?孰不恩深罔极?是以《蓼莪》之诗不忍卒读也。而我父母之劬劳实甚。我母之生我、成我、更生我,又倍极艰苦。今我母八旬有四矣,溯厥从前,耳受心伤,亦宛然在目焉。乾不幸幼孤,先代都无所省,父执亲串为言其概。先君子遭明季之乱,食贫三十余年,叨恩例授江都主簿,遂升少尹。江都,南北要区,水陆都会也。粮多差重,邑宰日无宁晷,得先君子佐之,干练老成,明习吏事,握手恨相见晚。先君子乘间陈其不便民者数事,悉裁去之,民赖以安,曰:"查公生我。"先君子食不重味,衣不重帛,持己以敬,待人以恕。我母内政修举,慈仁勤敏,日劝先君子积累,无忘奕叶,为贻谋计。乾不幸,生三岁,先君子见背,宦橐萧然,不谋朝夕。我母日以缝纫,夜以课读,乌乌秋风,子规夜月,母子相依为命,未尝不三更把泪、五夜伤心也。不肖不克承先志,读书无成。母老矣,谋奉养,遂急不暇择,流寓津门,奔走于风尘中二十余年。以借帑一案,系狱论死。与友人金子驭东累然窟室,盛夏严冬,凄风苦雨,两形相吊,百感伤情。彼有老父,我有八旬老母,然彼尚幸有昆弟,而我自幼孑身,零丁孤寡。我母抚我,以养以教,以长以娶,不知费几许心血,劳几许精神,历几许患难,而不肖忽然至此,贻我母以深忧,自分自取之咎,死不足惜,其如老母何?清夜悲伤,

---

① 查禄百、查禄昌等纂:《宛平查氏支谱》卷六,1941年铅印本。

痛心疾首,较诸金子驭东,更涔涔泪渍满枕席也。不料,驭东竟以忧卒。知己云:"亡愁心莫告。"我母闻之,益靥隐忧,用是驰驱塞北,呼吁圣天,不惮一、再而三,触暑雨,冒祁寒,惊砂扑面,冷气侵肌,盖我母备尝之矣。伏遇皇上至仁至孝,奉养慈宫,度越千古,以孝治天下,特赐矜全。己丑冬,母子重逢,相庆更生,正我母八十有三之年也。回念我母八旬寿,日乾方在缧绁,不得一见慈颜,吞声哽咽,惟望北叩首,祝我母寿算绵长。私情奉养,未定何生何日? 讵意我母生我,八十余年之后乃更生我于狱底。今岁次庚寅,我母周花甲又逾二纪矣,十九岁七闰,积闰亦三十余月。愧乾不才,不能善养我母,且不能寿我母,而诸同人哀我余生补庆我母,重烦大人先生锡以瑶章,用光家乘,乾惟有铭诸五内、宝之奕世而已。用敢述其大概,附于集后,日乾百拜顿首志。①

按:此文所及人物"金子驭东",即查为仁岳父金大中,字驭东,号名山,原籍山阴,其父金平移居天津②。从文中亦可知,金大中与查日乾早年曾一起经营盐业,后来因涉入借帑案而忧惧以终。

刘太君遗照志

不孝乾幼而失怙,太君苦节茹荼,教之成立。不孝罪大行亏,三年缧绁,非太君亲叩九重,则不孝已不得奉侍晨夕矣。迨幸恩邀免,余生惴惴,方冀菽水承欢,乃复误蹈文网,致我母郁郁以终。呜呼!古人千里奔丧,艰难险阻,终得展其孝思,不孝

---

① 查禄百、查禄昌等纂:《宛平查氏支谱》卷七,1941年铅印本。
② (清)梅成栋纂:《津门诗钞》卷九,天津古籍出版社,1993年,第275页。

与先慈仅隔一圜土耳。弥留之时,嘱孙为义,曰:"吾病亟矣!无他虑,惟汝父偏于气质,俾一见而诫谕之,庶可瞑目。"呜呼,痛哉!生不能侍药饵,殁不能视含殓,而止得传闻之语,泣血椎心,不孝之罪,孰有大于此者乎?迄今追慕遗容,虽跄地呼天,九死奚赎?不孝生平亦欲有所树立,以扬先德,乃志未遂,而身已获罪,区区之心,未易为泛泛者言也。呜呼,已矣!此生但能一叩墓门痛泣,终天之恨,即相从太君于地下,而吾愿毕矣。

癸巳夏五月,男日乾百拜谨志。①

第三节 杭世骏佚文《查莲坡墓志铭》与查为仁乡试科场案

康熙五十年(1711)辛卯科顺天乡试解元查为仁科场案,自清代以来,众说纷纭。新出土的杭世骏佚文《查莲坡墓志铭》则揭示出了此案的真相。查为仁乡试科场案系由其父查日乾作为商人的冒险和投机的性格所造成。查日乾约请举人邵坡代作文章,贿买书办,传递文章进入考场。查为仁因作弊心虚误书卷面籍贯而最终被查出。

一、杭世骏与《查莲坡墓志铭》

杭世骏(1696—1772),字大宗,号堇浦,浙江仁和(今杭州)人,清代著名学者、文学家。杭世骏往来南北,多次取道天津。乾隆初年即已结识水西庄主人,并与查氏有婚姻之好,查为仁之六女查蔚起

---

①查禄百、查禄昌等纂:《宛平查氏支谱》卷七,1941年铅印本。

嫁与杭世骏次子杭守宸为妻①。

杭世骏与查氏父子多有诗文唱和赠答，亦为查为仁《莲坡诗话》《游盘日纪》作序②，又为查日乾撰写墓志铭③。这些诗文多收入《道古堂全集》。《道古堂全集》七十六卷是目前最为完整的杭世骏诗文集，涵括《文集》四十八卷、《诗集》二十六卷、《集外文》一卷、《集外诗》一卷④。

杭世骏不仅为查日乾撰写了墓志铭，也为查为仁撰写了墓志铭。然而，这篇墓志铭，《道古堂全集》尚未收入；水西庄查氏家谱《宛平查氏支谱》竟亦失收；各种有关清代的碑传集也未曾辑录。

近年来，随着查为仁墓茔被平整，其墓志铭才又重见天日，现藏北京市平谷石刻艺术馆。出土的墓志，长47厘米，宽46厘米；铭文32行，每行40字，正楷。首题："召试博学鸿词翰林院编修仁和杭世骏撰文；赐进士出身翰林院编修掌京畿道监察御史加二级钱唐陆秩书丹；赐同进士出身工部屯田司主事掌河南道监察御史加二级仁和戴章甫篆盖。"铭文拓片及释文，今被《新中国出土墓志》收录，所记出土地点"平谷区马坊镇北石渠村"与《宛平查氏支谱》所载一致⑤。

---

① (清)杭世骏：《慕园府君墓志》，查禄百、查禄昌等纂：《宛平查氏支谱》卷三，1941年铅印本。
② (清)杭世骏：《道古堂文集》卷七、卷十三，《续修四库全书》第1426册，上海古籍出版社，2002年，第267、329—330页。(清)查为仁：《莲坡诗话》卷首，(清)查为仁：《游盘日纪》卷首，(清)查为仁：《蔗塘未定稿》，乾隆八年(1743)写刻本。
③ (清)杭世骏：《道古堂文集》卷四十三，《续修四库全书》第1426册，上海古籍出版社，2002年，第617—618页。
④ (清)杭世骏：《道古堂全集》，《续修四库全书》第1426、1427册，上海古籍出版社，2002年。
⑤ 中国文物研究所、北京石刻艺术博物馆编：《新中国出土墓志·北京》[壹]，文物出版社，2003年，第359页。

查为仁墓志铭的出土,对于研究杭世骏的友朋交游和查为仁的乡试科场案,具有重要的史学价值。现将其释文迻录如下,以飨读者。因碑铭出土时,少量文字残损脱落,或漫漶不清,故笔者据它书并作校勘。

皇清例授承德郎议叙六品
莲坡查君元配金安人继配刘安人墓志铭

吾友查君莲坡殁后三年,岁壬申八月二十日,将卜葬于三河县北石渠之原,两安人祔焉。其孤数千里走书币,请铭于予,辞不获。谨按状:君讳为仁,字心穀,一字莲坡①。其先,江西临川人。明万历间讳秀者,北迁顺天宛平。子讳忠,中万历己酉顺天乡试副榜,是为君高祖。忠生国英,国英生如鉴,如鉴生日乾,是为君考。封承德郎,赠朝议大夫,即慕园先生也。慕园生三子,君为长。年十七,□学官弟子②。辛卯,举顺天乡试第一,以习贯误书被斥,系于狱。越九年,乃解。□□□□益□励于学,口诵手录,继晷焚膏,忘其身居狴户中也。时吴门谈汝龙、甘肃布政□琦③,□□□□□研诗学,倡予和汝,作金台诗会。其外与会者,皆都下名彦,一时传诵,为之纸贵。庚子,□□□□□□为义④、季弟礼,分灯课读。筑澹宜书屋,遍访江以南藏书,贮其中。闻有善本,虽□□□□□□□甲

---

① 《世系》云:"又号莲坡。"见查禄百、查禄昌等纂《宛平查氏支谱》卷一,1941年铅印本。下同。
② 吴廷华《莲坡府君小传》作"十七,补弟子员",据此,可补入"补"字。见《宛平查氏支谱》卷二。下同。
③ 吴廷华《莲坡府君小传》作"布政朝琦",据此,可补入"朝"字。
④ 吴廷华《莲坡府君小传》作"放归后,与两弟",据此,可补入"放归后,与仲弟"六字。

乙,交相雠订,时有"三查"之目。辛酉,丁慕园先生艰,毁瘠苦次,观者动容。癸亥,复丁马太恭人艰,亦如之。而孺慕之诚,至老愈笃。甲子,拓街南隙地,构古春□次为王太恭人承欢处①。凡□□戏,可以娱亲者,无不备及。暇则与里中耆旧作沽上五老会。先是,会稽释元弘,高僧也,君□□□□颜其居曰"花影庵",称佛弟子。晚乃益逃于禅。殁之前数日,犹作小楷,书高、王《观世音□》《□心经》②,受□欲作《金刚经》③,而未逮也。不意一夕秉烛,正检阅几上残帙,忽头眩体□□而逝④。君享年五十六,生康熙甲戌年十一月初七日丑时,卒乾隆己巳年六月二十八日巳时。以□□奉□□旨,议叙授□□⑤。元配山阴金安人,甫婚一岁,先君二十九年而殁,年二十六岁,生康熙丙子年□月十七日巳时⑥,卒康熙辛丑年二月二十五日子时,遗有《芸书阁倡和草》。继配宝坻刘安人,性□□,□书善琴,孝于姑,和于先后,抚诸子,无间己出,家事克勤为多,后君一年而殁,享年四十六岁,生□□乙酉年四月初四日申时⑦,卒乾隆庚午年六月初六日戌时。子二:长善长,侧室曹氏出,天津府□□生⑧,娶大兴□氏⑨。次善和,刘安人出,

---

① 据《绝妙好词笺》厉鹗序,应作"古春小茨"。(清)查为仁、厉鹗笺:《绝妙好词笺》,河北大学出版社,2005年。
② 应作"书《高王观世音真经》《心经》"。
③ 据铭文残泐,脱字疑作"托"字。
④ 吴廷华《莲坡府君小传》作"忽头眩体瘵,执卷而逝",据此,可补入"瘵,执卷"三字。
⑤ 吴廷华《莲坡府君小传》作"议叙授文林郎加承德郎"。
⑥ 陆《世系》作"正月二十七日巳时"。
⑦ 《世系》作"康熙乙酉年闰四月初四日申时"。
⑧ 《世系》作"廪生"。
⑨ 《世系》云:"配严氏,讳月瑶,字闺娟,江苏长洲人"。杭世骏《慕园府君墓志》亦云:"善长,聘长洲严氏。"见《宛平查氏支谱》卷三。据铭文残泐,脱字亦似作"严"字。

天津县附学生,娶海宁陈氏。女七:长,曹氏出。次二,侧室蔡氏出①。次三,刘安人出。次四,殇,刘安人出。次五,张氏出。次六,刘安人出。次七,侧室陆氏出,殇。婚嫁皆名族。孙一:□□②;□女二③,善和出。君性忼爽,与人交,不设城府。遇事无稽疑,随至随应。里中以事纷争交讦者,君入座,片言剖晰,众□然服④。平生以友朋为性命,推襟送抱,宾至如归。急难,求无不应。或怵以后患,亦不计。吴县徐□兰以事⑤,并妻孥安置天津。君存问赒恤,略无顾忌。及殁,亲视含殓,抚其后人。兰临危与君遗书,有"倘他生□□人道,必投君家为子"语。尤笃于宗族,其孤贫不能婚嫁丧葬者,皆力为之经画。至于施□□□火会⑥,捐常平仓谷,凡属乡党善举,曾不少吝。著有《莲坡未定稿》二十二种,已刊行,其未刊□若干卷⑦。铭曰:一第而斥生不逢,九年励志阛土中。学淹经术罔弗穷,等身述作畴能同。□□□海鱼盐通,骚坛树帜风雅宗。闭门投辖今孟公,四方学者如云从。晚乃学佛参苦空,白莲结社伊蒲供。写经未毕掷笔终,花影去来原无踪。北石之渠田盘东,卜兆更旁先人宫。松楸郁郁千岁隆,我铭贞石藏新封。

---

①《世系》作"侧室张氏出"。据铭文残泐,亦似作"张氏"。
②《世系》云:"诚,榜名维城,字卫宗,号静岩,又号海汇,生于乾隆壬申年七月初八日巳时,卒于嘉庆辛未年十二月二十日丑时"。乾隆壬申年八月之前,即杭世骏撰写此墓志铭时,查为仁唯有此孙出生。据此,当补入"维城"二字。
③据上文,当补入"孙"字。
④据铭文残泐,脱字似作"恬"字。
⑤吴廷华《莲坡府君小传》作"吴中诗人徐兰坐事",据此,可补入"公"或"君"字。
⑥《长芦盐法志》卷十九"捐施"下有"施棺会""救火会"。据此,可补入"棺会、救"三字。
(清)黄掌纶等撰:《长芦盐法志》卷十九,科学出版社,2009年,第411页。
⑦吴廷华《莲坡府君小传》云:"所著三十二种,梓者半之,又未成书若干卷。"

由铭文内容可知,这篇墓志铭作于乾隆壬申十七年(1752)八月,是杭世骏应查为仁两子查善长、查善和之邀所撰。其时,杭世骏主讲广州粤秀书院。

查为仁著述宏富。吴廷华《莲坡府君小传》云:"所著三十二种,梓者半之,又未成书若干卷。"①《宛平查氏支谱·世系》亦云:"著有三十二种,付梓者《蔗塘全集》《莲坡诗话》《绝妙好词笺》等。"②据此可知,这篇墓志铭中所言"著有《莲坡未定稿》二十二种",或为"三十二种"之讹。查为仁的著述,今存者尚有十九种:《蔗塘未定稿》(内涵《花影庵集》二卷、《无题诗》二卷、《是梦集》一卷、《抱瓮集》一卷、《竹村花坞集》一卷、《山游集》一卷、《押帘词》一卷、《赏菊倡和诗》一卷、《花影庵杂记》二卷、《游盘日纪》一卷、《莲坡诗话》三卷)、《蔗塘诗集》二卷、《水琴山画堂围炉集》一卷、《澹宜书屋六咏》一卷、《拟乐府补题》一卷、《旧雨兼新雨》二卷、《昨非斋草》(《怅然吟》)一卷、《松陵集》一卷、《绝妙好词笺》七卷(厉鹗同笺)等。

查为仁之妻金至元(1696—1721),字含英,一字载振,浙江山阴人,金大中之女,著有《芸书阁剩稿》等③。《芸书阁剩稿》一卷,卷首有赵执信、王时鸿、胡捷、查为仁等作序,陈鹏年撰传。雍正九年(1731),由查为仁编定,收入《蔗塘未定稿》;民国二十一年(1932),金氏后人金钺亦将其收入《金氏家集四种》。

二、查为仁乡试科场案之真相

杭世骏所撰《查莲坡墓志铭》具有重要的史学意义,其价值就

---

①查禄百、查禄昌等纂:《宛平查氏支谱》卷二,1941年铅印本。
②查禄百、查禄昌等纂:《宛平查氏支谱》卷一,1941年铅印本。
③查禄百、查禄昌等纂:《宛平查氏支谱》卷一,1941年铅印本。

在于它揭示出了查为仁乡试科场案的真相。

康熙五十年(1711),不仅发生了督抚互参的江南乡试科场案,同时也发生了顺天乡试舞弊案,查为仁、周启等士子科考作弊,被判绞监候①。为此,查为仁不仅被革去了解元②,而且系狱九年,直至康熙五十九年(1720)三月,才蒙恩矜释出狱③。

查为仁虽然心怀牢愁沉抑之气,但其诗文对于此案则语焉不详,未曾透露其科场案发生的背景、原由以及案件的任何细节。因此,关于此案的真相,自清代以来,众说纷纭,以致后世竟有人以为查为仁是被冤屈的。道光年间,梅成栋即说查为仁"复试得雪,赏还举人"④。《大清畿辅先哲传》亦云:"越八年,事已,释之出,赐还举人。"⑤然而,这一类说法,均无确据,实则出于乡人的尊贤情结,民国时高凌雯亦曾作辩白⑥。

据《圣祖实录》所载,康熙五十二年(1713)二月二十五日,刑部等衙门会同审议,对查为仁乡试科场案曾作出了如下判决:

> 顺天乡试中式第一名查为仁之父查日昌,倩人为伊子代笔,贿买书办,传递文章,事发后,又脱逃被获,应斩监候。查为仁中式情弊,虽由伊父主使,而通同作弊,又相随脱逃,希图漏

---

①《清实录》第六册,中华书局,1985年,第507页。
②是科解元后改为卜俊民(宁方嘉,江南武进人),康熙五十一年壬辰科会试会元;殿试二甲第一名。商衍鎏:《清代科举考试述录及有关著作》,百花文艺出版社,2004年,第131页。(清)法式善:《清秘述闻》卷四,中华书局,1982年,第107页。
③(清)查为仁:《是梦集序》,(清)查为仁:《蔗塘未定稿》,乾隆八年(1743)写刻本。
④(清)梅成栋纂:《津门诗钞》卷七,天津古籍出版社,1993年,第214页。
⑤徐世昌:《大清畿辅先哲传》卷二十,北京古籍出版社,1993年,第640页。
⑥高凌雯:《志余随笔》卷三,来新夏、郭凤岐主编:《天津通志》(下),南开大学出版社,2001年,第712页。

网;其书役龚大业收受贿赂,传递文章;俱应绞监候。代查为仁作文之举人邵坡,应革去举人,杖徒。失察之监察御史常泰、李弘文,应罚俸一年。①

判词确凿有据,案情昭然可见。据此可知,康熙五十年辛卯科顺天乡试,查为仁科考的确作弊,是由其父查日乾约请举人邵坡代笔,然后贿买书办,传递文章。此案牵连人员众多,而且代笔之人坐实,如若断然否定查为仁科考作弊,实则情理难通。

据《邵二云先生年谱》载,代笔之人邵坡是邵晋涵之叔祖,"字兼山,号艮庵,康熙壬午(1702)举人。以辛卯解元查某文出于坡,牵连除名。康熙六十一年被召入京,旋罢归"②。又据家谱记载,邵坡与查氏家族的确曾有往来③。

《清朝贡举年表》亦载:"顺天一名查为仁,倩代中式,事发被削。"④

鉴于查为仁科场事发脱逃事件,康熙帝怀疑五十一年壬辰科会试中式进士内亦有冒籍、替代者,于是亲自复试于畅春园,革去进士五人⑤,是为会试复试之始⑥。清代设立会试复试之制,实因查为仁乡试科场案而起。这也从另一角度证明了查为仁科场舞弊确是历史事实。

---

① 《清实录》第六册,中华书局,1985年,第507页。
② 黄云眉:《清邵二云先生晋涵年谱》,台湾商务印书馆,1982年,第10页。
③ 查禄百、查禄昌等纂:《宛平查氏支谱》卷八,1941年铅印本。
④ 《清朝贡举年表》卷二,沈云龙主编:《近代中国史料丛刊》第一编135册,新北文海出版社,1966年,第289页。
⑤ 《清实录》第六册,中华书局,1985年,第470—471页。
⑥ 商衍鎏:《清代科举考试述录及有关著作》,百花文艺出版社,2004年,第131页。

查为仁乡试科考舞弊被发现的线索是其卷面所书与名册所登籍贯不符。据《圣祖实录》康熙五十年九月二十日所载：

> 都察院左都御史赵申乔疏言："臣今科典试时，取中顺天生员查为仁为第一名举人。今据顺天府府尹屠沂、内场监试阿尔赛等来文，以本生卷面大兴与册内开宛平不符。榜发十日，本生尚未赴顺天府声明籍贯。有无情弊，难以悬定。据实题明，乞敕部查究实情。"得旨：该部严察议奏。①

乡试墨卷之履历，是由应试士子亲自填写。查为仁的籍贯本为宛平，而乡试卷面则书大兴，两不相符。对于彼时的应试者而言，本人的籍贯竟然书写错误，实在不可思议。查为仁乡试卷面籍贯之误，唯一可能的解释便是，邵坡在场外作完文章，然后将文章通过书役传递进入了考场。代笔之人邵坡对于查为仁的籍贯不甚熟悉，故而误书为大兴。查为仁在誊写代作之文时，因作弊而心慌意乱，径直照抄而未加更正。何况，放榜后十天之内，考生如有失误，准许去府衙进行解释。而查为仁不仅"尚未赴顺天府声明籍贯"，而且竟然随同其父"远避浙江"②，此当系科考作弊心虚之故。

吴廷华（字中林，仁和人），曾作客水西庄多年，亦与查氏联姻，其子吴寿宁娶查为仁长女为妻③。其《莲坡府君小传》亦谓查为仁：

---

① 《清实录》第六册，中华书局，1985年，第452页。
② 高凌雯：《志余随笔》卷三，来新夏、郭凤岐主编：《天津通志》（下），南开大学出版社，2001年，第712页。
③ （清）杭世骏：《慕园府君墓志》，查禄百、查禄昌等纂：《宛平查氏支谱》卷三，1941年铅印本。

"坐试卷讹,逮君西曹。"①实际上就是暗指查为仁乡试卷面所书籍贯讹错,只不过用语含混笼统而已。而杭世骏此篇《查莲坡墓志铭》认为查为仁"以习贯误书被斥"。"习贯"之"习",与"籍贯"之"籍",在明清时期吴语方言区,发音相同,读作[ziəʔ²³]②,时至今日亦然。可见,铭文中"习贯"当是"籍贯"之讹,可能系作者或刻者笔误所致。据此可知,杭世骏在《查莲坡墓志铭》中实已揭示出查为仁乡试科场案的真相,即查为仁因误书卷面籍贯而被罢斥科举功名。这与屠沂等人所奏"本生卷面大兴与册内开宛平不符"的情状亦相一致,但为亲者讳,杭世骏并未进而点明查为仁乡试文章是请人代笔所作。

查为仁乡试科场案之所以曝出,有人以为,是缘于赵申乔参革铜商之事。乾隆元年(1736),张照为查为仁《花影庵集》作序云:

> 余未识心穀,而耳熟同年友赵君侯赤之言也。其言曰:"司农心伤心穀之狱至甚。其狱起于执金吾陶和气。陶和气之为此狱也,为司农革铜商事。铜商金姓、王姓者,欲甘心焉,而为是狱也。心穀才人也。"③

其后,郑方坤撰《蔗塘诗钞小传》即沿袭此说,云:

> (查为仁)年十九,举乡试第一,是为康熙之辛卯科。主试事者,武进司农恭毅赵公也。公故以革铜商事,与执金吾陶和

---

① 查禄百、查禄昌等纂:《宛平查氏支谱》卷二,1941年铅印本。
② [日]宫田一郎、石汝杰主编:《明清吴语词典》,上海辞书出版社,2005年,第801页。
③ (清)查为仁:《花影庵集》卷首,(清)查为仁:《蔗塘未定稿》,乾隆八年(1743)写刻本。

气者相水火,欲甘心焉,谓榜首固富人子,且少年,名不出里闬,是奇货可居,遂钩致以兴大狱。①

司农,即赵申乔(字慎旃,谥恭毅,武进人)。康熙五十二年十月,赵申乔升为户部尚书②,故称之为司农。赵侯赤,即赵熊诏,赵申乔之子。康熙五十年辛卯科顺天乡试,赵申乔为正主考官,时为都察院左都御史③。执金吾陶和气,即步军统领托合齐。《听雨丛谈》云:"步军统领,即古之执金吾,今俗呼九门提督。"④托合齐,自康熙四十一年六月升为步军统领⑤,直至康熙五十年十月以病乞假,才由隆科多署步军统领事⑥。因参与结党会饮、太子允礽废立事件,后被判决凌迟处死⑦,剉尸扬灰,不许收葬⑧。陶和气所受刑罚亦与托合齐相同。《履园丛话·旧闻》云:"请照陶和气例,凌迟后焚尸扬灰。"⑨据上所述,从职官名称、任职时间以及所受刑罚等方面来看,陶和气与《圣祖实录》中所载托合齐,实为同一人,系音译不同所致。

由上引史料可知,赵熊诏、郑方坤等人均认为:赵申乔曾以革铜商事,得罪了执金吾陶和气。康熙五十年顺天乡试放榜之后,陶和气指使铜商金、王两姓散布不实言论,致使查为仁乡试科考遂成

---

① (清)郑方坤:《清朝名家诗钞小传》卷三,台湾明文书局,1986年,第343页。
② 《清实录》第六册,中华书局,1985年,第535页。
③ (清)法式善:《清秘述闻》卷四,中华书局,1982年,第102页。
④ (清)福格:《听雨丛谈》卷一,中华书局,1984年,第19页。
⑤ 《清实录》第六册,中华书局,1985年,第115页。
⑥ 《清实录》第六册,中华书局,1985年,第456页。
⑦ 《清实录》第六册,中华书局,1985年,第496页。
⑧ 《清实录》第六册,中华书局,1985年,第505页。
⑨ (清)钱泳:《履园丛话》,中华书局,1979年,第24页。

冤狱。然而,据《圣祖实录》和《清史稿·赵申乔传》所载,赵申乔参革铜商之事发生在康熙五十三年①。而查为仁乡试科场案则早在康熙五十二年刑部等衙门即已作出了判决。由此可见,赵熊诏、郑方坤等人的说法错位了时空,不符合历史事实。

　　清代效仿前朝遗制,设立了放榜之后试卷磨勘之制。"清代执行此法更为严厉,凡顺天及各省乡试榜后,顺天提调官、各省监临、提调即将中式举人朱、墨试卷与录科原卷共同在场包裹,每十卷为一封,各用印信,解送礼部。"②查为仁的乡试卷面所书与名册所登籍贯不符的情状,可能就是在准备解送礼部的过程中被发现的。顺天府府尹屠沂、内场监试阿尔赛等人给赵申乔来信告知,赵申乔于是据此上疏,乞请敕部查究实情,得到了康熙帝的准许。

　　查为仁本慧业文心,才藻横飞③,不用代笔,或可中式。其科场案实由其父查日乾主使而成。查日乾时为盐商巨贾,但少孤贫贱,上数三代功名未就,因此急欲通过科举仕途,试图借此转变盐商身份和提升社会地位。这亦与他的个性有关。查日乾虽为人豪迈爽朗,但行事不免急躁冒进,率性而为。为了一举达成自己的目的,他便约请曾经中举的邵坡代作文章,结果科场事发,于是就制造了这起乡试科考舞弊案。康熙五十二年五月,查日乾生母刘氏临终遗言即批评他:"汝之气质,大宜痛改,我无他嘱,惟此而已。"④时在刑部判决查日乾斩监候之后仅仅三个月。由此可知,从主观方面来说,查为仁乡试科场案实由其父查日乾的冒险和投机的性格所造成。

---

①《清实录》第六册,中华书局,1985年,第575页。
②商衍鎏:《清代科举考试述录及有关著作》,百花文艺出版社,2004年,第117页。
③(清)郑方坤:《清朝名家诗钞小传》卷三,台湾明文书局,1986年,第344页。
④(清)刘荫枢:《允哲府君方太君刘太君合传》,查禄百、查禄昌等纂:《宛平查氏支谱》卷二,1941年铅印本。

正如高凌雯所说:"从前科场,每有富人子弟,虽能文而亦倩人枪替,盖能文未必得,枪替可必得也。莲坡或即出此,不然可请有司面试,奚逃为?且劾者纵挟嫌,亦必有隙可乘也。"①

王昶《湖海诗人小传》亦云:"莲坡先生早赋《鹿鸣》,被讦得罪,数年而后得释。"②据《清秘述闻》记载,康熙五十年辛卯科顺天乡试考题为"安而后能"二句,"君子无众"三句,"见其礼而"二节③,《诗经·鹿鸣》并未列入考试内容。由此也可知,查为仁"早赋《鹿鸣》,被讦得罪",并不是由于试文内容讹误所致。

自唐朝始,乡试放榜次日,官府须宴请考试官员及新科举人。因宴会仪式上歌《鹿鸣》之诗,故称此宴为"鹿鸣宴"。清代沿袭其制,查为仁当在此宴席上曾赋《鹿鸣》之诗。据《吾学录·贡举》云:"《通礼》:顺天乡试揭晓翼日,燕主考、同考、执事各官及乡贡士于顺天府,曰鹿鸣燕,以府尹主席。"④"燕",同"宴"。顺天府乡试鹿鸣宴,由府尹来主持。彼时,屠沂为顺天府府尹,其必经历了鹿鸣宴全过程。查为仁赋《鹿鸣》之诗,倘有违例,屠沂定当知之,亦必将之写入所奏之文。然而,屠沂等人的奏文仅言及"本生卷面大兴与册内开宛平不符",并未提及查为仁赋《鹿鸣》有何违例之处。王昶与查为仁之弟查礼(号俭堂)相交友善,又与查为仁长子查善长(号篆槎)为同科进士。查为仁"早赋《鹿鸣》,被讦得罪"一事,王昶得知于查礼与查善长⑤。综上可知,查为仁"早赋《鹿鸣》,被讦得罪"的说

---

① 高凌雯:《志余随笔》卷六,来新夏、郭凤岐主编:《天津通志》(下),南开大学出版社,2001年,第731页。
② (清)王昶:《湖海诗人小传》卷一,台湾明文书局,1986年,第467页。
③ (清)法式善:《清秘述闻》卷四,中华书局,1982年,第103页。
④ (清)吴荣光:《吾学录》卷五,中华书局,1989年,第31页。
⑤ (清)王昶:《湖海诗人小传》卷一,台湾明文书局,1986年,第468页。

法,或系家人对其科场作弊的一种回护之辞。

三、查氏父子逃匿地点与被捕过程

前文已言,乡试科场案发后,查日乾、查为仁父子逃到了浙江。那么,他们当时究竟具体藏身在什么地方,也很有探究清楚的必要。

康熙五十一年(1712)四月初六日,直隶巡抚赵弘燮上奏:"今据天津道刘荣申称:有查日昌(即查日乾)家人于有等供出,南岸同知杜于藩系日昌至亲。而杜于藩又自称,藩虽系亲戚,而黄村同知马兆辰之亲更挚,查为仁系伊弟马十三同起身南去,与绍兴府贡生王孝先同在绍兴府居住。"①

杜于藩,字果斋,江都人,历官吴桥县知县、永定河南岸同知、河间府知府等。康熙四十九年(1710)十月初三日,查日乾为生母刘氏补办八十寿诞庆典,他曾作诗贺寿②。

马兆辰,字云亭,山阴人,是查日乾二姐夫马章玉的儿子,历官顺天府南路捕盗同知、保定府太守等,辑有《卧云楼琴谱》。查日乾在《祭汉璋马公文》中多次提及这个外甥③。

马十三,族内同辈排行第十三,马兆辰的弟弟,可能是马兆化。马兆化,字德之,乾隆元年(1736)六月初八日,查日乾七十寿辰,他曾作诗贺寿④。

王孝先,名本,山阴人。雍正、乾隆年间,王孝先与查氏家族过

---

① 中国第一历史档案馆编:《康熙朝汉文朱批奏折汇编》第四册,档案出版社,1985年,第90页。
② 查禄百、查禄昌等纂:《宛平查氏支谱》卷八,1941年铅印本。
③ 查禄百、查禄昌等纂:《宛平查氏支谱》卷四,1941年铅印本。
④ 查禄百、查禄昌等纂:《宛平查氏支谱》卷八,1941年铅印本。

从甚密①。

由上可知,康熙五十年顺天府科场案发后,查日乾父子立即与外甥马兆化一同南下,隐匿在绍兴府。查氏父子之所以第一时间直奔绍兴而去,是因为查日乾的两位姐夫马达、马章玉都是山阴人;查日乾的嫡妻,即马章玉从叔之女,也是山阴人。鉴于山阴的亲戚众多,或许能够提供避难之所,查氏父子于是也就投奔而来了。山阴,是绍兴府下辖的一个县,府治、县治均在绍兴城内。

又,《竹村花坞集》收录了查为仁自乾隆元年(1736)至乾隆四年(1739)所作诗歌。万光泰为《竹村花坞集》所作序言写于乾隆六年(1741)二月,由此可知,《竹村花坞集》的编纂整理成集即在此年。查为仁在这年所写的题识中说:"予始弱冠,读书钱塘之西溪,爱其竹翠幕山,繁花袭涧,欣然有终焉之志。既蹈世网,愿不得遂,弹指日月,忽忽三十年矣。"②由乾隆六年(1741)上数三十年,正好是康熙五十一年(1712)。

在古代社会,男子二十岁即行冠礼,因为还没有达到壮年,所以称作"弱冠"。"弱冠",后世又泛指男子二十左右的年纪③。古人也有年十八而冠者,如汉代的董偃④。查为仁生于康熙三十三年(1694)十一月初七日⑤,到康熙五十一年(1712),恰好十八岁,与他所说的"予始弱冠"正相吻合。钱塘,是杭州府下设的一个县名;西

---

① (清)查礼:《铜鼓书堂遗稿》卷一、卷二,《续修四库全书》第1431册,上海古籍出版社,2002年,第7、15—17页。
② (清)查为仁:《竹村花坞集》,(清)查为仁:《蔗塘未定稿》,乾隆八年(1743)写刻本。
③ 中国社会科学院语言研究所词典编辑室编:《现代汉语词典》,商务印书馆,1978年,第969页。
④ (汉)班固:《汉书》,中华书局,1962年,第2853页。
⑤ 查禄百、查禄昌等纂:《宛平查氏支谱》卷一,1941年铅印本。

溪,是杭州西部的一片湿地。

根据以上资料,我们可以推断出:查为仁父子后来又逃至杭州的西溪。

直隶巡抚赵弘燮在获知查日乾父子逃到了浙江之后,又是如何实施抓捕的呢?

康熙五十七年(1718)八月初五日,赵弘燮所上奏折中就曾经提到了抓捕查氏之事,"臣查伍拾壹年为科场作弊一事,奉旨严拿查日昌父子,因南路捕盗同知马兆辰系日昌外甥,着落兆辰协拿,随经弋获。"①

由以上奏折可知,查日乾外甥马兆辰时任顺天府南路捕盗同知,赵弘燮是在马兆辰的协助之下,最终拿获查氏父子归案的。这种通过亲戚关系提供线索、获取行踪,然后顺线出击、抓获逃犯的方式,也是赵弘燮颇为自得的缉捕案犯的方法。

综合以上所述,我们可以得知,康熙五十年辛卯科顺天乡试科场舞弊案被发现之后,查日乾父子随同外甥马兆化先是逃到了浙江绍兴,后又藏身于杭州的西溪。直隶巡抚赵弘燮奉旨查拿查日乾父子的经过是:查氏的家人于有等人供出了永定河南岸同知杜于藩是查日乾的亲戚;杜于藩又供出了查氏父子逃匿在绍兴,并说出顺天府南路捕盗同知马兆辰与查氏的关系更为亲密;最后在查日乾外甥马兆辰的协助之下,将查氏父子缉拿归案。这次逃亡,也是查为仁生平中唯一的一次南下江浙地区。

四、查为仁乡试科场案的意义

康熙五十年顺天乡试科场案,是查为仁人生转向的最为重要

---

① 中国第一历史档案馆编:《康熙朝汉文朱批奏折汇编》第八册,档案出版社,1985年,第278—279页。

的事件。出狱之后，查为仁遂绝意仕进，息影津门，在南运河边构筑水西庄园，广揽天下名流雅士，宴游觞咏，诗文赠答。查为仁主盟期间，水西庄的文事活动臻于鼎盛，与扬州马曰琯的"小玲珑山馆"，南北遥相呼应，成为在野文人的心灵栖息地，彼时在南北士林中影响巨大。由此，当查为仁和马曰琯去世之后，杭世骏不禁扼腕叹息："查莲坡殁而北无坛坫，马嶰谷殁而南息风骚！"①杭氏为诡谲时世中的士林失去了两位重要的庇护者而深感锥心之痛！

　　假如科场舞弊案没有被曝出，查为仁则极有可能从此步入仕途。或者入职翰林院，以著述编纂为职志，了此一生；或者被派出为官一方，造福百姓，报效朝廷。但是这两种人生模式，必然导致查为仁对乡土所产生的影响甚小，更不可能拥有主盟水西庄、广揽文人、嘉惠士林那么大的声誉和名望了。

　　查为仁，是清代称誉大江南北的一代名士，其乡试科场案真相的揭示，有利于《清史》编纂工程中人物列传撰写的完整性和准确性；同时，对于研究清代的科举制度、商人身份转换，以及天津的盐商文化等也具有较高的学术价值；对于深入理解天津水西庄文化现象、清代天津文坛第二次勃兴的文化背景，以及乾隆初年的士林状况，亦有着重要的意义。

第四节　查为义生平仕履及其文艺创作

　　查为义是水西庄第二代主人之一。他助创问津书院、扩建水西

---

①（清）杭世骏：《道古堂文集》卷十一，《续修四库全书》第1426册，上海古籍出版社，2002年，第308页。

庄,积极参与和组织水西庄宾主间的诗文酬唱活动,创作了丰富的书画艺术和诗歌作品,促进了天津高雅文化的发展,繁荣了天津文学艺术的创作。他的书画、文学作品成为天津宝贵的文化遗产。为了使其声名不被历史湮没,现将查为义的生平仕履和文艺创作介绍如下。

一、查为义的生平仕履

查为义(1700—1763),字履方,号集堂,又号砥斋,太学生[①]。他俶傥早慧,少有大志,不屑以文艺求取功名,于是投笔从戎,雍正八年(1730)以军功被授安徽太平府通判[②]。又因为官清正廉能,抚恤百姓,赈救饥民,雍正十二年十二月擢授江南淮南仪所监掣通判[③],署淮北盐运分司,政绩卓异。乾隆六年(1741)遭父丧辞官归家,侍奉生母王氏、训课子侄、游心书画二十余年而卒[④]。光绪十年(1884)河南巡抚鹿传霖(1836—1910)胪陈查为义孝行,奏请旌表为孝子[⑤]。

乾隆十四年(1749),长兄查为仁去世之后,三弟查礼又出仕在外,查为义于是全面负责水西庄的盐业经营、家族事务、宾客款接和文事活动等等。查为义风期清远,人生素淡,因此,其生平事迹多有不传,但在天津,却有两件事颇为值得称扬。

[①] 查禄百、查禄昌等纂:《宛平查氏支谱》卷一,1941年铅印本。
[②] (清)朱肇基等纂:《太平府志》卷十九,《中国地方志集成·安徽府县志辑》第37册,江苏古籍出版社,1998年,第232页。
[③] (清)王定安等纂:《重修两淮盐法志》卷一百二十九,光绪三十年(1904)刻本。卷一三十三又署"雍正十三年",笔者按:雍正十二年十二月恩准,十三年上任。
[④] (清)纪昀:《纪文达公遗集》卷十六,《续修四库全书》第1435册,上海古籍出版社,2002年,第473页。
[⑤] (清)徐宗亮、蔡启盛:《重修天津府志》卷四十三,来新夏、郭凤岐主编:《天津通志》(上),南开大学出版社,1999年,第1330页。

乾隆十六年(1751),卢见曾(1690—1768)始任长芦盐运使①。为了改进天津的读书风气,他决定捐资建造书院,但却苦于没有基址。查为义听说之后,毅然捐输城内鼓楼南之废宅。卢见曾及众盐商将其改建成房屋五十九间,作为肄业讲学之所,取名为"问津书院"②。问津书院的创建,对于天津有着非同寻常的意义。它有力地促进了天津地域文化的发展,极大地改善了天津的文教学风,后世天津的文人士子亦多出自问津书院。

乾隆二十二年(1757)秋,查为义在水西庄旁另辟一园,"'近圃'之右,得地数亩,名曰'介园'"③。园内设置景点主要有夕阳亭、琵琶池、木板桥等。三十六年(1771),乾隆帝东巡泰岱,途经天津,驻跸水西庄,时逢园内紫芥盛开,于是将"介园"更名为"芥园"④。查为义建造"介园",不仅扩大了水西庄的规模,而且增添了宾客游赏的景点。

乾隆三年至五年(1738—1740),陈宏谋(1696—1771)任职天津河道⑤。这期间,他与水西庄主人多有往来⑥。二十三年,曾为查日乾侧室王氏撰写八十寿序⑦。查为义去世之后,亦为之作《集堂府君小传》⑧。这篇传文,《陈榕门先生遗书》尚未收录,亦不易搜得,现迻录

---

① (清)黄掌纶等撰:《长芦盐法志》卷十四,科学出版社,2009年,第280页。
② (清)黄掌纶等撰:《长芦盐法志》卷十九,科学出版社,2009年,第408页。
③ (清)查礼:《铜鼓书堂遗稿》卷十四,《续修四库全书》第1431册,上海古籍出版社,2002年,第103页。
④ 高凌雯:《天津县新志》卷二十四,来新夏、郭凤岐主编:《天津通志》(中),南开大学出版社,2001年,第1012页。
⑤ 高凌雯:《天津县新志》卷十七,来新夏、郭凤岐主编:《天津通志》(中),南开大学出版社,2001年,第544页。
⑥ (清)陈宏谋:《培远堂文集》卷四,(清)陈宏谋:《陈榕门先生遗书》,1944年铅印本。
⑦ (清)陈宏谋:《培远堂文集》卷四,(清)陈宏谋:《陈榕门先生遗书》,1944年铅印本。
⑧ 查禄百、查禄昌等纂:《宛平查氏支谱》卷二,1941年铅印本。

并标点如下,以飨读者。

集堂府君小传

查公讳为义,字履方,集堂其号也,宛平人。少颖特趣,向异凡儿。甫八岁,从塾师授小学。师故精剑术,一日请学剑。师曰:"若幼,无庸。"君曰:"小学舞勺,舞象羽,籥干戈,童子俱宜学,第剑耶?"师惊喜,授之。居无何,谓尽解其术,戒众会观,浑脱、浏漓、顿挫。师益喜,观者诧羡。剑成,请学书。会有以牓书丐于师者。师曰:"若能乎?"君濡墨淋漓,累木具案,下基其足,据案作擘窠大字,风骨遒美,书家敛手。堂轩间多君手迹,群指目曰:"此八岁查童子书也。"及长,遇家故,奔走荐慰,亲心少休。喜读涑水《资治通鉴》,间晚归,篝火至夜分不倦。君伟躯干,睛炯炯有光,不屑屑章句,曰:"古名臣黄次公学律令为吏,朱仲卿用啬夫起家,岂谚谚明经甲科哉?河渠、食货、农政、军戎诸大政,下逮竹木、琐屑、区处,皆有方略可施行。"滇南陈讳时夏公抚吴,耳君名,走书币聘掌奏疏。是时整饬封疆,内外、臣工、幕府俱慎其人,吴又重地,责綦重。君出其夙负,通达古今,晓畅治体,章上辄报可。先是国家有事西陲,道回远苦,转输不继。君时读书太学,投笔慷慨慕卜式、傅介子之为人,思立功边土,辞家缚靴裤杖策,输粮塞上饷师。论功,八年授安徽通判太平府事。倅贰于守位,令上故事,不可否郡事,郡文书卷尾,雁鹜行署,倅名占第三,坐是偃仰闲曹。上以私干守,而下侵令权,君视事,痛扫除,故常立崖岸公正,不因人热(熟),僚属阴惮之。闻郡邑利弊,声言之。守令稔君无私,施罢如君指,声生势长,称能其官。适邻郡饥民过界上,径入城掠食,市巷吏驱之,势益张,阛阓汹汹,议协武弁擒制之。君徐曰:"何为者?若等非敢干法也,计口廪之,载以舟出境无事矣,仓皇何为者?更令具廪与舟城外待,后至者止于野,则不扰吾民,资之舟则速去吾界。"君不动声色,郡治安堵,民活无算。大府曰:"查某廉且能。"檄监运漕米百万石,输通仓漕。弁闻君名,相诫曰:"查使君廉,我曹脱欺诳,非赂可贷也。"誓不颗粒侵渔。输仓符额,合考功格,君之擢监掣也。仪所通判之设,自君始,初以厂员为之,类以不法获谴。前相国盐院高公、宫保制军尹公,相与议曰:"淮南夹私之弊,仪所不绝根株,官引将壅,奈何?法必官不受私,而后商不夹私。文官不爱钱难;盐官不爱钱尤难;盐官号才能,而不爱钱尤难。果得其人,宜峻其秩位,次运使司马下,重其望而旌其廉,庶可谁乎不爱钱,畀以仪所通判之印乎?"相国高公曰:"查倅廉。"宫保尹公亦曰:"查倅廉。"于是相与拜疏上请,可其奏。君感特达之知,益励精白,饮冰茹蘖,监掣八年如一日。商人始不便,侦知终始不渝,遂感且服。摄淮北分司,篆治如淮南。时抚吴者,为山左徐讳士林公,开阁延属僚,讲求吏治,屡以民事试君,累上考。前大司空济源卫讳哲治公,时令盐邑,亦以廉能著声。会计典,大府以君与卫公治行尤异上闻,南土称是考得人最盛。君适以父丧归,而卫公由是累转晋中丞,列九卿。君孝友,盖天性。初王母刘太恭人遘疾时,甫十四龄,奉汤药,越六昼夜,不解衣带。至于奔号父丧,吊客不忍闻。又二年癸亥,持母丧如父丧。丙寅服除,部檄催补膺计典,君念向出风木之痛,悔不可追。是时,王太夫人春秋高,语俭堂曰:"我余生皆养母之日矣,且伯兄老且病,不忍再出,若出,我留奉母可乎?"俭堂不应。君晓之曰:"我已仕,即不出,母心不恚也。若偕我俱不出,母心恚矣。"于是俭堂出捧檄,君终养于家。相国高公、官保尹公、中丞徐公思君相助为理,交走书趣君起官。余自守维扬,尤悉君廉干,时劝其出,展素抱以泽民物。君谢曰:"母老矣,不敢奉命。"覆扎(札)语,皆至性,不忍卒读。君喜山泽之游,工画兰竹,得赵子固、文衡山诸人笔意。少侍封翁游武林,遍历西湖诸胜,画益进。曩余总制两广时,俭堂守太平,以吏事来谒,言曰:"礼所以万里之外,历仕宦十余年,稍纾倚间之望者,赖仲兄养母也。连得母书,谓仲兄调柔,廿奉盘匜,如婴儿时,亦可谓能养矣。"至是,君服王太恭人丧,年已六十有三,须发皓白,闻号泣躃踊,顿地几绝声,自属纩,至虞殡殓厝惟谨。又闻卒之前月壬子,母讳日,偕俭堂数百里号殡所,归气喘喘不宁。前一日癸亥,痛母生辰,力疾泣拜。嗟乎!君之没,距母丧,岁将周;距殡母,五越月;母事终,而君亦终矣,其全受全归者乎?君性忼直,不能茹私曲然,无城府,与人处,肝鬲洞开,乐善敦气谊,宗党敬爱焉。俭堂归自粤西,尤爱怜,谓:"自若仕远方,伯兄逝去,我奉母独居,形影无侬助,若今归,晨夕无相离。"总君生平,历年六十有四,服官仅十一年,仕而归终养二十余年,孝弟之性,老而愈笃。呜呼,悕矣!子三:溶、田、杰;孙曰曾印,皆能世其家学。爰摭其遗行,为作小传,以俟世之采风者。①

这篇传文载录查为义的生平事迹颇为详备,尤其在仕途上,查为义曾得到了高恒、尹继善、陈时夏、徐士林等高官大吏的荐

---

① 查禄百、查禄昌等纂:《宛平查氏支谱》卷二,1941年铅印本。

举和提携。此文惜未署明写作日期,然据史料揆之,当作于查为义卒后,陈宏谋去世之前,即1763至1771年间。又由传文可知,陈宏谋与查礼(号俭堂)相识甚深,所以这篇传文或受查礼之请而作。

乾隆六十年(1795),查为义与其妻杜氏、继配王氏合葬三河县留水渠时,纪昀(1724—1805)曾为之撰写《江南淮南仪所监掣通判集堂查公墓志铭》[①]。这篇墓志铭多袭用陈宏谋《集堂府君小传》之成句,但从此铭文中亦可得知,查为仁长子查善长(字树初)与纪昀为乾隆十九年(1754)同科进士;乾隆四十九年(1784),查为义长孙查彬考取进士,纪昀时充会试副考官。这篇铭文即应查彬之邀而撰写。然而,铭文中有关查为义之孙辈以下载录多有讹误。据《宛平查氏支谱》记载,查为义之孙仅有九人,即彬(榜名曾印,字伯埜)、梧(原名维藩,字仲士)、棨(字叔循)、荣(字季诚)、敬(字久能)、恕(字强行)、勉(字勖哉)、维斗(字金相)、应龙(原名壬,字醴泉);孙女八;曾孙有十四人之多,不过撰写此铭文之时,仅默勤(字拙补)一人出生了,纪昀或许将默勤的名与字淆乱了,故书之"补勤"。曾孙女有八人,大概乾隆六十年三月之前出生者仅二人而已[②]。

二、查为义的文学与艺术创作

查为义工诗善画,积极参与和组织水西庄的文事活动,在与宾客宴游酬唱、游览胜迹等活动中,也创作了大量诗歌作品,曾结集为《集堂诗草》。梅成栋(1776—1844)评查为义诗歌"诗情亦闲旷可

---

① (清)纪昀:《纪文达公遗集》卷十六,《续修四库全书》第1435册,上海古籍出版社,2002年,第472—473页。
② 查禄百、查禄昌等纂:《宛平查氏支谱》卷一,1941年铅印本。

爱"①。可惜这部诗集今已失传。

笔者今从文献中检得查为义佚诗四首,现抄录于下,以俟清代诗歌总集整理与编纂时,可望收录。

晨起对雪

北帝乘榷彻五云,别开生面出奇文。
但将雅素为新式,不许秾华著一分。
空际盘旋称妙手,闲中点染自超群。
灞桥驴背探梅客,此种幽怀可与闻。②

康熙五十三年(1714)冬,查日乾、查为仁父子因乡试科考舞弊正系在狱,查为义从天津前来探监。一天清晨,面对雪景,朝琦(字勿斋,长白人)倡率,吴国璋(字二如,岭南人)、方世榍(字星船,桐城人)、李湘(字青崖,山阴人)、谈汝龙(号半村,长洲人)、查为仁等人诗歌酬唱。查为义也参与唱和,创作了这首诗。

香林苑赠王炼师二首

琳馆河壖上,青苔满院滋。
入门同佩景,把袖胜餐芝。
月榭吹笙静,风帘捣药迟。
湛园遗墨在,留玩拂蛛丝。

---

① (清)梅成栋纂:《津门诗钞》卷七,天津古籍出版社,1993年,第222页。
② (清)查为仁辑:《旧雨兼新雨初集》,康熙年间红格钞本。

> 方袍老羽士，独诵住香林。
> 留客翻云笈，多年冠玉簪。
> 乱峰环砌抱，丛柏压檐阴。
> 即此幽栖好，何劳戏五禽？①

炼师，即道士。这里的王炼师，即指天津香林苑道士王聪。王聪，字玉笈，号野鹤，康熙年间结茅于三岔河口之香林苑，廊庑户壁，粘满诗笺，人称他的斋室为"诗厂"②。王聪善诗画，喜交游，著有《香林史略》和《王野鹤诗》等③。

查为义与王聪有着共同的志趣和爱好，两人吟诗作画，多有往来。王聪的辈分和年龄均长于查为义，这两首诗当是查为义早年来香林苑游赏时赠予王聪的。前一首诗开篇即介绍了香林苑建筑在天津海河边上，并生动地描绘了香林苑静谧如画的自然风景，诗人在这里亦欣赏到了姜宸英（号湛园）遗留的书法作品。后一首诗真实地再现了王聪道士在香林苑读书作诗的闲适生活，以及和宾客们翻阅道教典籍的读书情景，同时诗人也流露出了对这种幽隐生活的艳羡之情。

乾隆三年（1738），查为义时任江南淮南仪所监掣通判。自雍正十三年任此职以来，宦游在外已有四年。一日，在江苏真州想起兄长查为仁，于是作诗一首：

---

① (清)吴廷华、汪沆：《天津县志》卷二十三，来新夏、郭凤岐主编：《天津通志》(中)，南开大学出版社，2001年，第244页。
② (清)梅成栋纂：《津门诗钞》卷三十，天津古籍出版社，1993年，第994页。
③ 高凌雯：《天津县新志》卷二十三，来新夏、郭凤岐主编：《天津通志》(中)，南开大学出版社，2001年，第931、964页。

真州见怀

鹡鸰飞处剧相思,空寄平安两字知。
酒渍难忘分袂处,雨昏最忆对床时。
一官报国惭无补,千里怀亲归尚迟。
何日拂衣眠揽翠(予家水西庄轩名),不教天末怨乖离。①

这首诗抒发了诗人深沉而浓烈的怀亲思乡之情。"鹡鸰",典出《诗经·小雅·常棣》"脊令在原,兄弟急难"。脊令,即鹡鸰,又叫雕渠。郑玄《毛诗笺》云:"雕渠,水鸟,而今在原,失其常处,则飞则鸣,求其类,天性也。犹兄弟之于急难。"②诗人借助鹡鸰"则飞则鸣,求其类"的兴象,向兄长查为仁倾诉远离家门,漂泊异地之苦,同时也表明了自己仕途无望,前景黯淡,急切盼望早日回家与亲人团聚,享受家庭安宁而快乐生活的心迹。之后,查为仁亦即赋诗安慰查为义思家念亲之心:

得履方弟真州见怀诗 即用来韵报之

堆案楞伽百不思,题诗先报卯君知。
开尊北海犹初志,射虎南山非昔时。
差喜未荒三径在,休嫌不调十年迟。
陈官屯口通宵语,每听征鸿怅别离。③

---

①(清)查礼辑:《沽上题襟集》卷三,乾隆六年(1741)写刻本。
②(唐)孔颖达:《毛诗正义》卷九,北京大学出版社,1999 年,第 570 页。
③(清)查为仁:《竹村花坞集》,(清)查为仁:《蔗塘未定稿》,乾隆八年(1743)写刻本。

查为义不仅擅长诗歌创作,而且工画兰竹兼写意花卉,师法赵孟坚(1199—1295)、文徵明(1470—1559)[1]。梅成栋评其书画"善兰竹花卉,墨笔居多,间著色,亦具简淡萧疏之趣"[2]。查为义亦将其作画心得和技法传授给子孙,他说:"画兰,全在画叶;画叶,全在运腕。宜轻宜速,寓遒劲于秀媚之中,不可着一点尘俗气。自一叶至三五叶,或数十叶,不单寒,不丛杂,位置得宜,淡浓合拍,望之俯仰而能生动,则全神在握矣。画竹之法,在乎立竿,忌拥(臃)肿,忌枯槁,生枝布叶,逆顺往来,须知去就,用笔有重轻,濡墨有深浅,而运腕之道,与画兰一也。神明规矩,存乎其人,惟不陷于俗恶,始为兰竹正宗。"[3]查为义这段关于画兰竹之法的训话,极大地丰富了我国古代绘画艺术理论的宝库,对于后人作画亦具有重要的指导意义。乾隆四十八年(1783),家宅遭火灾后,查为义画作仅存二十幅,由其子查溶哀辑为《集堂府君画册》,陈用敷、查善和、查溶分别为之题跋[4];朱珪、张问陶等人亦题诗[5]。查为义的书画作品,当年曾为好友要去不少,至今民间仍有存世者,现天津博物馆也收藏了多幅[6]。

查为义助创书院、扩建介园,积极参与和组织水西庄文事活动,促进了天津地域文化的发展,繁荣了天津文学艺术的创作。查为义凭其诗情、画艺、孝行而名载史册,流传后世。他个人的书画、文学作品也成为天津文化遗产中相当宝贵的一部分。

---

[1] (清)纪昀:《纪文达公遗集》卷十六,《续修四库全书》第1435册,上海古籍出版社,2002年,第473页。
[2] (清)梅成栋纂:《津门诗钞》卷七,天津古籍出版社,1993年,第222页。
[3] (清)查溶:《集堂府君画册后跋》,查禄百、查禄昌等纂:《宛平查氏支谱》卷七,1941年铅印本。
[4] 查禄百、查禄昌等纂:《宛平查氏支谱》卷七,1941年铅印本。
[5] 查禄百、查禄昌等纂:《宛平查氏支谱》卷八,1941年铅印本。
[6] 陈克、岳宏主编:《水西余韵》,天津古籍出版社,2008年,第82—85页。

第五节 水西庄主人传记五篇

有关查日乾父子的志传资料,刘尚恒曾经辑录了四则①。为了更详细地了解水西庄主人的生平事迹及其人际交往,以促进相关研究的深入开展,现将平日发现且不易搜检的五篇传记,抄录并点校如下。

莲坡府君小传

君讳为仁,字心穀,一字莲坡,姓查氏。先世自江西临川迁顺天,代有达人,至君凡六世。父慕园赠君,始侨居沽上。君生六龄,有老僧于松见而奇之,曰:"此儿有异骨,当为世传人。惜多坎壈耳。"少长,以能文名。十七补弟子员,明年辛卯举顺天乡试第一,坐试卷讹,逮君西曹,越九年而解。西曹,羁栖地。君独日手一编,深自刻厉,作为诗古文,必根柢于经史,所业日益上。时坐系者,有吴中谈汝龙、布政朝琦及在外都下诸名宿,纷相遥应,举金台诗会,鸣盛一时。放归后,与两弟攻苦有加,著作各成帙,时称"三查"。赠君素豪,交游遍海内,君昆弟继之。四方闻人过沽上者,争识之。斗韵征歌,日常满坐,北海风雅,及亭馆声乐,宾客之盛,咸推水西庄。然相尚以实学,非徒广声气而已。家富藏书,流览几尽,如象纬、勾股、声律、医卜之学,必治而精之。初学老,寻去而学佛,禅理纵横,尊宿多不及。老

---

① 刘尚恒:《天津水西庄研究文录》,天津社会科学院出版社,2008年,第75—80页。

僧高云极推之。终以名理无逾六经,于《书传》《诗序》及三礼、三传,寻绎多特见。在系,读《易》,讲处忧患之道,一以乾之四德括之,贯串极融洽。尤以日用寻常,礼为至切,而五礼之行于今者,惟《丧服》近古。然古丧冠梁即在冠,今分冠与梁为二。又古死者以纩塞耳,今乃用之生人丧冠。又古丧服止一衣、一裳、两袵,今乃用二衣;又衣、裳连且废,当心六寸之衰。俱非古制,其辨正最多。赠君之丧,据礼以北首殡。或难之曰:"《檀公》疏云:'殡时南首,孝子犹若其生',则北首非也。"或解之曰:"西河毛氏《吾说编》谓:'《仪礼》不通,以为商首',则北首为宜。"君曰:"是俱未协礼,复而后行死事,岂殡而犹若其生?又《仪礼》无'南首'文,毛氏讹注疏为经文而訾之,是不足证据。《礼运》明云:'死者北首',胡事曲说为?"众乃服。居丧三年,论列东海徐氏《读礼通考》凡数百条,约万余言,皆翼经语,见者亟称之。查氏世乐施,及君待给者尤众。君亦不少靳遇患难,周恤益至。津门常苦饥,君每捐赈之,全活甚众。有吴中诗人徐兰坐事安置津门,君倾囊经营其家。兰没,遗书愿以他生为之子。君怃然曰:"《周礼·大宗伯》凶礼五:三曰襘,四曰恤。虽上下广隘有殊,而济困则一。吾固惟礼是视耳,敢望报耶?"其事亦悉以经义断之,故动中机要。亲知多借箸而筹纷争者,君片语即解。当事有大疑,辄咨之。得君言而济者,不胜数。其学之有休有用如此。落籍三十年,及议叙授文林郎加承德郎,时君已渐老,无意仕进,经术终不显。一夕,方读书,忽头眩体痿,执卷而逝,年五十有六。所著三十二种,梓者半之,又未成书若干卷。其生平悉如于松僧言。子善长、善和,并为学官弟子,能文章,盖善读父书者。

旧内史吴廷华拜撰。①

按：此传文为吴廷华所撰。吴廷华，字中林，号东壁，仁和人，康熙五十三年（1714）举人，历官福建兴化府通判、三礼馆纂修等，著有《周礼疑义》四十四卷、《仪礼疑义》五十卷、《礼记疑义》七十二卷、《仪礼章句》十七卷等。其诗文集未曾流传后世，故此文亦为佚作。

俭堂府君小传

中丞名礼，字恂叔，号俭堂。世居临川，自其先讳秀者以廪膳生读书太学，生子忠，中丞之高祖也，登万历己酉副车，遂家于宛平。忠生国英，国英生如鉴，入本朝，以江都县县丞起家，传子曰乾。曰乾凡三子。礼最幼，髫龄好学，魁宏宽通，而性谨厚，从桂林陈相国游。陈固一代儒宗，文章、政事炳如日月，于后进不轻许可，得觏中丞，尝示人曰："此命世之才也。"闻之辄自喜。自此益留心于治术，以余力从事词章，旁及六书绘事。时江都马祖荣、长洲沈德潜、新安朱岷、钱塘厉鹗、杭世骏相与投缟赠纻，迭主骚坛。而先觉如赵执信、陈鹏年、张照诸人皆称友善。既负人望，急思进取。及壮，屡下第，怃然曰："嗟乎！掷频年之日月，决成败于一旦，人生几何，是奚为哉？"会朝廷因江赈事，广罗人才。思起而应之，亲厚或止之，笑谢曰："有相如才，犹不耻以赀为郎。丈夫欲有为于天下，入钱得官可耳。黄霸何人，终令独光班史耶？"乃输粟，如例授户部陕西司主事。越

---

① 查禄百、查禄昌等纂：《宛平查氏支谱》卷二，1941 年铅印本。

明年，出佐庆远郡，疏浚灵渠，远近利之。擢太平守，边徼由是教化洽然。文士多奉为师范，立祠享祀，历久不衰。再官蜀之宁远守，简松茂道。当是时，王师进剿金川，以中丞总理卧龙关内外粮饷。有衔之者，欲甘心焉。赖上知其贤，仅削职，仍留行间。后大将军阿公筹改运道，或以卓克采之梦笔山请，或以梭木之筰马山请，遽不能决，谋之中丞。曰："两道皆纡折回远，盍开楸坻之日尔拉山。"阿以山高五十里，积雪恒终岁不消难之。中丞抗声曰："似此尚不能通，安望捣金酋之巢穴耶？"竟开之旬日，工竣，挽刍既捷，兵食大便。阿特疏入告，得复职。迨乾隆四十一年，大兵奏凯。寻果罗克又有劫杀蒙古公里塔尔之事。理藩院郎官阿林、知府倭什布、参将李天贵捕贼，不获，坐免。复得旨：查礼素称能事，熟悉夷情，应令前往果罗克，将缉贼之事迅办，钦此。于是遄发成都，总督文绶遣兵五百出红桥关助之。中丞曰："生番犷悍，无城廓庐室，去来如鸟兽，非可以兵力取也。且兵少力单，多则用广。今我出关，贼已远遁，将数百之众，投辽廓无际之穷边，何益也？"亟檄五百人入关，扬言塞外苦寒，俟春融再举，而密调三杂谷土练四千人会松冈，衔枚疾进，达果罗克，宣谕曰："使者奉命来缚得罪朝廷者，余无恐。"索贼于酋长麻克苏尔衮布，匿不报，经数四询，终如初。中丞怒申其过犯，曰："即尔矣，何他求？"令槛车执酋长归。麻克苏尔衮布始惶怖，具言贼主名。区处分擒之，西北夷悉定。天子嘉赏，迁四川按察使，转布政使。蜀之吏民庆得贤邦伯。履任未满三年，授右副都御史，巡抚湖南，此乾隆四十七年九月也。中丞以是年十二月入觐，寿终于家。佥谓军兴以来，积劳所致。其实正襟危坐，无疾而逝也。未几，太平子弟及蜀之耆老搢绅闻之，皆痛哭。有足茧数千里以土物来祭者,士论荣之。先是,中丞弱冠早孤,及守太平时,太夫人已年开八帙,故以终养请。归甫就道,而风木悲兴。服既阕,哀痛莫释,愿庐墓弗起,劝驾者笃。再经年,始复官。母兄二,同居相友爱。长为仁,字心毂,康熙辛卯解元,有盛名,学者所称莲坡先生者也。次为义,字履方,官淮南仪所监掣通判。子六:淳、泳、潜、浤、涛、溥。淳官直隶武定州牧,有父风;泳早卒;潜官海丰县县丞,缘事罢;浤以刑部司狱司就铨;涛、溥皆业儒,而溥方童子,与淳子府学生枢以能世家学闻。

钱载曰:载与恂叔交,今垂五十年。当上龙飞元年,召征鸿博之士,四方名彦于于而来。时履方官江南,恂叔与心毂侨居天津,筑别业曰"水西庄",藏书极富,嘉宾麇至,毕主其家,擘笺飞斝,岁无虚日,一时慕之如机、云,重之如郑当时。咸谓汝南昆季当举制科,而卒无举之者,非不知之,知之不尽知其所蓄也。知恂叔深,相国陈也。方观察近畿,名位不与保荐之列,天下共惜之。而孰知天生伟人,其所以立名于当时,取信于后世者,不惟恃此章句之末学也。闻恂叔戎马倥偬间,犹手执一书不辍,寝食故。所历名山巨川,凡洞庭、巫峡、峨嵋、剑阁、桂林、象郡诸胜,考证吟咏,流传几遍,此又孰得孰失哉?近者故旧凋零殆尽。去年恂叔殁,得以袭裘带经哭寝门外者,惟载与曹尚书地山两人耳。葬有日,地山既作铭,子刺史淳更请载为之传。载乌敢辞?惟思载老矣!使天假恂叔年,必及见载之死,死必得恂叔文,得恂叔文,死可不朽,乃所愿也。何载之素所望于恂叔者,返令刺史委载于今日也?虽然以载之固陋浅鲜,精力日退,能且弗死,见恂叔死,更从刺史请,得书恂叔生平之政绩、学业,载之文其亦可借恂叔以不朽也。是仍不负素所望于恂叔者也,恂叔何有得于载也哉?

嘉兴钱载撰。①

按:此传文系钱载于乾隆四十八年(1783)应查淳之请而作。钱载(1708—1793),字坤一,号箨石,秀水人,乾隆十七年(1752)进士,官至内阁学士兼礼部侍郎,著有《箨石斋诗集》五十卷、《箨石斋文集》二十六卷等。经查检,《箨石斋文集》未收录此传文。

诰授通议大夫例授资政大夫
兵部侍郎湖南巡抚都察院左副都御史查公神碑

乾隆五十七年夏,桂林查太守淳以卓异来觐,携其先中丞公《铜鼓书堂集》四十卷,使为序。而青浦王侍郎昶将以脱稿,乃文其隧道之碑,以矫一书两序之非,以表其志行名义之大,有国史未获详而例得附集后见者。予婿于查于公,故疏属而先后处九年,中又间相见。知我爱我,虽密戚无复过者,其何忍碑,其何忍不碑?公讳礼,字恂叔,一字俭堂。先世自临川迁京师,占籍宛平。明季甲申之变,一门七妇女同时自焚楼上。祖讳如鉴,父讳日乾,俱以公贵,赠通议大夫、四川布政使司布政使。祖母刘氏、母马氏、生母王氏,俱赠夫人。王夫人佐通议公管家政,家日起而所产皆自乳。有别馆在天津,禺策殷盛,购书数万卷。公自少寝馈其间,与伯兄孝廉为仁、仲兄淮南运判为义,递主坛坫,东南名下士翕习景附,故未冠而《㡟跀集》成,一

---

①查禄百、查禄昌等纂:《宛平查氏支谱》卷二,1941年铅印本。

时都为敛服。嗣后,扬历中外,以风雅为性命,以友朋为职志。虽后进中婞固如予而不以迹合,虽簿书填委戎马匆促,不以一日废事卒,不以一日废书废诗,非所谓知之好之而乐之者耶?公以户部主事授广西庆远府理苗同知,膺荐卓异,擢太平府知府,请终母养,未抵家而宅忧痛,含殓之不逮也。服除二年,始就部补四川宁远府知府,擢川北道,旋调松茂道,迁按察使、布政使,皆治四川。其擢湖南巡抚,则乾隆四十七年九月,年六十九矣。腊望入觐,屡被召对,命以明年正月二日赴官。二十五日薄病;二十八日复趋朝,奏对如平常,退而与故人饭;二十九日丑,钟鸣肃衣冠戒行,忽痰涌,端坐而逝。知与不知举太息,以谓未竟其用也。公神采岸异,谈吐如洪钟。在部未一年,云南请简发丞倅办军需,冢宰陈文肃公以公应,将发,小金川平,乃发广西。修灵渠,考湘漓二水之源,建黄文节祠于庆远,建书院、试院于太平。成都城三十余里,每夏潦水汩汩入民居,行者亦病。公审其高下,镶宿土自二三尺至七八尺,街路宽坦,水窦豁如,不三月而役蒇。当金川之再叛也,制府阿公以公得夷情,奏请调松茂,旋奉旨专督西路粮运。将军温公请以公兼运北路粮,请以公厘小金川户口地粮屯政。巡抚鄂公请以公安设北路宜喜粮站。木果木戒严。公时驻美诺,急调兵往救,抵喇嘛寺。寺站已破,途次擒二贼,而余贼攻八角碉,甚危。美诺不能守,乃退守达围,凡二十日夜,须发为白。今大学士将军阿公复进兵,请以公辟楸底至萨拉饷路。路成,制府富公请以公驻楸底督西北二路饷。金川平,留办屯务。先是果罗克番民吹斯枯尔拉布坦劫青海商民骡马,制府文公请以公往按,而富公请以公赴宜喜,控绰斯甲三杂谷,士兵乃不果行。至是,果罗克复有劫杀之事。文公再请以公往，以太守时令宜宾所，以西北路军需责其销核。先发兵五百人出红桥关。公至关而撤，使归，檄三杂谷土兵四千裹粮会松关下。于是中果罗克土司麻克苏尔衮布来谒，谕以速迹贼，当上尔功。逾月不获，遂分兵四出，并檄上下果罗克索之，复不获。公收兵结营，召麻克苏尔衮布，责曰："尔薮贼，当同贼罪，吾若纵尔，必上烦天讨，吾不忍尔为两金川之绩也。"槛之行，始吐贼所在，擒之。麻克苏尔衮布至郫而毙，自是三果罗克无敢劫杀者。是役也，阅时百余日，不劳一官兵，不费一官钱。予时视蜀学，问公："何以服诸番之心而尽其力？"公言："番众利我盐茶，第如额市之，而弗鼓以轻重应役勤者，虽贱，无弗赏误者；虽贵，无弗惩。"尝以四日成猛固桥。当昏暮抵梭木，土司请止碉舍，卒不许，而以其知大义，赉之。其后擦马所凶番劫杀里塘沙塘寺僧。公单骑往按，土兵皆为侦伺，获噶克朗忠二人，置之法。今廓尔喀之役，其寇不无借口。虽远隔卫藏，非果罗克、里塘比。然使公在，而咨度其间，则所以播声灵、明要约，而防患于未然者，当必有道矣，岂不惜哉！公虽席富厚，而不问家人产，又周急若不及，以故日益绌。惟鼎彝书画及古铜印千百颗，常列座右。访升庵故址，筑室谈宴，拓藩署小园曰"亦园"，暇辄集僚幕及书院诸生赋诗自遣，每曰："与其家中筑室，不若署中筑室，既为公廨，谁其弃之？若子孙不肖，去之直敝屣耳。"去蜀时，令家属缓程东下，俟到官而后舟泊长沙，其严整多类此。公之葬三河马昌营也。以乾隆五十年六月日，元配李夫人、继李夫人皆祔其次。子五：长即桂林府知府淳；次泳，早卒；次潜，前广东海丰县县丞；次泷，候选刑部司狱，后公卒；次涛，太学生；次溥。女三：长适候选教谕杨华，次适太学生汪逢泰，次适某某某。孙五，孙女六，曾孙一。公宣力金川，史官能核其实，而果罗克之役，章奏简略，无从采摭，故就所见，备书之，为筹边者告。①

按：此碑文系吴省钦于乾隆五十七年（1792）受查淳之邀而作。吴省钦（1729—1803），字冲之，号白华，南汇人，乾隆二十八年（1763）进士，官至都察院左都御史，著有《白华前稿》六十卷、《白华后稿》四十卷、《白华诗钞》十三卷等。

查淳行状

梅舫，善篆刻，故别字篆仙。工诗，为沈确士、厉樊榭、万柘坡诸老所器。任四川南江令。邑有大巴坪，深林密箐，人迹罕通。君白大吏，辟榛莽，招土著。历摄通江巴州南部事，每曰："所谓知县知州者，于州县民瘼无弗周知，兴利除害，乃为称职耳。"旋调宜宾，时金川军兴，奉檄总理军需政务，填委综理裕如。钦使李公湖、将军阿公桂深倚重之。升云南赵州牧，后擢广西平乐守，有事安南。上曰："查淳向在四川理军需，称干练，其令速董厥成。"阮藩吁降，以卓异荐。所属全州饥荒，民肆掠势张甚。君密遣干役侦获首从，分别惩创之，居民安堵。简江苏常镇道。粮艘胶水次，君剋日浚治，漕船无滞。补湖南粮储道。黄水泛溢，转运维艰，君擘画有方，履险如夷。晋江西按察使。赣州民变，或欲兴大狱。君曰："吾不忍以人命为菅蒯也。"置渠于法，余省释。入为大理寺少卿，旋赐六品衔致仕。君天性肫挚，

---

① （清）吴省钦：《白华后稿》卷二十，《续修四库全书》第 1448 册，上海古籍出版社，2002 年，第 612—614 页。

尤笃于任恤。宗人二瞻居士，国初老宿，流寓维扬，没，无子，君为表墓，立嗣焉。生平邃于学，尤殚心经济。少随父俭堂公任粤西，讲求水利，著《灵渠纪略》三卷。①

按：此行状为孔昭焜所撰。孔昭焜，孔广闲之子，字堇生，曲阜人，嘉庆十五年（1810）举人，历官开县知县，著有《利于不息斋集》。查淳原配孔蕴襄系孔继溥之女②。孔昭焜之祖孔继涵，与孔继溥为同祖堂兄弟。嘉庆二十二年（1817）春，孔广闲携孔昭焜在京师初次拜访了查淳③。

憩亭府君传

先生讳彬，字伯埜，号憩亭，顺天宛平人。先世出自姬姓鲁之支族，有食采于柤者，因以为氏。《春秋》"公会于柤"，即其地也。海内旧姓谱牒远溯至唐宋以上，每鲜能详世次，独查自周至今历八十余世无缺系焉，盖代有伟人，足以绵之。明季自江右迁宛平，甲申之变有娣姒率女子子九人同日自尽者，人称为"一门九烈查家"，即先生太高祖母及高祖姑也。先生生而颖异，六岁入小学，授四子书；而五岁时，已能背诵《离骚》及东西二都赋，一时有神童之誉；十六入邑庠；二十二登顺天癸卯贤书；逾年成进士。制艺根柢盘深，主司不知方弱冠也，以知县注

---

① （清）陶樑辑：《国朝畿辅诗传》卷五十三，《续修四库全书》第1681册，上海古籍出版社，2002年，第678页。
② 查禄百、查禄昌等纂：《宛平查氏支谱》卷一，1941年铅印本。中国文物研究所、北京石刻艺术博物馆编：《新中国出土墓志·北京》[壹]，文物出版社，2003年，第361页。
③ 中国文物研究所、北京石刻艺术博物馆编：《新中国出土墓志·北京》[壹]，文物出版社，2003年，第361页。

吏部铨。三十四岁选授安徽凤台令。凤,瘠邑也,然俗习悍。有巨猾陈某者,多聚亡命恣为淫盗,屡酿巨案,役捕之,非拒即逃,历任苦之。先生曰:"是必以计先散其党羽,使之自离巢穴,而后能获,则逃可用也。"乃阳示不敢捕之状,以懈其心,阴遣胥役于四近村邻,齐声骤呼曰:"大兵剿某者至矣!"果惊而各散。要于中道,遂成擒,置于法,合邑快焉。采买积谷,常平遗制也。奉行者每于输赋较多之家勒派之,而薄其值,富民不堪。先生以为:"民既有谷市,岂吾无?吾何不买于市而必买于民哉?"乃市置一吏、一役,随时价低昂买之。鬻谷与官,与鬻谷与商无殊。月余,而万石告盈。民如不知其事,日坐堂皇争讼者,随控随结,新旧案举无留牍,凤人乐之。家以四字颜其门,曰"官清民安"。旋调怀宁,省剧大吏倚如左右手。逾年,将保题六安州,以父忧去。服阕后,乃选授河南淇县。淇较凤,尤瘠也。下车时,值淇旱荒成灾,典衣鬻物,设粥厂以活之。元旦、除夕,皆亲身在厂给发,未入署度岁。淇邻安阳令因理赈不善,至为民告讦戍边,急调先生权其篆。先生以赈淇之法赈之,民皆帖服。嘉庆庚午,以卓荐擢信阳牧,亦值荒旱,亦捐廉为粥以活之。然地广人稠,非筹帑不继。先生思惟兴工役以代赈,则民少流离,而帑归实济。于是倡建坛壝,修城垣,百废皆兴,野无莩者。逾年,岁大熟。先生进绅耆而告之,曰:"渠堰者,所以防荒于未然也;积贮者,所以救荒于已然也。二事不兴,而望岁无饥馑,民无困饿,难必之数也。吾欲及此年丰人乐之时,官民共捐谷石建义仓于各乡。举其乡之公正耆民立为正、副社长,司其出纳,永著为令,而胥役不得与其事。浚城外长濠于东西二桥门,各置石闸以备宣泄。浉水涨盛则启闸放水入濠,消则闭之,可灌田数千顷,而城垣亦资捍御,蒲鱼之利则又其小物不遗者也。诸君以为何如?"众欣然赞其论,争输乐赴,庀材鸠功,数月而成先生之志。至今城乡共义仓二十八座,而盛夏早秋路经信阳者,见活水绕城,荷香蒲绿,稻塍夹岸,风景俨似三吴焉。城南渡浉河即楚粤数省朝京通衢,车马冠盖络绎不绝,然山高谷深少平夷,遇雨雪则泥泞没踝。先生于其稍宽之处,夹道为沟;狭者,填高为埂,使皆不能积水。植官柳两行,额其驿亭曰"柳依棠芾",夏日行者有憩憩之惠。邑旧有书院,祠祀端木子,年久荒颓,先生新之,另建讲堂于祠侧;堂之前,莳花叠石。广课额,捐膏火,集诸生课诵其中,暇则与讲艺焉。文教丕兴数十年,邑中科第遂为汝南一郡之冠。莅申八年,以失察事挂吏议,镌级去。申人泣送百里外,挥泪辞之而后归,归则奉先生长生木主于讲堂。旋起复原官,谒选人,卒于京师,年六十。毕生皆僦屋以居,殁之日,衣皆出质库。所著有《易经集说》《六十四卦经史汇参》《采芳随笔》,皆已刊刻行世。未梓者,尚有《湘芗漫录》若干卷、《小息舫诗草》。子三人,笔耕养其母。次燮勤,从余游。道光乙巳岁,去先生之殁二十五年,申邑人士又缕陈君之政绩,由守牧句余入告,得旨崇祀名宦祠。

论曰:余来豫也晚,未及接先生光仪。其力于身行,于家施,于朋友交际,皆不得而知。即其居于位,所谓循声惠绩,亦仅于其年谱及申人合请崇祀之辞见之。然殁也几三十年,子若孙不独无登膴仕者,乃至非砚不活微甚矣!申人之请非慕势而然,可知也。叔向之殁也,直以遗称;子产之殁也,爱以遗称。直、爱何以能遗后之人?合数十年之执政,类较而出之,愈久而其真愈显,而思之愈不能忘也。民岂无良廉吏,岂诚不可为哉?

然而计其子孙则难矣。

诰授光禄大夫兵部侍郎都察院右副都御使抚巡河南等处地方兼提督衔节制各镇兼理河道加五级纪录二十次鄂顺安拜撰。①

按：此传文为鄂顺安所撰。鄂顺安，字云圃，正红旗人，官至河南巡抚兼署东河河道总督。

第六节 水西庄查氏后裔墓志铭四方

兹将平日翻检所得且不常见的查氏后裔四方墓志，迻录并点校如下。于此，亦可翔实了解查氏后裔的诸多不凡事迹，并可见出查氏后裔广泛的交际网络，以及水西庄文化的辐射范围和影响力度。

俭堂府君墓志

公讳礼，字恂叔，姓查氏。六世祖秀前明自临川迁居宛平，曾祖国英、祖如鉴、父日乾皆以公官按察使，赠通议大夫。母，淑人山阴马氏；生母，淑人王氏。公以乾隆十年江赈急公，授户部陕西司主事，出为庆远府理苗同知，历太平、宁远府知府，川北、松茂兵备道，四川按察使司按察使，布政使司布政使，乾隆四十七年九月升湖南巡抚。请训，以十二月二十九日终于家。

---

① 查禄百、查禄昌等纂：《宛平查氏支谱》卷二，1941年铅印本。

生康熙五十四年六月二十七日,寿六十有八。配李淑人、继室李淑人,皆镶红旗汉军福州府通判秉乾女,先公卒。四十九年六月合葬于三河马昌营,距祖茔七里,公志也。子:淳,武定直隶州知州;泳,早卒;潜,海丰县县丞;浤,候选刑部司狱,皆元配李淑人出;涛,侧室李氏出;溥,侧室王氏出。孙:枢,淳出,顺天府学生;模,浤出,嗣泳;㮄,潜出;植,浤出;松,淳出;楷,潜出。铭曰:公之系,出休宁,自抚州,移宛平;公之艺,擅诗笔,书画品,入神逸;公之绩,播金川,督饷馈,咸德联;趋蚤朝,恒焉化,庇后人,福来迓。

新建曹秀先撰。①

按:此墓志铭为曹秀先所撰。曹秀先(1708—1784),字芝田,又字冰持、恒所,号地山,新建人,乾隆元年(1736)进士,官至礼部尚书。曹秀先的诗文集《依光集》八编、《移晴堂四六》二卷、《赐书堂稿》等今被收入《清代诗文集汇编》第309册,经查验,这三部书稿均未收录此墓志铭。曹秀先卒于乾隆四十九年(1784)七月朔②,而此文作于同年六月,由此也就成了其最后的文字之一。

裴母查宜人墓志铭

曲沃裴振,学诚同学友也,以名进士教授奉天,为贤师儒,迁蒙城知县,俄擢亳州知州,所至以循良著。乾隆五十三年戊申,学诚游古梁宋,遂以家侨。俄失所主,将为湖北之游,因移

---

① 查禄百、查禄昌等纂:《宛平查氏支谱》卷三,1941年铅印本。
② (清)彭元瑞:《恩余堂辑稿》卷二,《清代诗文集汇编》第374册,上海古籍出版社,2010年,第691页。

家依亳，与振益相亲。余妻以通家谊，起居振母查宜人，归而叹其家法，乃知振读书服官，非独其父封公庭训是率，抑亦贤母有以善成之也。庚戌来湖北，闻振以挂误免官。其冬，宜人终于亳之侨舍，道阻未得其详。明年得振书曰："呜呼！不肖奉职无状，不能免我母于忧患也。襁官幸无玷于家训，不幸乃以事羁，不克视我母，含殓靡依，非母而罹不肖若是酷耶？今将请命我父，归卜兆于某山之原。惟子知我家事，请以铭识幽堂！"学诚闻而悲之。按状：宜人出宛平查氏，讳容端，自号镜晓主人。先世自河南宋宣和间迁于徽州，明季乃籍宛平。祖天行，业鹾天津，财雄一世，任侠，名重公卿间。父为仁，超隽负奇，弱冠举康熙五十年顺天解试第一，中飞语除名，折节读书，更成名士，辟水西别墅，所馆宾客，皆一时闻人，著《蔗塘内外集》《莲坡诗话》《沽上题襟》数十卷行于世。宜人少小，从名受学，通毛郑《诗》，尤精《昭明文选》、唐宋大家之文；于诗喜白氏乐府、陆氏剑南诸作，涉笔咏歌，辄得其似。尝和杭御史世骏《方镜诗》，为海内传诵，宜人退然，雅不欲以文名也。年二十，归封公。封公旧家中落，方从父游京师，就甥馆于天津。宜人则悉屏靡衣华饰，躬亲澼洸，缝纫操作，如习寒素。暇则手书一卷，与封公上下今古，商榷然否，闺闼朝夕，如对友生。封公才高，试屡诎，喟不得志，宜人辄广以名理。又尝假人巨资，权子母为生计，其人业败，偿不什一。宜人慨然谓外甥亦何常？遽请封公折券与之，封公既贫不支。以例授州吏目，听用江西，官卑，又未得即补，不遑问家。而家中食指二百，无宿春粮。宜人假资运筹，属健仆，操奇赢，日有所入，以给衣食，以是知其能。既从封公官江西，历权新城之同安巡检，补德化之小池口巡检，授宁都州吏目,前后凡十有七年,官微权轻,而能得人心。所至见重,宜人盖有所助焉。宁都岩疆,多剧盗,富民畏官,被盗多自讳。奸胥豢盗为利。官讯囚,囚辄承富家为寄藏,富家必重赂乃免,以故盗发人人自危。封公力惩其弊,民乃安堵。其在小池也,江水暴涨溃防,封公方出捍水,水入官廨。宜人率众登楼,有老胥具舟请避。宜人谓:"民方争迁高阜,宜舒徐乃济。若官遽先迁,则民骇且乱,必有不及济矣。"翼日,民已尽迁,水侵上楼,下及槛者仅尺有咫。老胥乃呼于水中曰:"速济夫人。"健儿腰大壶,牵筏顶篮舆,踊跃而集者百有余人。手挽肩扶,从容以全家济。斯役也,民间鸡犬无有失者,盖宜人临事镇定如是。封公忧归,舟过鄱阳湖,夜遇暴风,排浪击舟。舟碎,俄挂木筏,举家登筏,而败舟犹挟危樯随筏不去。风动樯欹,与筏低昂,夜黑不辨所往。或谓:"樯欹必仆,未知所向,仆于筏,则人犹溺;惟仆于水,乃得免耳。"宜人即仰天祷曰:"若作官殃民,樯宜向筏,否则昊天幸有鉴也。"俄见空中灯火如星,风势旋转,樯竟仆水,于是一家乃庆更生。封公未去官,振已成进士。至是,振迎养宜人于奉天学舍,历蒙城知县、亳州知州,宜人与封公俱侨蒙城。值岁大饥,劫盗公行,振尽心于赈恤。又戢奸暴民间,几忘岁歉。上官贤之,擢为州治。如蒙城去官,民追思之不去口实,盖往往得之内训也。宜人卒雍正四年,春秋六十有五,归封公四十余年,终始相庄。封公故名德,历官十七年,不名一钱;振官亳州,亦称膴仕,然其去官,至不能具归资,可想其家范矣。宜人生丈夫子五人:长即振,乾隆三十九年进士,前亳州知州;次志治;次志援,禀贡生;次植;次志学,出为族父郁文后。女子子二人。孙男子七人。孙女子九人。宜人受气甚厚,体貌丰硕,精神炯炯,溢眸子,望者以谓上寿征也。惟生平屡畏于水。振之莅亳也,亳城滨涡河决,涡溢,涡北居民,室庐漂没。振掉小舟,出没巨浸,筹咨民艰,警报日数十至。会水阻五日夜,不得振踪迹。宜人惊忧无措,遂构心疾,神气瞀乱,哀乐似无所主。药之旋已,已而时作时止,浸以不起,振所自谓不能免母于忧患者也。悲夫!铭曰:江之噬也,以民迁,则曰静以镇;湖之险也,命悬樯,则曰天可信;涡之隘也,子勤官,则曰不惮以身殉。吁嗟乎!非是母,不能以生成振。①

按:墓主查容端(1726—1790),系查为仁之三女,字淑正,嫁裴昇文(又名玉圃,字旭初,曲沃人,1725—1807),生裴振(又名立斋,字西鹭,1746—1795)等,著有《淑正诗稿》《晓镜阁稿》等②。此墓志铭,乃章学诚于乾隆五十六年(1791)受裴振之请而作。

皇清诰授通议大夫前大理寺少卿梅舫查君墓志铭

同曾祖女兄以乾隆丙子适宛平查氏,而广闲生于乾隆丙戌,未克一识面。嘉庆癸亥,姊夫梅舫督漕,道曲阜,属广闲有江右之役,两相左。丁丑春,送焜儿计偕北上,始识梅舫于京邸,图史萧然,囊无长物。虽力贫支愈,无几微郁,伊见颜面,教子弟,恂恂孝朴,罔敢失矩度。不知者谓梅舫未尝有官,而梅舫服官中外五十年所矣。君氏查,名淳,字厚之,梅舫其别

---

① (清)章学诚:《章学诚遗书》卷十六,文物出版社,1985年,第157页。
② 查禄百、查禄昌等纂:《宛平查氏支谱》卷一,1941年铅印本。徐世昌纂:《大清畿辅书征》卷四十一,民国天津徐氏铅印本。(清)完颜恽珠辑:《国朝闺秀正始集》卷十,道光十一年(1831)刻本。

号。系出于鲁公伯禽,故吾邑公族。明万历间,有聿秀公者,自临川迁宛平。五传至俭堂公,讳礼,官湖南巡抚,赠前世如公官。梅舫则俭堂公之长男也。以像工急公授四川南江令,历官南部宜宾令、云南赵州武定牧,所至有循声。于其去也,或肖像以祀,嗣以忧去官。服阕,铨授福建龙岩牧,未之任。擢广西平乐守,迁桂林守,转江苏常镇通海道、湖南督粮道,再转贵州按察使、江西按察使。浚河渠,兴学校,士民至今歌思之,弗稍置。而奸厘弊剔,墨吏滑胥悉屏息不敢出一语。入为大理寺少卿,以□罢职。旋因年老,赐六品衔致仕。里居十年,多与幽人野衲结□□□□以道光壬午六月一日□□□□□□□□□□□妣李夫人,继妣李夫人……士讳继溥公女,继配王氏……云南永善县知县,前卒……张安人出。女三:皆字为士……之夕,聚子姓曰:必以……荣,颧辅须麋,颀然魁岸,而……弥留之际,达节超尚,犹若是乎。……衙□□□歌□壶,或手书梵……若此。是年孟冬,甥林葬君三河百草沟……合葬焉,而以张安人祔之。持遗……兮扬灵芬,异嘉祥兮裕后昆。①

按:墓主查淳(1734—1822),系查礼之长子。此墓志铭,1949年后北京市平谷区出土,现藏平谷石刻艺术馆。墓志长70厘米,宽70厘米;铭文28行,每行30字,正楷。首题:"诰授中宪大夫前湖北安襄郧荆兵备道海丰吴之勷篆盖;至圣庙四品执事官曲阜孔广闲撰文;顺天府学生丁善庆书丹。"同时出土墓盖一方,长70厘米,宽69

---

①中国文物研究所、北京石刻艺术博物馆编:《新中国出土墓志·北京》[壹],文物出版社,2003年,第361页。

厘米;盖文5行,每行5字,篆书,曰:"皇清诰授通议大夫六品衔致仕大理寺少卿梅舫查君墓志铭"。墓志已断为两块,左上部残缺,故铭文不全,兹录《宛平查氏支谱》所载查淳生平履历,以作两相比照与补充。

  查淳,字厚之,号篆仙,又号梅舫,太学生。历官四川南江南部县、宜宾县知县,云南赵州知州,武定直隶州、福建龙岩直隶州知州,广西平乐府、桂林府知府,江苏常镇通道,湖南督粮道,贵州、江西按察使、布政使,大理寺少卿,赐六品衔致仕。国史附俭堂公传。著有《梅舫诗钞》。已梓者,有《湘漓合稿》《蜀游诗钞》。工画墨梅。以外孙贵县布政使吴式芬贵,貤赠资政大夫。生于雍正甲寅年四月初一日寅时,卒于道光壬午年六月初一日寅时。配孔氏,讳蕴裹,山东曲阜人,圣裔七十代女孙,貤赠夫人,生于雍正壬子年七月初七日戌时,卒于乾隆庚寅年九月十五日巳时;继配王氏,山东惠民人,貤赠夫人,生于乾隆庚午年十一月十八日巳时,卒于嘉庆癸亥年四月初九日亥时,俱无出;侧室张氏,例封安人,貤赠夫人,生于乾隆乙丑年二月二十七日丑时,卒于嘉庆庚午年正月初二日申时,合葬三河县百草沟新阡,辛山乙向,丁卯、丁酉分金。子二:枢、林,张安人出。女三:长适海丰贡生、诰赠荣禄大夫吴衍曾,王淑人出;次适戊午举人宛平赏镆,张安人出;次适庠生大兴范洵,王淑人出。①

---

① 查禄百、查禄昌等纂:《宛平查氏支谱》卷一,1941年铅印本。

皇清诰封通奉大夫盐运使衔
候补知府东河捕河通判查声庭先生墓志铭

光绪二十有四年春正月，权泉河别驾太守声庭查先生卒于官。其孤庆绥、景绥等具事状，驰书三千里，述先公遗命，来征铭。毓琛时客陕西学使幕，方襄校试牍，闻讣惊泣，至笔落于手。犹忆丙申夏五，余携家入都，先生率诸公子囊金助装，话别于丛残书堆间，缠绵竟夕，达三年矣，思之如昨日事。岂意此诀，遂成千古！庆绥前妻，吾兄子；景绥暨弟介绥、鼎绥，又从余受业。徇诸公子之意，重原先生之惠好，谊不得以不文辞。谨按状而书之：先生讳筠，原讳以奎，字籙青，一字声庭，顺天宛平县人。先世籍隶江右。始迁祖讳秀，徙北平殁，遂葬焉。七传至上舍公讳溶，以让产闻，子孙遂以孝友世其家。祖讳彬，乾隆癸卯举人、甲辰进士，出知河南信阳州，多惠政，殁祀州名宦祠。著述最富，已梓行者，《经史汇参》《采芳随笔》若干种。考讳璨，国学生，著作亦传于世。以先生本官□阶，赠通奉大夫；妣氏吴、氏吕，俱赠夫人。先生为赠公长子。次讳以新，咸丰戊午举人，先卒。先生幼警敏，读书涉目无遗忘，长益博通。以赠公□应豫抚瑛公聘，而诸父、诸兄又宦游四方，遂独肩家政，废举业。咸丰初，援筹饷例，得通判，分发东河。十年秋到工。九年，因防河出力，大吏奏归，先尽班前补用。同治元年，以父忧去官。营葬毕，奉太夫人就养从兄临颍公任所。服除，回工。四年，以前佐临颍修守完城功，受知豫抚张文达公，奏俟补缺。后以同知直隶州用。七年秋，河决□泽，总河苏公委督办西坝料厂事。河塞叙功，奏加知府衔。旋委署山东捕河通判。九年，题署河南卫辉通判。十年，以母忧去任。服除，回工。自是，子道既终，得毕臣力，遂以贤能，历受诸大吏知。十三年九月，题补捕河通判。光绪元年，莅任。十年，调署河南中河通判。其明年，以三汛安澜奏，俟补同知。后以知府在任候补。十二年，调署山东泇河同知。其明年秋，河决郑州，总河觉罗公素知先生名，急调赴工，委勘验口门。旋委督办西坝料厂，兼掌坝头事。先生虑工险，难兼顾，辞坝差。逾年，调署河南上南同知，仍兼料厂事。河塞叙功，赏戴花翎。十五年，檄回捕河本任。其冬，大计，膺卓荐。十七年四月，循例赴部引见，奉旨卓异加一级，回任候升。其秋，又以漕运出力，奏加盐运使衔。二十二年，委兼理上河通判。其明年，陈疾乞退。书再上，大吏方倚重之，不之许。改署泉河，犹自力从公，甚病加劳，遂以不起。先生官通守廿余年，两迁司马，皆为大力者所夺，故官止于此。居尝抱用世怀，仕无守土责，遇地方兴革事宜，例所得为，无不悉力匡赞。至于河防水利，阅历尤深。每临要工、当剧任，辄熟筹全局，诣长官面陈方略，不以分营自域。虽所言讫不得用，而事机后效，识者皆追相惜之。其即如侍养临颍也，睹县城敝陋，不足以息板舆，有忧色。会临颍公以皖匪方炽，谋先期为备，修城浚池，克期而事集。寇数犯围，卒以城固不能克，先生之力居多。所以全墟邑，即所以安太夫人也。其初权捕河篆也，直黄河东徙，捕境决口数十处。寿张抵东平间，六十里湖河相连，弥望无际。先生履勘得实，节估工费，胪宣防机要，慷慨启总河，卒以款绌，议格不行。其补授实任也，念黄河冲运，正当属汛，漕艘抵界，辄异常梗阻。先生周谘博考，得导卫济运敌黄之术，略与靳文襄公借淮御黄之指同,而变通之法拟近。卫河下游,深挑引河导水,使东就故河,南向建竹络坝;就卫岸,东向立导卫闸。闭闸启坝,则卫水循旧河而北,足运豫粮;塞坝启闸,则卫水东注,足运南粮。卫由南乐入东境,流百五十余里,至寿张之张秋镇。镇南萧公涵洞,为西南坡水入运之道。道踞大堤以北地高,势足敌黄,于此立济运闸。其荆门上闸,借储卫水为蓄卫闸。卫弱必蓄,使水高于黄,方相势启闸。南漕船至卫堤,直达河曲,先乘汶而出南运口,次□黄而入北运口,再借引来卫水,西北达于临清,黄水别由两运口之间入大清河。汶、卫分流,一黄中贯,建闸筑坝,时其启闭,使黄、运相接而不相淆。纵或黄水逆灌,偶尔淤垫,即可以汶、卫之清水刷之。此一劳永逸计也。具状启总河,复以费巨,议格不行。其移权中河也,中牟□□□,即昔年牟工合龙处,溜势湍悍,盛涨时,官堤蛰陷频仍。先生请修三大石坝,以固堤本,监司又以库储支绌辞。先生虑事缓将贻误,请先筹借垫办,议虽行而款不归。署任三载,负责而去。其□料郑工,兼权上南也,工需至巨,而工款至艰。先生不避劳怨,力□浮费,料贱而用足。自春徂秋,险工林立,皆身先兵役、犯风雨。且昼夜抢守,惊涛震耳,从弁或面无人色,而先生露立危堤,撼□□不少动。抛镶既固,犹相度再四始退。一时有水立王尊之誉。□□二载,心力交瘁,而先生亦自此衰矣。先生论治河,主利导,得古圣□遗意。尝请改八里庙运口,以顺水势;因五空桥作减水闸,以备□□;浚金线河,以待水归;谏修乾河口石闸,以造水性。名言凿凿,悉关国计民生,以语多,不备载。性严而峻,忠直而多疏人疾,异趣则□闲者多。故陈言大府,什九嘉与,略一二见诸施行。若牟汛郑工,其仅见已。家居,敦孝友本,躬行为教,教其子弟。赠公遗文,以困颐名场,晚年愤自焚毁。先生跪求手泽,留示儿孙,甫得烬余数册,今所梓《骈体字义补》《查山试帖诗》是也。议刊信阳公《小息舫诗》,会□□,乃以属其仲子景绥。景绥之兄庆绥,方远官楚南,故不与。先生两遭大故,痛莅官迟,未及迎养,终身宦情淡泊,不求膴仕。识者□之。四治兄弟之丧,廉俸为竭。母弟以新继配韩宜人以殉夫死,先生择所爱己子介绥嗣之。从兄弟子,虽前失怙,咸能从容自致□养其母。三党之贫者,咸能从容毕婚嫁。子姓无少长就学,咸能□□卒业,多名成登仕版,皆赖先生节己,源源以济,用得不乏。识者以是加钦之。生平嗜学,尤望人笃学。捕属张秋镇旧有安平等□□□治一州五县,生童肄业之所,兵燹以来,圮废已久。先生钩征□□□资充膏火费。又自捐俸入,葺屋延师,创立讲课规文,风为之丕变。奉调去任,继事者谓非河官专责,不以关意,积渐□□。先生□□再复,益出俸加官课,作文纪事,勒石以永之。总所修□□□,此其荦荦大者。其他如考东阿古井,求真济水,制胶医人,□□□□遗后任,俾公私无漂摇患。创济宁粥厂,冬赈饥民,岁□□□□,仁施善政,美不胜书。故归榇之日,揭新旧万民旗伞□□□□,观者嗟叹。先生习青乌家言,手著评录十余种,多心得。□□□□山水兰竹,各极其妙。光绪初,承绘黄、运两河全图。总河李公□年上之,得旨留览,迄今与古图籍共存秘府。呜呼!□□□□未甚□,而戚族子弟,功名多所成就。其尤著者,有从□□□□居卒,□一子一女。先生抚育之,为延师课其子,补邑弟子，□□□□□县佐，即武陟贰尹张君荫培也；女及笄，为择佳婿，□□□□□生估，旋举于乡，闻捷，先生喜曰：吾今始有以慰吾□□□□□类如此。临殁，诸公子环泣受遗命。先生曰："吾无□□□□读书相保聚，守吾清白家政，足矣。"呜呼！孟庄子之孝□□□□父之政，其父贤也。《书》云："孝乎惟孝，友于兄弟，施于有政。"□□□□，于友、于为政，教诸公子师其政，俾象其贤，其可谓治命□。先生生于道光壬辰年八月十三日酉时，卒于光绪戊戌年正月初四日巳时，得年六十有七。闻先生初疾，但劳嗽耳。殁之辰，直□□□□□而病增剧，人以为死于孝云。配沈氏，河南祥符县人，诰封夫人；侧室李氏，河南信阳州人，赠太宜人，俱前卒；王氏，河南卫辉府人，封太孺人。俱以贤孝懿恭称，亦足明先生型于之□。先生生丈夫子五：庆绥，监贡生，补用直隶州、湖南候补知县，前□□□□□，初娶吾伯兄长女，生女而夭，遂早卒，继两娶河间董氏□□□□事；景绥，国子监肄业生，分省试用通判，娶上元吴氏；兆绥，河南候补府经历，娶宛平顾氏；介绥，出嗣，娶历城高氏；鼎绥，候补县丞，娶济宁孙氏，皆名族。沈夫人无出。庆绥、景绥、介绥，李太宜人出；兆绥、鼎绥，王太孺人出。太孺人出女子二：长适山东曲阜孔庆铣；次适直隶高阳宦裔。孙三：尔康、尔芬，兆绥出；尔炽，鼎绥出。女孙四：庆绥出一，景绥出一，介绥出二，俱幼。庆绥等筮吉归殡□□三河城阳祖茔之侧。更卜新阡，奉沈夫人合葬；而李太宜人葬三河果各庄，不复迁，皆先生意也。壮在三河城北，违查氏先茔五里。铭曰：□□□松柏独也正，在冬夏青青。金之精，干、莫跃而鸣。在铁中铮□□□尚□能。勿□钩曲宜□,轮方不行。仕奚为耶急?束下而□□□□就所营。虽贡其诚,□谁汝听?吁嗟乎先生!①

按:墓主查筠(1832—1898),系查为义之玄孙,查彬之孙,查璨之长子。此墓志铭,1984年8月北京市平谷区马坊镇窑里村出土,现藏平谷石刻艺术馆。碑铭为两块,均长115厘米,宽34厘米。第一块右边为墓盖文,4行,每行7字,篆书,曰:"诰封通奉大夫盐运使衔候补知府东河捕河通判查声庭先生墓志铭。"余为铭文,共119行,每行25字,正楷。首题:"济宁布衣姻如弟李毓琛顿首拜撰文;赐进士出身山东通省运河兵备道年愚弟罗锦文顿首拜书丹;赐进士出身护理山西巡抚山西布政使司布政使姻愚弟何枢顿首拜篆盖。"墓志出土时,少量文字残泐漫漶,故无法辨识,兹录《宛平查氏支谱》所载查筠生平履历,以作两相对照。

查筠,原名以奎,字籜青,号声庭,国学生。历官东河卫粮通判、捕河通判兼理上河通判,历署中河通判、泉河通判、上南同知、泇河同知,卓异候升补用知府,赏加盐运使衔,赏戴花翎,诰授中议大夫,诰封通奉大夫,工画山水,兼写兰竹。生于道光壬辰年八月十三日酉时,卒于光绪戊戌年正月初四日巳时。配沈氏,河南祥符人,原籍浙江绍兴人,诰封淑人,诰赠夫人,生于道光丁亥年二月初五日寅时,卒于光绪戊子年六

---

①中国文物研究所、北京石刻艺术博物馆编:《新中国出土墓志·北京》[壹],文物出版社,2003年,第364页。

月十四日酉时,无出,合葬三河县窪里庄,卯山酉兼乙山辛向。侧室王氏,河南卫辉人,诰封恭人,生于道光辛丑年六月二十六日寅时,卒于光绪癸卯年十二月十三日午时;侧室李氏,河南信阳人,诰封夫人,生于道光丁未年八月初七日寅时,卒于同治癸酉年七月初二日申时,葬三河县果各庄。子五:庆绥、景绥,李夫人出;兆绥,王恭人出;介绥,李夫人出,出嗣春庭公后;鼎绥,王恭人出。女二:长适分省候补县丞附贡生、山东曲阜圣裔七十三世孙孔庆铣;次适增广生高阳刘元浚,俱王太孺人出。①

---

① 查禄百、查禄昌等纂:《宛平查氏支谱》卷一,1941年铅印本。

第四章 水西庄宾朋研究

第一节 英廉在津创作及其与水西庄查氏家族的交往

英廉是乾隆朝的一位馆阁重臣,身居显位。从其遗存的诗作可以看出,他身患足疾,素淡人生,早年即有浓厚的出世精神和隐逸思想。然而,后世之人对其多有误解,更有甚者,近些年的影视剧和小说错位时空,歪曲史实,将其形塑为一个醉心政治、追求权力、玩弄权谋的高层官僚。英廉曾经数度为官天津,在与天津及寄寓天津的文士的交往和酬唱中,创作了大量的雅集吟咏、赠答纪行的诗文,由此形成了他文学创作生涯的一个高峰期。

一、英廉其人其诗

英廉(1707—1783),冯氏,字计六,号梦堂,别号竹井老人,又以出生年份号丁亥客,谥文肃,福余(今辽宁新民、彰武、康平一带)

人①,内务府汉军镶黄旗籍。雍正十年(1732)举人。自笔帖式授内务府主事,历官江南河工学习、淮安府外河同知、永定河道、内务府正黄旗护军统领、江宁布政使兼织造、内务府大臣、户部侍郎、刑部尚书、正黄旗满洲都统、四库馆正总裁,官至东阁大学士,加太子太保。他曾将孙女许配给和珅为妻,并亲自培养与助推和珅步入仕途。《清史稿》卷三百二十有传。著有《梦堂诗稿》,参与编纂《全毁抽毁书目》《钦定日下旧闻考》《钦定皇舆西域图志》《钦定兰州纪略》等。

英廉不仅是一位高官名臣,也是一位重要的诗人、书画家。其一生所创作的诗歌,由其子延福甄选整理,按年编集为《梦堂诗稿》,予以付梓刊印②。英廉历经了乾隆朝的主要时期,其诗集亦透露出时政方面的点滴消息。英廉的诗歌创作成就很高,后人评价亦颇多。如匏庐《论诗绝句》云:"崛起梦堂跻九列,颇疑相度逊诗名。"③认为英廉诗歌创作的文学成就远高于他任职相国的政治才干。洪亮吉《北江诗话》说:"近时九列中诗,以钱宗伯载为第一,纪尚书昀次之。宗伯以古体胜,尚书以近体胜。汉军英廉相国,亦其次也。"④可见,在当时的朝廷官员中,英廉的诗歌可以位列第三。王逸塘也认为:"若专以诗才论,(英廉)则又在梧门(法式善)、竹坡(宝廷)之上矣。"⑤英廉诗歌的艺术风格,后人评价

---

① 见《梦堂诗稿》署款"福余英廉著"。(清)英廉:《梦堂诗稿》,《四库未收书辑刊》第9辑第26册,北京出版社,2000年。
② (清)延福:《梦堂诗稿后跋》,《四库未收书辑刊》第9辑第26册,北京出版社,2000年,第481页。
③ 王逸塘:《今传是楼诗话》,张寅彭主编:《民国诗话丛编》(三),上海书店出版社,2002年,第347页。
④ (清)洪亮吉:《北江诗话》卷一,人民文学出版社,1983年,第19页。
⑤ 王逸塘:《今传是楼诗话》,张寅彭主编:《民国诗话丛编》(三),上海书店出版社,2002年,第348页。

也很高,如钱载在《梦堂诗老传》中指出英廉的诗歌特征,"温润缜密,超然意象之表"①。裘曰修也说:"读梦堂五律,不过片纸耳,觉有压手之重。七律气健神完,风骨清圆,往往有大苏气味。"②

关于英廉的为人,后人多数不太看好。如王昶说:"相国(英廉)初通籍时,雅嗜芸缃,尤敦车笠,……既而职长六曹,殚心时务,或举旧稿为言,辄逊语谢之,盖不欲以文人自命矣。"③王逸塘也批评说:"惟梦堂以下吏宦江南最久,平日颇多车笠之交。不十年超跻政地,对于故旧,一变面目。"④至于英廉为官,有人说他"为官昏庸,唯以包庇为能"⑤。后人的这些看法,主要缘于对英廉的思想性格不太了解所致。要知道,英廉素来淡泊人生,早年就有隐居山林的想法。关于这一点,他在诗文中也多有流露。正如钱载《梦堂诗老传》所说:"(英廉)平生抑然道义,淡交如水,置身和介之间。"⑥其实,王逸塘从英廉的诗集中也早已读出了这一点,他说:"然集中入都以后,多清言见道之作,又似与其晚节不类"⑦。英廉为人行事之所以如此,也与他谙熟当时的政治形势有关。身处惨烈的文字狱时代,虽然身居显位,位极人臣,但高处亦不胜寒,所以他不能不谨慎待人,无为处事。由此,英廉在其所创

---

① (清)英廉:《梦堂诗稿》卷首,《四库未收书辑刊》第9辑第26册,北京出版社,2000年,第378页。
② (清)铁保辑:《熙朝雅颂集》卷四十一,辽宁大学出版社,1992年,第848页。
③ (清)王昶:《蒲褐山房诗话》,齐鲁书社,1988年,第19页。
④ 王逸塘:《今传是楼诗话》,张寅彭主编:《民国诗话丛编》(三),上海书店出版社,2002年,第348页。
⑤ 孙文良:《满族大辞典》,辽宁大学出版社,1990年,第396页。
⑥ (清)英廉:《梦堂诗稿》卷首,《四库未收书辑刊》第9辑第26册,北京出版社,2000年,第378页。
⑦ 王逸塘:《今传是楼诗话》,张寅彭主编:《民国诗话丛编》(三),上海书店出版社,2002年,第348页。

作的诗文中从不轻易表明自己的政治倾向,也不轻易流露自己的内心情志,正如洪亮吉所言:"冯文肃英廉诗,如申、韩著书,刻深自喜"①。

近年来,随着有关和珅与刘墉的影视剧和小说的盛行,英廉也日益进入大众的视界。然而,这些影视剧和小说,尤其是电视连续剧《人小鬼大刘罗锅》,将英廉塑造成一个争强好胜、奸诈阴诡、结党营私、篡权谋反、利令智昏、寡廉鲜耻之人,这与为官清廉、为人淡泊的历史上的英廉相较,谬以千里。诸如此类罔顾史实,淆乱齿序,捏造情节,误导受众的言辞和行为,可以休矣!

英廉曾经数度为官天津。乾隆十一年(1746)任天津河防同知②。乾隆四十四年三月(1779)以协办大学士署任直隶总督;四十六年十一月以东阁大学士再署任;四十七年十月以太子太保再署任③。在津任职期间,英廉结识了许多天津诗人,在与他们的交往和酬唱之中,创作了大量的诗文流传后世。

二、英廉与水西庄查氏家族的交往

英廉任职天津河防同知期间,曾经多次参与查氏家族的宴游活动,与水西庄第二代主人查为仁、查为义、查礼三兄弟交往密切,多有酬唱之作。

刚到天津上任,英廉即拜读了查为仁的《押帘词》一卷。其中

---

① (清)洪亮吉:《北江诗话》卷一,人民文学出版社,1983年,第4页。
② (清)吴惠元:《续天津县志》卷九,来新夏、郭凤岐主编:《天津通志》(中),南开大学出版社,2001年,第327页。
③ (清)徐宗亮、蔡启盛:《重修天津府志》卷十二,来新夏、郭凤岐主编:《天津通志》(上),南开大学出版社,2001年,第763页。

《青玉案·咏水西庄紫芥》①一词勾起了英廉对如烟往事的温馨回忆。乾隆九年(1744)二月,英廉与张宗苍(号篁村,苏州人)、鲍皋(字步江,镇江人)投宿镇江焦山曙霞阁,半夜酒醉口渴,寺僧为他们烹煮紫芥,以进食解酒。因见此词而触动翩翩思绪,英廉为此赋诗两首,并寄给了查为仁,以求攀缘结识②。诗如下:

> 寒涛湿尽一江烟,山阁灯红客未眠。
> 记得春盘餐此味,梦阑酒醒又三年。
>
> 春韭秋菘漫自雄,输他风露满幽丛。
> 人间大有巢居士,一稜蛾眉饷长公。

乾隆十二年(1747)九月三十日,英廉延请众人在南溪雅集送秋,分韵赋诗。英廉作《九月晦日集南溪园亭送秋》云:

> 寻秋秋尽负秋心,着得芒鞋落叶深。
> 野水荒烟天薄暮,栖鸦衰柳径萧森。
> 翩翩寒蝶孤如客,落落疏花静欲吟。
> 酒是乌程人白社,醉余拚借寺僧衾。③

南溪,据《天津县志》卷七载,"在城东南隅,牛氏园也。曲通濠

---

① (清)查为仁:《押帘词》,(清)查为仁:《蔗塘未定稿》,乾隆八年(1743)写刻本。
② (清)英廉:《梦堂诗稿》卷八,《四库未收书辑刊》第9辑第26册,北京出版社,2000年,第422页。
③ (清)英廉:《梦堂诗稿》卷八,《四库未收书辑刊》第9辑第26册,北京出版社,2000年,第423页。

水,树柳掩映,宛有江南村落风景。旧为康氏园"①。据今人考证,南溪遗址在今南马路与东马路交口处②。这次应邀来参加集会的,除了查为仁三兄弟之外,尚有王昆霞(字来庭,道士)、吴廷华(字中林,仁和人)、朱岷(字仑仲,武进人)、余尚炳(字犀若,绍兴人)、周焯(字月东,天津人)、陈皋(字江皋,钱塘人)、高秉(号泽公,辽阳人)等人③。

海光寺,清代天津一座著名的佛教寺院,是津郊一处绝好的风光游览胜地,也是津门士人时常光顾的雅集之地④。同年十月初四日⑤,英廉又邀集了查礼等人一起乘舟游览海光寺⑥,并作诗《大风泛舟登海光寺楼二首》:

> 三里须舟楫,城门到寺门。
> 峭帆随柁转,高浪受风奔。
> 陵谷心同慨,江湖兴尚存。
> 鱼罾兼蟹籪,翻动夕阳村。
>
> 境绝惟留水,楼空亦贮经。

---

① (清)吴廷华、汪沆:《天津县志》卷七,来新夏、郭凤岐主编:《天津通志》(中),南开大学出版社,2001年,第78页。
② 郭喜东、张彤、张岩:《大津历史名园》,天津古籍出版社,2008年,第28页。
③ (清)查礼:《铜鼓书堂遗稿》卷七,《续修四库全书》第1431册,上海古籍出版社,2002年,第51页。
④ 章用秀:《天津的园林古迹》,天津古籍出版社,2004年,第170页。
⑤ 英廉自注"去年十月四日阻风"。(清)英廉:《梦堂诗稿》卷八,《四库未收书辑刊》第9辑第26册,北京出版社,2000年,第427页。
⑥ (清)查礼:《铜鼓书堂遗稿》卷七,《续修四库全书》第1431册,上海古籍出版社,2002年,第51页。

> 老僧能好事,登眺近青冥。
> 树暗渔烟湿,潮喧海气腥。
> 兹来真不意,鸥鸟共沙汀。①

这次出游,因风大受阻,行船困难,故不能返城,于是众人当晚就留宿在海光寺,以分韵赋诗来娱乐②。英廉又作《留宿海光寺二首》云:

> 两桨谁能打?殷勤巽二留。
> 不因人邂逅,常负夜深幽。
> 灯火耿虚牖,风涛寒一楼。
> 旧游重触忤,中酒木兰舟。

> 疏放容吾党,羁迟且上方。
> 境闲忘众响,兴极见真狂。
> 巢鹊惊人语,僧衣带酒香。
> 翻愁良夜促,未拟借禅床。③

同年十月二十二日,查为义招请众人在城内查氏别业——舍南小筑欣赏盆菊,同用欧阳修《希真堂东手种菊花十月始开》韵来赋诗④。

---

① (清)英廉:《梦堂诗稿》卷八,《四库未收书辑刊》第 9 辑第 26 册,北京出版社,2000 年,第 423 页。
② (清)查礼:《铜鼓书堂遗稿》卷七,《续修四库全书》第 1431 册,上海古籍出版社,2002 年,第 51 页。
③ (清)英廉:《梦堂诗稿》卷八,《四库未收书辑刊》第 9 辑第 26 册,北京出版社,2000 年,第 423 页。
④ (清)查礼:《铜鼓书堂遗稿》卷七,《续修四库全书》第 1431 册,上海古籍出版社,2002 年,第 52 页。

英廉诗为《查集堂招赏斋中盆菊四十九本,用欧阳公〈希真堂东手种菊花十月始开〉韵》：

> 重阳未返津门棹,孤负秋花独蒙诮。
> 揭来折简趣看花,狂喜先拚接㸌倒。
> 高斋入眼多寒英,使君于此存真好。
> 重帘尚迟银蒜护,短篱已远莎鸡吊。
> 素磁莹腻槃几净,高下纷纶逗清耀。
> 蒂垂疏瓣耿如愁,叶亚低枝闲欲笑。
> 离离佳色蕴清腴,翛翛仙骨矜幽峭。
> 云根相倚见清苍,竹影相披增窈窕。
> 坐来衫袖著幽香,美人赠我何以报。
> 花分蕊别总堪赏,逊之寒俭言非要。
> 当前尽敛次公狂,对酒潜消怀祖躁。
> 一杯酹汝勉相期,过时莫慨臣之少。①

一起参加此次赏菊赋诗活动的,除了查氏三兄弟,还有赵虹(字饮谷,嘉定人)、刘文煊(字紫仙,山阴人)、王昆霞、吴廷华、朱岷、余尚炳、陈皋、高镔(字季冶,辽阳人)、查羲(字尧卿,海宁人)等人②。

同年十一月初五日,查礼邀请众人同游郭氏园林③。英廉亦在

---

① (清)英廉:《梦堂诗稿》卷八,《四库未收书辑刊》第9辑第26册,北京出版社,2000年,第423页。
② (清)查礼:《铜鼓书堂遗稿》卷七,《续修四库全书》1431册,上海古籍出版社,2002年,第52页。
③ (清)查礼:《铜鼓书堂遗稿》卷七,《续修四库全书》1431册,上海古籍出版社,2002年,第52页。

其中,并作诗《十一月五日饮郭氏横经草堂二绝句》云:

> 冷淡欢娱亦易谋,酒尊裙屐总风流。
> 夕阳只恐人枯寂,散作明霞照水楼。
> 豪兴催飞金叵罗,两行绛蜡射寒波。
> 昏鸦未敢投林定,耳热人方斫地歌。①

郭园,据《天津县志》卷七载,"在城东南四里,怀园对岸。郭氏别业"②。据今人考证,郭园应是郭庄子一个富户人家所建,可能就是当年的郭家大院(郭家胡同),它西南临西墙子大街,西北临纪家胡同,解放后为郭庄子小学③。

此次同游者,除了查氏三兄弟,还有刘文煊、王昆霞、吴廷华、朱岷、余尚炳、陈皋等人④。

晚上留宿郭园,众人还一起欣赏了苏东坡赠予李方叔的马券拓本,并在其后分别题诗⑤。英廉诗为《书东坡先生马券帖后》:

> 天地一马也,达观良非误。
> 若以马视马,其细未足喻。

---

①(清)英廉:《梦堂诗稿》卷八,《四库未收书辑刊》第9辑第26册,北京出版社,2000年,第424页。
②(清)吴廷华、汪沆:《天津县志》卷七,来新夏、郭凤岐主编:《天津通志》(中),南开大学出版社,2001年,第79页。
③郭喜东、张彤、张岩:《天津历史名园》,天津古籍出版社,2008年,第143页。
④(清)查礼:《铜鼓书堂遗稿》卷七,《续修四库全书》第1431册,上海古籍出版社,2002年,第52页。
⑤(清)查礼:《铜鼓书堂遗稿》卷七,《续修四库全书》第1431册,上海古籍出版社,2002年,第52页。

> 玉局仙人人中豪,一马赠人轻鸿毛。
> 胡为数行遗墨有余想,欲见他年齿加长。
> 廗也穷促人共知,焉能饲马自忍饥。
> 马赠贫士不令卖,何异凶年劝人食肉糜。
> 复有涪翁发高论,索取人间二十万。
> 呜呼! 人间谁是爱马人,枯鱼上市空愁怨。
> 取与视乎道,成毁存其天。
> 万事过眼如云烟,纷纷区画良徒然。
> 我闻九华洞穷仙人潜,操券而前寻子瞻。
> 问之不我答,大笑掀其髯。①

查为仁于乾隆十一年(1746)三月,梦见双凤飞集屋边,各衔金色篆字,一贞,一福,后纳二小姬,名适与之同,于是请苏中顾方来绘制《双凤图》,为仁题诗并作序。英廉在次年十一月二十日亦题集句诗一首,并作跋。诗云:"粉壁红窗画不成(花蕊夫人),天风吹下许飞琼(温庭筠②)。可怜月好风凉夜(白居易),雏凤清于老凤声(李商隐)。"跋曰:"莲坡老友,以慧业文心,结南柯因果,一日出此图索题,余雅能说梦者,因钉饳数语,书以归之,将毋笑丰干饶舌耶?"③此处表现出了英廉性格中诙谐逗人的一面。

乾隆十三年(1748)七月初七日,查为仁延请英廉、厉鹗(号樊榭,钱塘人)、吴廷华(号东壁,仁和人)、陈皋(号对沤,钱塘人)等人

---

① (清)英廉:《梦堂诗稿》卷八,《四库未收书辑刊》第9辑第26册,北京出版社,2000年,第424页。
② "温庭筠"当作"许浑"。傅璇琮主编:《唐才子传校笺》第3册,中华书局,1990年,第242页。
③ (清)梅成栋纂:《津门诗钞》卷七,天津古籍出版社,1993年版,第219页。

又在南溪草堂集会,以"荷净纳凉时"分韵赋诗①。其中英廉赋诗为《七月七日小集南溪得纳字》:

> 疏慵亦有长,渔钓性所狎。
> 城隅烟水佳,遑惜勤幽涉。
> 回溪抱一丘,暗潮自吐纳。
> 远馥荷芰繁,幽吟蝉鸟杂。
> 苇滨憺独伫,苔蹊惜屡踏。
> 行陟林际台,意息当轩榻。
> 高木得惊飚,众叶与之接。
> 飘萧凉绪生,何因畏溽湿。
> 虑静洽天游,语妙轶陈笈。
> 有酒斟酌之,醉醒理均惬。
> 万物重合并,吾侪讵结习。
> 嗟哉彼牵牛,相逢岁已匝。②

厉鹗自乾隆十三年六月末到达天津后,直到闰七月中旬离津,即馆于城内查氏别业——古春小榭③。七夕南溪集会之后的某天晚上,英廉前来拜访厉鹗,作诗《晚过古春别墅访厉樊榭》:

> 游云不满空,返景下疏堞。

---

① (清)厉鹗:《樊榭山房续集》卷七,中华书局,1936年,第175页。
② (清)英廉:《梦堂诗稿》卷八,《四库未收书辑刊》第9辑第26册,北京出版社,2000年,第426页。
③ 陆谦祉:《清厉樊榭先生鹗年谱》,台湾商务印书馆,1981年,第73—75页。

> 佳人隔深巷,薄暮引幽涉。
> 相违期非遥,相见意弥惬。
> 微风乱烛影,凉雨鸣蕉叶。
> 寂寞共西窗,惜此清净业。①

厉鹗亦以原韵作诗酬答②。第二天早上,查为仁展示其所收藏的《方正学先生双松图》,三人一同欣赏,并分别为画题诗③。其中英廉诗为《题蔗塘所藏方正学先生双松图》:

> 青奴昼阒凉初接,海上仙山乍飞涉。
> 群仙拍手戏游龙,瞥眼云涛见鳞鬣。
> 梦回忽睹双松长,挂我疏帘清簟之虚堂。
> 一株特夭矫,直干腾上千尺强。
> 一株俯而偻,枝柯蚴蟉蹲其傍。
> 荒烟阒山精魅喜,阴风吹壑蛟蚪僵。
> 标题黯淡辨钗股,八载花朝记洪武。
> 侯成作书寿丹崖,四百年来墨香古。
> 先生浩气悚鬼神,沧海可填天可补。
> 戏拈余事扫鹅溪,犹令漫士山樵皆首俯。
> 扁舟昔日过淮阴,载将遗迹抵南金。
> 怪松奇石石斋笔,磊落嵌岑意匠深。

---

① (清)英廉:《梦堂诗稿》卷八,《四库未收书辑刊》第9辑第26册,北京出版社,2000年,第427页。
② (清)厉鹗:《樊榭山房续集》卷七,中华书局,1936年,第175页。
③ (清)厉鹗:《樊榭山房续集》卷七,中华书局,1936年,第176页。

>方先生,黄夫子,事迹虽殊出处似。
>兴酣落笔飞云烟,时危致命齐生死。
>参天材器岁寒心,已向毫端露根柢。
>一先一后三百年,一代忠贞此终始。
>吁嗟乎!宝惜君今要细筹,那辞革匦十重周。
>饶他狡狯桓灵宝,莫学迂疏顾虎头。①

方正学,即明人方孝孺(1357—1402),浙江宁海人,靖难之役,拒绝为篡位的朱棣草拟即位诏书而被杀,株连十族。本诗高度赞颂了他凛然正气、抗节不屈的士人精神。

乾隆十三年秋末,英廉升迁大名府知府②。离开天津后,查为仁寄诗叙别。次年春季,英廉亦以诗《客岁去津后,蔗塘寄诗叙别久未答,次韵以寄》作答:

>别时霜叶零,繁阴忽青李。
>思君如前溪,日日微潮起。
>赠我瑶华篇,逾时味弥旨。
>岂不惜良觌,风流故难恃。
>孤怀生远情,掩帙梦烟水。③

---

① (清)英廉:《梦堂诗稿》卷八,《四库未收书辑刊》第9辑第26册,北京出版社,2000年,第425—426页。
② (清)李桓辑:《国朝耆献类征初编》卷二十四,周骏富辑:《清代传记丛刊》,台湾明文书局,1986年,第817页。
③ (清)英廉:《梦堂诗稿》卷八,《四库未收书辑刊》第9辑第26册,北京出版社,2000年,第429页。

查为仁于乾隆十四年六月二十八日病逝①。之后,英廉亦时常怀念查为仁,并作诗以纾解,如《津门感旧·查蔗塘》云:

> 当门全种竹,竹里着闲身。
> 须为耽吟短,家因好客贫。
> 留书人自达,卖剑意空真。
> 渺渺风帆影,何人更问津。②

乾隆十八年(1753)春,查礼权知广西庆远府。二月,捐俸钱五十万重建了位于宜山县的黄庭坚祠堂③。之后入京朝觐。九月,查礼嘱托高镔绘制《龙溪山谷祠堂图》两幅,索请多人题跋。十九年元宵夜,英廉亦题诗一首:

> 能开风气惟贤者,不堕遗踪赖使君。
> 一种瓣香人且至,江西诗派粤西文。④

乾隆三十二年(1767)九月,查礼将赴任四川宁远府知府⑤。初九日,英廉招集吴省钦(号白华,江苏南汇人)⑥诸翰林在其北京的

---

① 查禄百、查禄昌等纂:《宛平查氏支谱》卷一,1941年铅印本。
② (清)英廉:《梦堂诗稿》卷十,《四库未收书辑刊》第9辑第26册,北京出版社,2000年,第444页。
③ (清)查礼:《铜鼓书堂遗稿》卷三十一,《续修四库全书》第1431册,上海古籍出版社,2002年,第224页。
④ 陈克、岳宏主编:《水西余韵》,天津古籍出版社,2008年,第116页。
⑤ (清)查礼:《铜鼓书堂遗稿》卷十六,《续修四库全书》第1431册,上海古籍出版社,2002年,第120页。
⑥ (清)吴省钦:《白华前稿》卷三十七,《续修四库全书》第1448册,上海古籍出版社,2002年,第171页。

寓所独往园为查礼饯行,并作诗《暮秋集独往园送俭堂太守入蜀》云:

> 危楼倚遍爱秋岑,少有杯香上素襟。
> 黄菊请看佳未减,吾曹相对意偏深。
> 青天蜀道之官地,白发燕歌送客心。
> 一事待君三十载,峨嵋到手破沉吟。①

此诗之下,英廉另有一首《送友人入蜀》,可能也是为查礼所作,诗云:

> 五十不得志,离家万里行。
> 因怜为客意,常愧古人情。
> 拔地山遮马,横天雪压城。
> 锦囊好收拾,老眼待君明。②

这一年,查礼已经五十三岁,在仕途上的确建树不大,与诗中所谓"五十不得志",甚为相合。

三、英廉与天津其他诗人的交游

英廉雅重文学,喜好作诗结交名士,任职天津期间,曾经多次发起和参加津门文士的诗酒集会,宴游觞咏,结识与交游的天津诗

---

① (清)英廉:《梦堂诗稿》卷十,《四库未收书辑刊》第 9 辑第 26 册,北京出版社,2000 年,第 449 页。
② (清)英廉:《梦堂诗稿》卷十,《四库未收书辑刊》第 9 辑第 26 册,北京出版社,2000 年,第 449 页。

人还有周焯、金玉冈、查昌业等。

周焯（？—1750），字月东，号七峰，清雍正十三年（1735）拔贡生，著有《卜砚山房诗钞》一卷，《卜砚山房后集》一卷①。

周焯曾筑草堂于沽上，后来获得一枚铜印曰"七峰"，于是以此命名，并绘制《七峰草堂图》。乾隆十二年（1747），英廉为《七峰草堂图》题诗云：

> 三津实海门，沙水带城郭。
> 苍茫四野间，岩穴迹如削。
> 伊人河之洲，蒿莱半亩宅。
> 为堂呼以峰，幽抱将何托？
> 非曰幼舆宜，亦异少文乐。
> 高躅轶云烟，灵府具丘壑。
> 奚必面厓巘，相赏始松石。
> 君看终南山，若为栖隐客。②

郭园之游后，周焯常苦臂足之患。英廉亦早有足疾，两人同病相怜，惺惺相惜。英廉为此赋诗一首以勉励周焯：

> 七峰居士敦古欢，敝庐岁暮风雪寒。
> 老而好学袁伯业，穷且益坚王子安。

---

①高凌雯：《天津县新志》卷二十一，来新夏、郭凤岐主编：《天津通志》（中），南开大学出版社，2001年，第765页。

②（清）英廉：《梦堂诗稿》卷八，《四库未收书辑刊》第9辑第26册，北京出版社，2000年，第422页。

> 百城自拥蠹在帙,群儿远避梅苦酸。
> 与子雅称人之半,相逢一笑同蹒跚。①

乾隆十三年,周焯整理他后期创作的诗歌,编为《卜砚山房后集》②,拟写刻出版,于是邀请英廉作序。其《序》云:

> 周子月东续刻其诗成,余读之,叹曰:"月东真强项人哉!"客闻之,笑曰:"子不尝见月东乎?恂恂一老书生,朣不任衣,子谓之曰'强项',何其暗也?"余曰:"否!否!子不尝见前此之学诗者乎?上者附于杜、韩,以挦撦为窃取;次之附于苏、陆,以规仿为能事。求其自有之性情面目,茫乎不知安在。其不为此者,辄群非笑之。学杜、韩者,恒嗤人为弱;学苏、陆者,恒嗤人为拘。不知其自侉为雄者,特杜之粗,韩之拗耳;自侉为放者,特苏之露,陆之俚耳。杜、韩、苏、陆之真雄真放,曷尝有一于此哉?余读月东之诗,如涧溜忽鸣,如篱花自开,清微萧远,自写其性情所欲言,而一空挦撦规仿之习。然则月东乃傲然掉头,不肯为众人之诗,而自为其诗者,谓非强项而何?"客为之颔首不已。③

这篇序言作于乾隆十三年七月初七日。在序言中,英廉高度评价了周焯诗歌抒情写性、雄奇豪放的创作态度和艺术风格。

---

① (清)英廉:《梦堂诗稿》卷八,《四库未收书辑刊》第 9 辑第 26 册,北京出版社,2000 年,第 424 页。
② 高凌雯:《天津县新志》卷二十三,来新夏、郭凤岐主编:《天津通志》(中),南开大学出版社,2001 年,第 945 页。
③ (清)周焯:《卜砚山房后集》,高凌雯辑:《天津诗人小集十二种》第四册,1936 年,天津金钺刻本。

英廉与周焯交情甚好。英廉在旅途中也常作诗寄送给周焯,以表思念之情。如《寄怀月东》云:

> 微云淡将敛,晓雨洒还歇。
> 客思自无聊,遥夜本清越。①

周焯亦依韵赋诗《酬英司马梦堂霁夜见怀》答之:

> 佐郡不知劳,入夜烦忧歇。
> 言念病中人,清音下林樾。②

乾隆十三年秋末,英廉因升迁而离开了天津。乾隆十五年,周焯即病逝。多年以后,英廉路过天津,作诗《津门感旧·周七峰》寄托哀悼之情,其诗云:

> 七十守委巷,荜门常不开。
> 诗得味外味,人居材不材。
> 一朝化异物,何处寻蒿莱。
> 故旧别如雨,古今同此哀。③

---

① (清)英廉:《梦堂诗稿》卷八,《四库未收书辑刊》第9辑第26册,北京出版社,2000年,第427页。
② (清)周焯:《卜砚山房后集》,高凌雯辑:《天津诗人小集十二种》第四册,1936年,天津佥钺刻本。
③ (清)英廉:《梦堂诗稿》卷十,《四库未收书辑刊》第9辑第26册,北京出版社,2000年,第443—444页。

金玉冈(1711—1773),字西昆,号芥舟,晚号黄竹老人,好游名山邃谷,工诗善画,著有《黄竹山房诗钞》①。

英廉与金玉冈的相识颇具传奇色彩。据史料记载,金玉冈好游山水,"尝游都门,于骡马市街闲吟曰:'雪岭界空天际白,无人回首望西山。'后一叟拍公肩曰:'君得毋仙乎?'盖英梦堂相国也。相与酒肆,定交而去。"②金玉冈客游京师,行吟市上;时值英廉休假,漫步街头;两人偶然途遇,因咏诗而结识。

金玉冈的游踪,英廉亦时有耳闻。当其独游华山时,英廉正好北游,途经盘山,见东涧石壁上绘有金玉冈的画,并题有小诗《东甘涧》:

> 孤松云共掩,片石月同圆。
> 箬笠思垂钓,蒲团忆坐禅。
> 编篱斜绕涧,剖竹细通泉。
> 锦堂梨更好,欲赋已垂涎。③

于是,英廉也赋诗《东涧壁上有金芥舟画并题小诗,爱之作此》和之:

> 写得青山砚半干,有山在眼始心安。
> 一无世累如君少,七作孤游愧我难。

---

① 高凌雯:《天津县新志》卷二十一,来新夏、郭凤岐主编:《天津通志》(中),南开大学出版社,2001年,第768—769页。
② (清)梅成栋纂:《津门诗钞》卷九,天津古籍出版社,1993年,第276页。
③ (清)梅成栋纂:《津门诗钞》卷九,天津古籍出版社,1993年,第294页。

俯首醉余同鹤瘦,耸肩吟苦似冰寒。
遥知玉女盆边卧,天外三峰正饱看。①

  查昌业,字立功,号次斋,别号松亭,祖籍海宁,以事遣配济南,及赦来家天津。乃金玉冈之外甥。幼有隽才,遭际乖舛,发为歌咏,时有凄咽之音,著有《篛簝馆集》②。

  查昌业深为英廉所推许。查氏中年因贫困入京,以诗"万间大厦连云起,多少孤云望庇来"献给英廉,希望能够得到他的援引。英廉念故交之谊,于是将查昌业推荐给了翰林吴裕德③。荐举查氏的行为,充分体现了英廉对天津后学的奖掖和提携。

  英廉在乾隆十三年(1748)夏还游览了天津旧城西郊的花外居,与其主人亦有吟咏酬唱。曾作诗《憩花外居留简主人四首》云:

孱质畏驱驰,况乃迫炎暑。
近郭得村墟,幽清抱沙渚。
倦鸟获嘉树,敢不惜劳羽。
且住意亦佳,于止良有取。
篮舆就茅茨,篱落闻人语。

林木互掩蔽,茅堂带虚阁。
落眼得烟波,长河莽趋壑。

---

① (清)英廉:《梦堂诗稿》卷十,《四库未收书辑刊》第9辑第26册,北京出版社,2000年,第446页。
② 高凌雯:《天津县新志》卷二十一,来新夏、郭凤岐主编:《天津通志》(中),南开大学出版社,2001年,第769页。
③ (清)梅成栋纂:《津门诗钞》卷二十九,天津古籍出版社,1993年,第948页。

清风飘忽至,水光漾疏箔。
枕簟谅有宜,散发对虚廓。
客舫发吴讴,江湖兴如昨。

隔岸雍奴陂,闻之最漫衍。
如何失烟浪,萋萋绿芜满。
微波渺何许,欲辨孤帆远。
塘水足制敌,夙昔比天险。
河海夫何常,兹焉遂清浅。

禽鸣丛筱中,蝉鸣高柳间。
意适何知劳,境寂无为喧。
在物各有托,而我良自闲。
床上随枕藉,花下遗簪冠。
吁嗟顾辟疆,亮为狂奴宽。①

时隔不久,英廉又走访了花外居,并赋诗《晓出西郊答客再过花外居二首》:

小筑穿蔬圃,曾来识径通。
竹香连夜雨,叶响隔溪风。
坐具当轩称,吟笺揭壁工。
忽惊花刺眼,朱蕊绝幽丛。

---

①(清)英廉:《梦堂诗稿》卷八,《四库未收书辑刊》第9辑第26册,北京出版社,2000年,第425页。

>傍岸开虚阁,当窗系小航。
>平生惜清暇,孤坐见苍茫。
>野色团村绿,河流荡日黄。
>水风真卤莽,不管晓衣凉。①

关于花外居,其主人究竟是谁?坐落的具体位置在哪?因为史料缺乏,只好暂付阙如,有待以后考证。

乾隆十三年秋,英廉升迁大名府知府②。虽然离开了天津,但是英廉对津门故友及交游往事,亦时常挂念于心,曾撰写《寄怀津门故人》一诗:

>海天作客揽幽襟,隔巷过从每盍簪。
>诸谢总输灵运笔,阿戎独折嗣宗心。
>风灯洒雪围炉酒,烟阁凭秋岸帻吟。
>不信两年如梦去,檐花帘雨费追寻。③

四、英廉在天津登览纪行之作

英廉出游取道天津以及在天津为官期间,曾经登临和饱览了

---

①(清)英廉:《梦堂诗稿》卷八,《四库未收书辑刊》第9辑第26册,北京出版社,2000年,第425页。
②(清)李桓辑:《国朝耆献类征初编》卷二十四,周骏富辑:《清代传记丛刊》,台湾明文书局,1986年,第817页。
③(清)英廉:《梦堂诗稿》卷八,《四库未收书辑刊》第9辑第26册,北京出版社,2000年,第428页。

津门诸多名胜古迹与自然风光,创作了许多风景吟咏、述征纪行的诗篇。这些诗歌抒发了他内心的淡泊情怀,也寄寓着他人生的高远志趣,与他一以贯之的出世精神和隐逸思想是相一致的。

乾隆六年(1741)之前的某个重阳节,英廉途经天津,赋诗《在津九日河桥即景》一首,中有诗句"酒沽双屐雨,菊卖一肩秋",人多诵之,流传甚广①,蒋璋(号铁琴,丹阳人)为之补作图画②。其后,此诗句被袁枚之记室史苕湄袭用,化作"酒沽双屐雨,人坐一庭烟"③。

乾隆十年(1745)五月,英廉漫游津冀地区,途经天津,触景感慨,即作诗两首:

> 雉堞俯烟波,吴乡恍又过。
> 海风寒五月,潮水逆诸何?
> 就岸留虾菜,持颐听棹歌。
> 一竿良可住,此意亦蹉跎。
>
> 帝命陂川泽,忧勤继禹功。
> 三农今有岁,五水各朝东。
> 桑柘村村径,帆樯处处风。
> 所欣裴刺史,能集岊陵工。④

---

① (清)梅成栋纂:《津门诗钞》卷二十九,天津古籍出版社,1993年,第948页。
② (清)英廉:《梦堂诗稿》卷三,《四库未收书辑刊》第9辑第26册,北京出版社,2000年,第394页。
③ (清)袁枚:《随园诗话》卷十,江苏广陵古籍刻印社,1998年,第23页。
④ (清)英廉:《梦堂诗稿》卷六,《四库未收书辑刊》第9辑第26册,北京出版社,2000年,第411页。

在这两首诗中,英廉生动地描述了天津民众的渔盐、漕运生活光景,同时颂扬了北魏幽州刺史裴延俊修复督亢渠、戾陵诸堰,灌溉农田百万余亩,兴利三津百姓的事迹。

同年秋天,英廉游览天津蓟县的盘山,并以诗歌记其游踪。在进入盘山地界的时候,英廉即赋诗《入盘山》:

> 谷口已闻泉,峰回石磴悬。
> 人来红树下,僧住翠屏边。
> 丘壑劳清梦,栖迟羡古贤。
> 名山犹著姓,风采比焦先。①

当天晚上,英廉留宿在盘山西涧藏山上人的僧房,并为诗云:

> 荒蹊寄山腹,诘曲患迷误。
> 度涧得茅茨,烟暝来时路。
> 老衲淡向客,欣厌两不寓。
> 分榻已悬灯,畏虎早阖户。
> 微月耿此夕,遥钟起何处?
> 秋林夜未闲,众响虚牖赴。
> 一宿情为移,况君终岁住。②

---

① (清)英廉:《梦堂诗稿》卷六,《四库未收书辑刊》第9辑第26册,北京出版社,2000年,第413—414页。
② (清)英廉:《梦堂诗稿》卷六,《四库未收书辑刊》第9辑第26册,北京出版社,2000年,第414页。

第二天,英廉参观了智朴和尚创建的青沟禅院。智朴(1636—?),号拙庵,俗姓张,彭城(今徐州)人。康熙十年(1671),智朴三十五岁时,北游蓟州盘山,结庐于青沟,创办青沟禅院(即盘谷寺),常与王士禛、朱彝尊、孔尚任、洪昇、高士奇诸名流诗文酬答,著有《盘山志》《盘谷集》等①。此时,智朴和尚已经去世。英廉为智朴及其禅院题诗一首,《青沟过拙庵老人塔院》云:

  南国云龙别梦遥,啸歌身世未萧条。
  自从埋骨青山后,谁与诗人寄豆苗。②

辞别青沟禅院,英廉攀上了盘山的顶峰,饱览无限风光,不禁心生感慨,赋诗《登盘山绝顶》:

  落木寒泉万壑喧,微烟疏树乱村繁。
  海光浮白凌仙峤,塔影飞青枕塞垣。
  双眼不输征雁远,短筇欲止夕阳奔。
  最怜衰草黄云外,百战沙场古蓟门。③

随后,英廉又游览了东竺庵、云净寺、天成寺,并分别题诗如下④。

---

① 杜吉华:《徐州清代名僧智朴》,《徐州史志》2010年第1期。
② (清)英廉:《梦堂诗稿》卷六,《四库未收书辑刊》第9辑第26册,北京出版社,2000年,第414页。
③ (清)英廉:《梦堂诗稿》卷六,《四库未收书辑刊》第9辑第26册,北京出版社,2000年,第414页。
④ (清)英廉:《梦堂诗稿》卷六,《四库未收书辑刊》第9辑第26册,北京出版社,2000年,第414页。

由东竺觅云净寺 行乱石中数里

山灵未易悟,胡以多垒块?
巉巉乱云根,遮道积荒怪。
于焉蹑微踪,所向辨茫昧。
侧身避危垠,窘步犯幽濑。
肘趾时相谋,前却或两碍。
兹晨谢幼舆,直置丘壑内。
艰险汇众奇,迈往轻一惫。
逶迤转崖阴,隔涧山犬吠。
梵阁隐霜林,境遥意先快。

月夜坐天城寺后石台

寒月荡烟华,空山展幽赏。
不见吸泉僧,隔林闻屐响。

徜徉在盘山清秀的山水风景之间,浸淫于田盘丰厚的人文意蕴之中,英廉不由得想起了早年曾与永贵(字心斋,满洲正白旗人)[1]相约隐居盘山之事。当晚,英廉将此事说与藏山上人,藏山上人立即欣然为他俩寻找结茅之地。英廉并撰诗寄给永贵,再次申述了他日相邀归隐盘山之志。《山中寄心斋》云:

缥缈仙梯托梦游,林皋此日慰清愁。
碧泉红树诸天寂,竹杖芒鞋万壑秋。

---

[1] 赵尔巽等撰:《清史稿》卷三百二十,中华书局,1977年,第10762页。

佩犊原非名士意,买山合向老僧谋。
与君肯学苏和仲,对坐柴门愿莫酬。①

对于藏山上人,英廉后来亦有诗歌寄怀,如《忆盘山西涧寄藏上人》云:

古屋倚枯涧,开门雪浪重。
微茫一云海,隐见千芙蓉。
因觉下方雨,徐闻东寺钟。
老僧常绝米,终是出山慵。②

乾隆十四年(1749)春,英廉在北京的寓所又作《望盘山怀西涧老人》:

清浅沙河乱流渡,好峰刺眼忽无数。
青是青松白是云,一点浮图出深树。
耳边仿佛来泉声,红杏花深遮瀑布。
沙头立马忆曾游,悬崖微辨扶筇路。
西涧老人老忍饥,孤怀喜听诗人诗。
五年奔走黄尘道,苦忆秋灯趺坐时。③

---

① (清)英廉:《梦堂诗稿》卷六,《四库未收书辑刊》第9辑第26册,北京出版社,2000年,第414页。
② (清)英廉:《梦堂诗稿》卷七,《四库未收书辑刊》第9辑第26册,北京出版社,2000年,第416页。
③ (清)英廉:《梦堂诗稿》卷八,《四库未收书辑刊》第9辑第26册,北京出版社,2000年,第429页。

南运河畔的杨柳青,是天津一座千年古镇,曾经吸引了历代无数的文人墨客来此集会郊游。乾隆十二年(1747)秋,英廉游览杨柳青,当晚即留宿于此,并赋诗《宿杨柳青》云:

孤村倚长河,客枕临秋水。
知有南来船,烟中闻吴语①。

海光寺,是天津又一处游玩胜地。明代的"天津八景"之一"定南禾风"就是指海光寺周围的田园风景。英廉多次来此观光。在游览杨柳青之后不久,英廉即登临海光寺,并作诗咏叹海光寺的美丽秋景,云:

野航背秋城,荒寺围烟水。
心闲爱夕阳,高楼共僧倚。
群鸥来欲下,远帆去不已。
薄暮增凉风,秋声萧萧起。
苇花最无赖,飞入危阑里。②

乾隆十三年秋,英廉在升职离津之前,与符曾(号药林,钱塘人)一起又登临了海光寺,并赋诗《与药林登海光寺楼》云:

---

① (清)英廉:《梦堂诗稿》卷八,《四库未收书辑刊》第9辑第26册,北京出版社,2000年,第423页。
② (清)英廉:《梦堂诗稿》卷八,《四库未收书辑刊》第9辑第26册,北京出版社,2000年,第423页。

古寺楼空鸟雀繁,野云阴重海天昏。
黄芦飞雪鸥边水,乌桕垂霜雁外村。
短策寻秋欣放眼,寒灯中酒忆销魂。
老僧能说年时事,风卷惊涛夜打门。①

南溪,即康家花园,曾种植了大片的荷花和杨柳,亦是一处观光赏玩的好地方。英廉在公务之余时常一人来此游玩。乾隆十三年(1748)夏季的一天傍晚,英廉处理完公事,收藏好文书,便来南溪观看荷花。欣赏之余,作诗一首《晚过南溪看荷简同人》:

吏散屏簿领,身逸谢鞅掌。
赋性便郊野,溪亭时独往。
夕阳障深树,丛蒲设虚响。
田田十亩荷,清波掩莽漭。
高叶纷敧侧,群花恣偃仰。
池上阒无人,婉娈方自赏。
乐此一披襟,风香萃幽爽。
有怀契清绪,无语助宏奖。
寂寞伫空亭,异趣越习想。
我欲褰裳衣,采之遗吾党。
尘网羁奇姿,恐当慨以慷。②

---

① (清)英廉:《梦堂诗稿》卷八,《四库未收书辑刊》第9辑第26册,北京出版社,2000年,第427页。
② (清)英廉:《梦堂诗稿》卷八,《四库未收书辑刊》第9辑第26册,北京出版社,2000年,第425页。

在本诗中，英廉叙述了自己在繁忙的工作之余，常常将身心投放郊野，以亲近自然、放松心情。在南溪，看到盛开的千姿百态的荷花，闻到飘来的沁人心脾的幽香，心旷神怡之际，童心与异趣突现，竟想脱衣下水，采摘荷花送与好友。同时本诗也流露出了诗人孤独落寞的心态和淡泊人生的情怀，以及深受世俗生活的束缚，用超迈的胸怀来对待的入世与出世之间的心迹。

未过多久，英廉再次游览南溪，并赋诗《再往南溪》：

> 城角人开径，篱根马簇蹄。
> 花随桥宛转，鱼在叶东西。
> 鸟下影摇水，风吹香过溪。
> 雪藤七尺箠，清绝定谁携？①

英廉亦曾游览过天津城东王氏园亭，作诗云：

> 年华如水负风烟，偶遇溪亭亦蹮然。
> 丘壑近增迷步屐，楼台别起瞰湖天。
> 花间蛱蝶惊新雨，叶底螳螂伺病蝉。
> 独怪锦鞯催客去，林泉回首却生怜。②

这里的王氏园亭，可能是王氏家族所创建的怀园。据《天津县

---

① (清)英廉：《梦堂诗稿》卷八，《四库未收书辑刊》第9辑第26册，北京出版社，2000年，第425页。
② (清)英廉：《梦堂诗稿》卷八，《四库未收书辑刊》第9辑第26册，北京出版社，2000年，第425页。

志》卷七载,"怀园,在城东南四里,王氏别业。"①怀园邻近康园。游客出城,在游览康园之后,时常接着又游览怀园。清人汪沆(字西颢,钱塘人)《津门杂事诗》云:"出郭嬉春花事繁,康园才过又怀园。"并自注:"怀园,王氏别业,城东五里。"②康园,即南溪。英廉在公务之余,常来南溪休闲,故而亦时常来怀园散心。

英廉任职天津期间,经常游览胜迹,饱览风光,吟咏诗歌,泼墨书画,以此来调适仕宦生活,愉悦人生性情,这些行为方式和艺术创作正印合了他早年浓厚的出世精神和隐逸思想。英廉在天津的登览纪行之作也成为他生平文学创作的重要组成部分。

清代康乾盛世时,天津兴起了诗酒酬唱的文人雅集风尚。其主要原因是,在那个文网森严的时代,仕途艰险,文人士子于是以集会赋诗来发愤抒懑、娱乐性情、切磋诗艺。英廉在任职天津期间,也积极发起和参加这些诗歌吟咏、宴游酬唱等文化活动,助益了天津文事活动的开展和兴盛。英廉在天津所创作的大量诗文是天津一份宝贵的文学遗产。

第二节 《查氏七烈编》中所见清代佚词九首

《查氏七烈编》是查日乾所辑录的一部诗文集。它所收入的九首词作,有八首未被新近整理出版的《全清词》收录,其中不乏诸如

---

① (清)吴廷华、汪沆:《天津县志》卷七,来新夏、郭凤岐主编:《天津通志》(中),南开大学出版社,2001年,第78页。
② (清)汪沆:《津门杂事诗》,乾隆四年(1739)写刻本。

陈维崧、齐召南、万光泰等名家之作。寿致浦、余懋樯、余尚炳等三人亦为《全清词·雍乾卷》失收的作者。这些佚词,不仅对于辑补《全清词》具有重要的文献价值,而且对于了解明清易代之际的社会历史状况、清代盐商与文士之间的交游情况等等也具有一定的社会意义。

《查氏七烈编》三卷,附词一卷,乾隆五年(1740)宛平查氏刻本,三册一函,十行二十一字,小字双行同,白口,四周单边,单黑鱼尾。现藏中国科学院国家科学图书馆总馆、中国国家图书馆、浙江图书馆等。书前冠有文渊阁大学士兼礼部尚书赵国麟(1673—1751)所作之序。是书所收附词一卷,多为散佚之作,现作考述如下。

一、陈维崧佚词《潇湘夜雨》

陈维崧(1625—1682),字其年,号迦陵,江苏宜兴人,清初文学名家,兼擅散文、骈文与诗词。陈维崧的诗文别集,现由陈振鹏、李学颖两位先生校点补遗,上海古籍出版社 2010 年出版,这是学界的幸事。然而,陈维崧一生遍历四方、交游广泛,其散佚的唱和、应酬与赠送之作,理应不在少数。如陈维崧曾致书吴兆骞(1631—1684),告其作词 3000 余首[1],而《迦陵词全集》仅收入 1629 首[2],可见佚作甚多,由此,尽管李学颖先生做了校补,但《陈维崧集》对其作品的辑佚仍有所遗漏。张晖先生《从〈陈维崧集〉看清代别集整理》一文已指出整理者没有充分利用学界既有研究成果[3]。陆勇强

---

[1] 陆勇强:《陈维崧年谱》,中国社会科学出版社,2006 年,第 412 页。
[2] (清)陈宗石:《迦陵词全集跋》,《续修四库全书》第 1724 册,上海古籍出版社,2002 年,第 393 页。
[3] 张晖:《从〈陈维崧集〉看清代别集整理》,《南方都市报》2011 年 5 月 29 日。

先生《陈维崧年谱》搜得陈维崧散佚诗文数十篇之多①,然而大部分篇什,《陈维崧集》亦未收入。

笔者今翻阅水西庄查氏家族的著述,无意中发现查日乾所辑《查氏七烈编》也收录了陈维崧咏史词一阕。这首词,对于研究陈维崧后期词风及心境,具有重要的文学价值和社会意义。几经查对,陈维崧的各本词集及清代词选,如《乌丝词》《迦陵词全集》《湖海楼词集》《迦陵词(手抄稿本)》《倚声初集》《今词初集》《百名家词钞》《全清词钞》等,均未收录此词。兹迻录并标点如下:

潇湘夜雨

铁骑云屯,金瓯月缺,皇州一片烽烟。贼心残忍,腥血染戈铤②。堪叹青娥皓齿,遭掳掠,白璧难全。羡查门,一家七烈,同日赴黄泉。

有中年者四,掌珍三女,二八齐肩。怕游魂血污,闭户投缳。绣阁香闺如故,听环佩,渐入瑶天。纲常坠,英雄无力,挽仗婵娟。③

按:《潇湘夜雨》即词牌《满庭芳》之别名。北宋晁补之(1053—1110)《满庭芳》词有"真堪与,潇湘暮雨,图上画扁舟"句,故南宋词人周紫芝(1082—1155)将此调易名为《潇湘夜雨》④。据《满庭芳》词谱,此词下阕最后一句应为五字,故此处"挽仗婵娟"一句当

---

①陆勇强:《陈维崧年谱》,中国社会科学出版社,2006年。
②"铤"当作"鋋"(chán),协韵,形近致误。
③(清)查日乾辑:《查氏七烈编》附词,乾隆五年(1740)宛平查氏刻本。
④(清)陈廷敬、王奕清等编:《钦定词谱》第三册,中国书店,1983年,第1605页。

刊脱一字。

陈维崧此词所写内容,涉及宛平查氏家族甲申变故。明朝末年,宛平查氏家族惨遭变故。崇祯十七年甲申(1644)三月,李自成起义军进攻北京城。十七日夜,查氏一门九位女眷为免遭凌辱,同时自缢以殉。九人分别为:查日乾的祖父查国英之妻周氏、周氏之女二姑;叔祖父查国才之妻张氏、张氏之女三姑和四姑、妾廉氏、以及廉氏之母廉媪;祖姑母四姑及其女黄氏三姑①。

王朝鼎革之际,查氏一门自缢殉节,颇有效上殉国的道德教化之功效,因此,康熙《大清一统志》即为查氏烈女立《七烈本传》,影响广泛而深远②。全国各地名流士子亦纷纷撰写诗文悼念和表彰查氏烈女的忠贞与节烈。其后,查日乾将这些诗文词辑录成集,定名为《查氏七烈编》,付梓刻印,分送好友。

陈维崧这首《潇湘夜雨》词,即为揄扬甲申国变中查氏一门烈女自缢殉节之事,对她们的死难寄寓了深刻的同情,亦对明末的变乱表达了沉重的无奈。所言"羡查门,一家七烈,同日赴黄泉",是就死者而言为七人。事实上,当时自缢者则有九人,后廉氏及张氏之女四姑,绳断复苏。廉氏削发为尼;四姑时年十二,成年后亦嫁人③。

此词作于何年,《查氏七烈编》并未署明日期。陈维崧与宛平查氏的交往,遍查史料,直接证据尚未发现。然据史料揆之,此词当作于陈维崧入京之时。而陈维崧曾经先后两次入京。第一次为康熙七

---

① (清)姜宸英:《七烈传》,(清)查日乾辑:《查氏七烈编》卷一,乾隆五年(1740)宛平查氏刻本。
② (清)查日乾辑:《查氏七烈编》卷一,乾隆五年(1740)宛平查氏刻本。
③ (清)姜宸英:《七烈传》,(清)查日乾辑:《查氏七烈编》卷一,乾隆五年(1740)宛平查氏刻本。

年(1668)游宦京师。五月抵京,与众名士宴游唱酬,十月即离京赴开封史逸裘之幕①。这次北京之行,风尘沦落,游宦未成,陈维崧自伤年华蹉跎,心情颇为失落悒郁,故而《潇湘夜雨》作于此时的可能性不大。第二次为康熙十七年(1678)应召入都试博学鸿儒科。次年三月,陈维崧即以御试第十名,列一等,擢授翰林院检讨,充《明史》纂修官,任职史馆四年,以疾卒于京师②。从居京时间之长、担任史馆职务以及友朋交游广泛等方面来看,《潇湘夜雨》一词当作于这一时期。特申述理由如次:

其一,尽管今之通行本《明史》尚未载录宛平查氏家族甲申变故,但此事在当时及后世影响颇为深广。《明史》开局之初,全面搜求史料,广泛征集遗书,上呈史馆,以备纂修采择。因此,虽然不知陈维崧撰写了《明史》中的哪些内容,但作为明史馆臣,他极有可能见到相关史料,抑或耳闻其事。况且陈维崧对明末崇祯甲申国变感触甚深,其三伯父户部主事陈贞达即死难于抗击李自成起义军进入北京城③。此词的词句"纲常坠,英雄无力,挽仗婵娟",亦传达出了陈维崧深沉的故国之思和浓郁的遗民情结。

其二,《大清一统志》于康熙十一年(1672)即已着手编纂④,与《明史》纂修工作同时进行。康熙《大清一统志》载录了为宛平查氏烈女所撰立的《七烈本传》。陈维崧纂修《明史》期间,与《一统志》纂修官多有往来酬唱。彼时《一统志》虽未纂辑成书,但有关查氏烈女的史料当已收集。在与《一统志》纂修官的宴游交谈中,陈维

---

① 陆勇强:《陈维崧年谱》,中国社会科学出版社,2006年,第269—286页。
② 陆勇强:《陈维崧年谱》,中国社会科学出版社,2006年,第432—500页。
③ 陆勇强:《陈维崧年谱》,中国社会科学出版社,2006年,第61—62页。
④ 牛润珍、张慧:《〈大清一统志〉纂修考述》,《清史研究》2008年第1期。

崧亦有可能了解和熟知宛平查氏家族甲申变故一事。

其三,文渊阁大学士兼礼部尚书陈元龙(1652—1736)于雍正十一年(1733)以老乞休①,途经天津,做客水西庄,曾赋诗四首,撰文一篇。其中,《水西庄记》一文落款为:"雍正癸丑九月之朔,时年八十有二。"②雍正癸丑即为1733年,与其乞归时间相一致。《坐揽翠轩与天行述旧》一诗追忆查氏七烈事,"忆昔干戈日,君家祖德长。闺房明大节,冰雪凛清光。七烈声名远,千秋鼎俎香。承平怀世泽,回首感苍茫。"诗中自注云:"前辈陈检讨维崧、姜编修宸英等,为赋七烈诗文甚伙。"③所谓陈维崧为赋七烈诗文当指这首《潇湘夜雨》词。《查氏七烈编》赵国麟序作于乾隆五年(1740),据此可知,陈元龙做客水西庄时,《查氏七烈编》尚未结集成编。因而,陈元龙得知陈维崧为宛平查氏烈女作《潇湘夜雨》一词的时间,当为他们相识之后。陈元龙与陈维崧两人相互结识的时空,即发生在陈维崧第二次旅京期间。陈维崧应试博学鸿儒,即为刑部尚书宋德宜(1626—1687)所举荐④,来京后,又下榻宋德宜寓庐几近一年⑤。而陈元龙为宋德宜女婿,其时亦来京参加会试⑥,两人于此际相识。康熙十八年(1679)夏,陈元龙下第南归海宁,陈维崧以词送之兼慰之⑦。其后,直到陈元龙于康熙二十

---

① 赵尔巽等撰:《清史稿》卷二八九,中华书局,1977年,第10264页。
② (清)徐宗亮、蔡启盛:《重修天津府志》卷二二,来新夏、郭凤岐主编:《天津通志》(上),南开大学出版社,1999年,第942页。
③ (清)吴廷华、汪沆:《天津县志》卷二三,来新夏、郭凤岐主编:《天津通志》(中),南开大学出版社,2001年,第240页。
④ 陆勇强:《陈维崧年谱》,中国社会科学出版社,2006年,第394页。
⑤ 陆勇强:《陈维崧年谱》,中国社会科学出版社,2006年,第400页。
⑥ 冯柳堂:《乾隆与海宁陈阁老》,上海书店出版社,1988年,第14-15页。
⑦ 陆勇强:《陈维崧年谱》,中国社会科学出版社,2006年,第438页。

四年(1685)再次入京参加会试、殿试时①,陈维崧已经捐馆去世三年了。从陈元龙与陈维崧的交谊来看,《潇湘夜雨》一词亦当作于陈维崧任职史馆期间。

其四,陈维崧早年"不无声华裙屦之好,多为旖旎语"②,而后期词风为之一变,转向沉雄豪放。此词的词句"铁骑云屯,金瓯月缺,皇州一片烽烟"等,气势伟壮,境界阔大,颇为吻合他晚年"气魄绝大,骨力绝遒"③的词学审美追求。从词作风格来看,《潇湘夜雨》亦当作于陈维崧的晚期。

综上所述,我们可以初步确认陈维崧为宛平查氏烈女所撰《潇湘夜雨》一词当在他第二次旅京期间,更确切的时间为其供职史馆纂修《明史》时,亦即康熙十八年至二十一年之际。然而,这首词,不仅今人整理的《陈维崧集》未曾收录,而且大型文化工程《全清词·顺康卷》及《补编》亦失收。

二、雍乾之际文士佚词

《查氏七烈编》除了辑录康熙朝陈维崧的佚词《潇湘夜雨》之外,还收入了雍正、乾隆年间的词作八首。这八首词,其中竟有七首不见于新近整理出版的《全清词·雍乾卷》。现抄录并标点如下,且对《全清词·雍乾卷》失收作者的字号、籍贯、履历等进行简要的补证。

---

① 冯柳堂:《乾隆与海宁陈阁老》,上海书店出版社,1988年,第16页。
② (清)陈宗石:《迦陵词全集跋》,《续修四库全书》第1724册,上海古籍出版社,2002年,第393页。
③ (清)陈廷焯:《白雨斋词话》卷三,人民文学出版社,1959年,第71页。

寿致浦(云宾,浙江诸暨人)
百字令

玉楼春去,花零乱、空听蜀鹃啼血。白马青袍何处至,摇动长安宫阙。宝鼎轻移,露盘顿委,谁与明高节。江山如此,一身自同秋叶。

谁识巾帼多贤,芳魂缥缈,都付香罗结。翠饰珠翘零落尽,唯有佩环凄切。智拟成城,贞堪却敌,生气追前烈。千秋彤史,昭然光似明月。

按:此词未被《全清词·雍乾卷》收录。《百字令》即词牌《念奴娇》之别名。元代张翥(1287—1368)填词时,将此调易名为《百字令》[1]。寿致浦(1685—?),字云滨,号顾岩,浙江诸暨人,康熙五十二年(1713)癸巳恩科进士,历任河南获嘉县知县、淇县知县、禹州知州等,《(乾隆)诸暨县志》卷二十三有传[2]。

莫玉文(文中,江南长洲人)
乳燕飞

滴沥黄昏后。剔孤灯、一编聊遣,听酸檐溜。见说渔阳鼙鼓乱,十万黄巾夜走。正百六、乾坤阨候。多少中朝卿与相,锦绣河山、忍竟输人手。纷纷作,道旁偶。

海陵有女奇难觏。矢贞心、一门七烈,红罗齐扣。洁比秋霜明比日,白玉纤瑕无垢。嗟盛事、古今希有。我向寒窗风雨夕,谱芳徽、泪渍郎当袖。还击缺,唾壶口。

---

[1] (清)陈廷敬、王奕清等编:《钦定词谱》第三册,中国书店,1983年,第1917页。
[2] (清)楼卜瀍等纂:《诸暨县志》,台北成文出版社有限公司,1983年,第1074—1075页。

按:此词未被《全清词·雍乾卷》收录。《乳燕飞》即词牌《贺新郎》之别名。因苏轼《贺新郎》词有"乳燕飞华屋"句,故后人将此调又名《乳燕飞》[1]。莫玉文的生平,《全清词·雍乾卷》第十六册有简介[2]。

齐召南(次风,浙江天台人)
清平乐

红巾青犊,野草春风哭。玳瑁梁深金作屋,掷碎珍珠一斛。
空庭再拜无言,夜雨飞花杜鹃。榆垒庄前春水,清明寒食年年。

按:此词未被《全清词·雍乾卷》收录。齐召南的生平,《全清词·雍乾卷》第六册有简介[3]。

万光泰(循初,浙江秀水人)
沁园春

玉岭宵焚,金瓯昼破,苍茫此时。乍风凋桐树,叱鸾靡凤,涛翻湘浦,剪蕙戕芝。绣袂分曹,罗巾成队,子母连环娣姒随。重霄上,笑相逢执手,仍是同归。

承平岁月如驰,对往事、酸悲愁重题。但芊绵碧草,三秋凝血,扶疏乔木,合抱成围。平则门前,卢沟桥畔,月黑犹疑闻鼓鼙。荒村路,更谁人搔首,细读残碑。

---

[1](清)陈廷敬、王奕清等编:《钦定词谱》第四册,中国书店,1983年,第2594页。
[2]张宏生主编:《全清词·雍乾卷》第十六册,南京大学出版社,2012年,第8736页。
[3]张宏生主编:《全清词·雍乾卷》第六册,南京大学出版社,2012年,第3163—3164页。

按:此词未被《全清词·雍乾卷》收录。万光泰的生平,《全清词·雍乾卷》第六册有简介[1]。

陈皋(江皋,浙江钱塘人)

扫花游

甲申运剥,恨国事沧桑,妖氛侵搅。望尘未少。叹纲维付与,闺中窈窕。次第投缳,长幼三三赴效。二甦了。剩斗柄堕檐,杏梁相照。

巾帼偏气浩。做玉碎珠零,哀徵同调。彭籛太老。笑因怜史死,井间偷冒。帝女枝边,寂寞冬青翠葆。魂应绕。迸梅花、冷香苍昊。

按:《扫花游》即词牌《扫地游》之别名。因周邦彦《扫地游》词有"扫花寻路"句,取以为名,故又称此调为《扫花游》[2]。陈皋的生平,《全清词·雍乾卷》第三册有简介[3]。此词,因被收在氏著《醉里续谣》内,故为《全清词·雍乾卷》所收录。今列出其异文如下:《全清词·雍乾卷》此词题下注"题宛平查氏《七烈传》后";"闺中"作"绮窗";"哀"作"冷";"魂应"作"断魂"。

余懋樨(荆帆,浙江诸暨人)

满江红

历在申年,妖氛遍、神京流血。叹凄凉、家亡国破,肝肠如铁。宝

---

[1] 张宏生主编:《全清词·雍乾卷》第六册,南京大学出版社,2012年,第3515页。
[2] (清)陈廷敬、王奕清等编:《钦定词谱》第三册,中国书店,1983年,第1601页。
[3] 张宏生主编:《全清词·雍乾卷》第三册,南京大学出版社,2012年,第1361—1362页。

婺七星光惨淡,金台三月花摧折。羡君家、巾帼尽须眉,多贞烈。

丝万缕,缳初结。城未陷,喉先绝。更从容慷慨,闺中冰雪。齐赴黄泉身共死,同留青史名难缺。更那堪、春去杜鹃啼,苔生碣。

按:此词未被《全清词·雍乾卷》收录。据《津门诗钞》卷二十七载,余懋檣,字荆帆,号枫溪,浙江诸暨人,久客天津,后移居沧州[①],著有《枫溪诗集》。

余尚炳(犀若,直隶沧州人)
满江红

波卷狂鲸,叹国事、铜驼荆棘。独正气、偏留闺秀,钟灵巾帼。玉石不分肠已断,纲常有托心还激。计从容、先后尽捐躯,芳魂七。

家声旧,原清白。贞节效,同归一。剩风凄云暗,珠零玉泣。浩魄已随龙轭去,芳魂肯向梅梁袭。想如今、名与斗垣齐,光犹的。

按:此词未被《全清词·雍乾卷》收录。据《津门诗钞》卷二十七载,余尚炳,字犀若,号月樵,原籍浙江绍兴,侨寓天津,后移居沧州[②]。

胡睿烈(文锡,直隶天津人)
满庭芳

惨月无光,哀云成阵,一番劫火飞灰。深闺人静,鼙鼓揭天来。笑问今宵聚首,春城好、何似泉台。雕梁暗,珠连璧合,生死九人偕。

[①](清)梅成栋纂:《津门诗钞》卷二十七,天津古籍出版社,1993年,第888页。
[②](清)梅成栋纂:《津门诗钞》卷二十七,天津古籍出版社,1993年,第883、888页。

纤埃吹不到,冰魂雪魄,应傍蓬莱。想环声隐隐,犹绕瑶阶。往日凄凉国事,白头叟、几许伤怀。青青草,千秋万祀,常向疾风栽。

按:此词未被《全清词·雍乾卷》收录。胡睿烈的生平,《全清词·雍乾卷》第十六册有简介①。

以上八位作者,主要生活在雍正、乾隆两朝,均为江浙人。其中,万光泰、陈皋、余懋檍、余尚炳、胡睿烈等人或移居天津,或寄寓查氏,多年参与水西庄雅集酬唱等文事活动。以上八首词作,吟咏的主题都是甲申国变中查氏烈女自缢殉节之事,当系雍乾年间应查日乾之邀而作。其中,七首词未被《全清词·雍乾卷》收录;寿致浦、余懋檍、余尚炳等三人亦为《全清词·雍乾卷》失收的作者。这些佚词与作者,今后当可辑入补编。在此谨须提请注意的是,编纂与整理诸如《全清词》之类的重大文化工程以及明清别集,尤须重视方志、族谱和地方文献所收录的作家作品的资料搜集。

第三节 厉鹗与水西庄查氏的交游及其佚作

厉鹗曾是水西庄座上宾之一,他与查氏之间的交往,情深意长。厉鹗(1692—1752),字太鸿,号樊榭,浙江钱塘(今杭州)人,清代著名学者、诗人,著有《樊榭山房集》《辽史拾遗》《宋诗纪事》等。现将厉鹗与查氏之间交往的过程及其意义论述如下。

---

①张宏生主编:《全清词·雍乾卷》第十六册,南京大学出版社,2012年,第8777页。

一、厉鹗与查氏南北诗文赠答

厉鹗曾经先后三次抵达京城①,皆未取道天津过访水西庄。厉鹗在《沽上题襟集序》中即说:"仆三游长安,皆有事,轮蹄未尝一至水西,与分剧韵。"②厉鹗与水西庄查氏之间真正展开交往,当缘于汪沆的南归。汪沆是厉鹗的学生③。乾隆元年(1736)博学鸿词科考,汪沆落选之后,当年即来天津,馆于城内查氏香雨楼,积极参与水西庄雅集酬唱,宴游觞咏;乾隆四年秋冬之际,汪沆返归杭州④。过访厉鹗时,汪沆应当告知了他在天津所参与的各类文事活动以及查为仁好结交、擅诗词的品性与事迹,正如厉鹗《西颢归自津门,过访小饮草堂有作》所云:

> 薄薄江云正护霜,客来踏破径苔荒。
> 剧谈往事同吹网,小唤村醪可过墙。
> 俗眼举肥愁有例,归心破腊喜难当。
> 直沽冰雪三年住,酿得诗豪百丈强。⑤

自此之后,厉鹗即与查氏之间开始了书信往来和诗文赠答。

乾隆六年(1741)正月十八落灯日,查为仁收到厉鹗所寄的手书诗扇。扇面所题诗为《红桥春游曲》:

---

① 夏飘飘:《厉鹗入京与入仕考述》,《浙江树人大学学报》2015年第6期。
②(清)厉鹗:《樊榭山房文集》卷二,中华书局,1936年,第226页。
③ 陆谦祉:《清厉樊榭先生鹗年谱》,台湾商务印书馆,1981年,第13页。
④(清)查礼辑:《沽上题襟集》卷四,乾隆六年(1741)写刻本。
⑤(清)厉鹗:《樊榭山房续集》卷一,中华书局,1936年,第110页。

客愁当春乱如丝,挂在红桥新柳枝。
主人官小肯爱客,载酒呼船浪泊泊。
孟婆跋扈作余寒,玉箫吹过曲阑干。
东陵飞下三青鸟,女儿破颜钿窝小。
繁华瞥眼徒纷纭,羊牛踏穿阿麖坟。
隔江山映残梅晚,招之不来殊偃蹇。
主人劝客为乐方,陈郎叩舷发老狂。
高子哦诗妙五字,游鱼出听灯在水。
风花上巳连清明,有约更赋丽人行。①

红桥是扬州城北门外的一处风景名胜。诗中"主人"指祝应瑞,字荔亭,丹徒人,时任江都县蟒导河闸闸官。"陈郎"指陈章,字授衣,钱塘人。"高子"指高翔,号西唐,扬州人。此诗叙写厉鹗等人受祝应瑞之邀于乾隆五年初春游览扬州红桥之事,查为仁赞其"风调直逼元相"。这把诗扇于乾隆五年寄出②,它是厉鹗与查为仁两人之间首次直接交往的媒介和见证。

乾隆五年初夏,厉鹗从南湖移居东城,四月二十一日作《移居诗》四首,并寄送查为仁。诗云:

南湖结隐八年余,又向东城赋卜居。
颇爱平桥通小市,也多乔木映清渠。

---

① (清)查为仁:《莲坡诗话》卷下,(清)查为仁:《蔗塘未定稿》,乾隆八年(1743)写刻本。
② 查为仁《厉太鸿征士以庚申四月二十一日移居诗四首见寄,依韵和答》云:"题扇隔年劳远驿。"(清)查为仁:《山游集》,(清)查为仁:《蔗塘未定稿》,乾隆八年(1743)写刻本。

杜陵突兀见此屋,韩子辛勤始有庐。
笑我天慵俱未遂,不妨随地狎樵渔。

华发萧萧渐满颠,可无清境著闲仙。
安排桑苎新茶阁,位置樵青赁钓船。
细雨连畦容缓步,凉风动树足幽眠。
麋公祠宇今相并,且逐邻翁掠社钱。

莎径梅坪密复斜,百弓堪足小园夸。
绕墙细数迟生笋,缚架还扶已卧花。
丛杂琴尊临顿宅,清贫眷属伏川家。
从人画出村夫子,旧事它时一笑哗。

封轺前日断知闻,月渚烟林合策勋。
仰屋著书聊尔尔,闭门种菜漫云云。
验时巢燕方新乳,迎客昏鸦欲作群。
稍待芟除荒秽了,一轩风景任支分。①

乾隆六年三月,查为仁收到了厉鹗所寄移居诗,即依韵作诗和答。诗云:

南北相思卅载余,无缘载酒访茨居。
素襟旧说耽花隐,健笔还传驾石渠。

---

① (清)查礼辑:《沽上题襟集》卷三,乾隆六年(1741)写刻本。

题扇隔年劳远驿,牵萝此日补新庐。
城东池水清于染,乘兴应随渔父渔。

放怀只在两山颠,管领西湖作散仙。
冲冻常寻孤屿寺,讨春时上暗门船。
每逢佳处留高唱,最爱清游破夜眠。
酒券莫愁当户索,朝来争馈撰碑钱。

桑圃蔬畦一径斜,偶居曾向昔年夸。
邻僧分饷阶前笋,野老同评担上花。
去日暗惊如转烛,此生终拟再移家。
倘容两板连墙住,来伴丛书谢市哗。

底须麟阁怅无闻,半亩堪酬翰墨勋。
莎净苔明殊不恶,裴头黄尾又何云。
散花滩上人千载,快雪堂前鹭一群。
省识前贤踪未杳,风流异代可平分。①

其中"南北相思卅载余,无缘载酒访茨居",可见查为仁很早就已闻知厉鹗的声名,同时也深情地表达了两人长久以来无缘见面的遗憾。"放怀只在两山颠,管领西湖作散仙",抒写了查为仁对厉鹗闲逸生活和旷达情怀的艳羡。"省识前贤踪未杳,风流异代可平分",是对厉鹗追踪前贤而取得巨大文学成就的极度赞赏。

①(清)查为仁:《山游集》,(清)查为仁:《蔗塘未定稿》,乾隆八年(1743)写刻本。

乾隆七年九月，收到查为仁所作的和诗之后，厉鹗又次韵酬答。诗云：

风烟迢递两乡余，远道何由接起居。
寄讯但凭双鲤腹，将诗好敌百车渠。
宵来半面通清梦，海内词人问敝庐。
强比成都一区宅，那知身拟老为渔。

神妙秋毫欲到颠，水西庄畔有吟仙。
襟题柯古初编集，琴访成连剩刺船。
丁字沽分帆历乱，角飞城对草芊眠。
讨春冲冻相思句，传唱江南直万钱。

我住城东小径斜，知君也入昔游夸。
当时失把林中臂，幻境如飘席上花。
变姓不随齐范蠡，旧人谁是鲁朱家。
新来见说耽禅味，手写楞严浣俗哗。

扰扰轮蹄已习闻，达人自著百年勋。
飞觞坐上知无数，拜爵田间不复云。
骤雨新荷催度曲，青天明月惜同群。
为君倾尽金壶汁，他日蛮笺更待分。①

---

①（清）厉鹗：《樊榭山房续集》卷二，中华书局，1936年，第124页。

厉鹗对查为仁的移居和诗十分欣赏,其中"讨春冲冻相思句,传唱江南直万钱",即是对查为仁唱和诗句"冲冻常寻孤屿寺,讨春时上暗门船"的赞许和推崇。

乾隆七年冬,查为仁在澹宜书屋周边拓建了水琴山画堂、古芸室、衣月廊、竹间楼、花影庵,并作诗《澹宜书屋六咏》,亦邀请厉鹗唱和①。详见后文。

厉鹗将其自康熙五十三年(1714)至乾隆四年(1739)所作诗词结集为《樊榭山房集》十卷。乾隆四年十一月十日寄送时在天津的陈皋②。查为仁读后给予了很高的评价,"清微孤峭,于新城、长水外,自树一帜。承学之士,奉为圭臬"③。

乾隆五年冬,查礼将刘文煊、吴廷华、查为仁、汪沆、陈皋、万光泰、胡睿烈及其本人"在津酬唱之作,每年简择数章,各成一卷"④,辑录为《沽上题襟集》八卷,并请厉鹗作序。厉鹗序写于乾隆五年十一月长至日,附于卷首⑤。厉鹗在序中赞美集中诗篇"粲如球贝,和如笙镛,幽鸣相答如松风涧水",且称扬查礼将友朋酬唱诗作结集成书之举。其后,以厉鹗为首的扬州"小玲珑山馆"诗人群体,也成立了邗江吟社,效仿水西庄故事,将宾主吟咏之作结集为《韩江雅集》。其后,汪沆曾将"韩江之雅集"与"沽上之题襟"联袂并称⑥,由此也可见出《沽上题襟集》在当时文坛所产生的影响力以及南北诗

---

① (清)查为仁辑:《澹宜书屋六咏》,乾隆十二年(1747)写刻本。
② 田晓春:《凭仗君扶大雅轮——从樊榭集外书札一通之考证论厉鹗在雍、乾诗坛的地位》,《西北师大学报》(社会科学版)2004年第2期。
③ (清)查为仁:《莲坡诗话》卷下,(清)查为仁:《蔗塘未定稿》,乾隆八年(1743)写刻本。
④ (清)查礼:《沽上题襟集后序》,(清)查礼辑:《沽上题襟集》卷末,乾隆六年(1741)写刻本。
⑤ (清)厉鹗:《沽上题襟集序》,(清)查礼辑:《沽上题襟集》卷首,乾隆六年(1741)写刻本。
⑥ (清)汪沆:《樊榭山房文集序》,(清)厉鹗:《樊榭山房文集》卷首,中华书局,1936年,第209页。

人群体诗文交流的情状。

乾隆初期,查为仁将其自康熙五十三年(1714)至乾隆六年(1741)所作诗词及与友人所赠答诗文结集为《蔗塘未定稿》九卷,外集八卷,予以付梓刊印,邀请厉鹗作序。厉鹗序写于乾隆八年正月初五日,附于卷首①。在此序中,厉鹗特别欣赏查为仁诗歌创作的独特风格,"查君莲坡以诗鸣久矣! 莲坡家海津,去日下数百里而近,舟车驰骛,憧扰于耳目;门墙授受,诱接其心思,宜其诗之囿于派。而莲坡掉头天际,纵心遥遇,所托意者,山水、禅悦、友朋、书卷之间,通脱雄骜,涤烦释滞,标举胜境,流连景光,辄秀警不可刊置。间为艳诗及乐章,非骞兰佩茝之旨,即花飞钏动之悟,此其陶冶深而采择富,殆无体不苞,以成为莲坡之诗体欤?"尤为重要的是,厉鹗在此提出了"诗不可以无体,而不当有派"的不以格调派别来分流的诗学主张,这也是厉鹗诗学思想体系中非常重要的一点②。

厉鹗与水西庄查氏会面之前的诗文往来赠答,其实是一个探知对方、寻求认同、磨合彼此的文字之交的过程。在这个交往的过程中,他们彼此之间沟通了思想,密切了情感,切磋了诗艺,增进了了解,由最初的彼此闻名、相互推许,到后来的深层认识、惺惺相惜。尤其是查为仁卓然特立、疏离政治的士人个性,及其诗歌创作的独特风格与路向,极为符合厉鹗的诗学审美观念和价值取向,这便激发了厉鹗的欣慕之情,文字中也自然地流露出了他期盼两人晤面的热情。

---

① (清)厉鹗:《蔗塘未定稿序》,(清)查为仁:《蔗塘未定稿》卷首,乾隆八年(1743)写刻本。
② 张兵、王小恒:《厉鹗与浙派诗学思想体系的重建》,《文学遗产》2007年第1期。

二、厉鹗的天津之旅

乾隆十三年(1748),厉鹗以孝廉铨选县令进京。这次他特意取道南运河,来与查为仁谋面。旅途中,厉鹗遏制不住即将见面的兴奋劲儿,作诗投寄查为仁。

六月六日舟中寄查莲坡

六月六日寺前闸,客子枯坐愁书空。
岱云肤寸几时合,汶水涓流何日通。
岂有诗篇传济北,漫将米价问江东。
美人咫尺劳相望,尚隔津门烟树中。[①]

夏末,厉鹗到达天津,馆于城内查氏古春小茨[②]。厉鹗留津两月有余,在这期间,他积极参与各类文事活动,使得水西庄的文化活动达到了高峰。

(一)雅集酬唱

厉鹗在天津积极参加文人雅集活动,宴游酬唱。如七月初七日,查为仁延请厉鹗、英廉、吴廷华、陈皋等人在天津城南门外的南溪草堂集会,以"荷净纳凉时"分韵赋诗。其中,厉鹗诗云:

羁怀不可释,惮暑期烟萝。
嘉招惬心素,南郭寻行窝。
修梁百步余,沽水通小波。

[①](清)厉鹗:《樊榭山房续集》卷七,中华书局,1936年,第174页。
[②]陆谦祉:《清厉樊榭先生鹗年谱》,台湾商务印书馆,1981年,第73—75页。

> 丝杨尽踠地,弥望菱与荷。
> 客来冷香中,遥吹销烦疴。
> 林蝉无辍响,秋思亦已多。
> 坐中半故乡,佳节感蹉跎。
> 颓阳飞鸟外,新月层城阿。
> 情话尊未竭,归轩指斜河。①

闰七月初七日,汪沆自京城来天津,查为仁招致厉鹗等人在水琴山画堂聚会,并分韵赋诗。厉鹗诗云:

> 飞絮漂萍少定踪,西沽何意此相逢。
> 天边星汉刚连闰,人世朋尊不厌重。
> 万里征帆劳似鹳,一宵情话碎于蛩。
> 子归为报湖山侣,满箸莼丝待阿侬。②

(二)接待来访

厉鹗在天津还接访了许多前来的慕名者。如英廉,其时任职天津河防同知③,早年曾经为官江淮地区多年,早已闻知厉鹗的声名。七夕南溪集会之后的某天晚上,英廉来古春小茨拜访厉鹗,两人诗歌唱和。英廉作诗云:

---

① (清)厉鹗:《樊榭山房续集》卷七,中华书局,1936年,第175页。
② (清)厉鹗:《樊榭山房续集》卷七,中华书局,1936年,第176页。
③ (清)吴惠元:《续天津县志》卷九,来新夏、郭凤岐主编:《天津通志》(中),南开大学出版社,2001年,第327页。

> 游云不满空,返景下疏堞。
> 佳人隔深巷,薄暮引幽涉。
> 相违期非遥,相见意弥惬。
> 微风乱烛影,凉雨鸣蕉叶。
> 寂寞共西窗,惜此清净业。①

厉鹗亦以原韵作诗酬答:

> 海津多沮洳,高馆傍古堞。
> 闭门秋草长,无客共日涉。
> 司马方外流,趣远神先惬。
> 主人呼灯至,小坐听风叶。
> 即此寻元言,相期在白业。②

(三)鉴赏书画

在天津期间,厉鹗鉴赏了查氏所藏的诸多书画作品。如英廉来拜访厉鹗时,查为仁即展示了其所收藏的《方正学先生双松图》,三人一同欣赏,并分别为画题诗③。其中,厉鹗诗云:

> 逐燕高飞兵甲动,金川门开浩呼汹。
> 侯城先生真大勇,一语文皇魄为悚。

---

① (清)英廉:《梦堂诗稿》卷八,《四库未收书辑刊》第9辑第26册,北京出版社,2000年,第427页。
② (清)厉鹗:《樊榭山房续集》卷七,中华书局,1936年,第175页。
③ (清)英廉:《梦堂诗稿》卷八,《四库未收书辑刊》第9辑第26册,北京出版社,2000年,第425—426页。

骑箕上天不旋踵,故友门生纷总总。
惨淡金灯孤主拥,木末亭边但遗冢。
文字禁严众胥恐,双松若非牛革巩。
定是阴崖鬼神捧,流传何年拂尘塕。
玉轴绫装鸾鹊鹜,一株倾攲如病瘇。
作鳞之而疑篆董,其旁一株蚁穿孔。
野叉拗怒两臂拱,偃盖纷披白云瀜。
写祝丹崖唐应奉,先生署名端且竦。
是年严君戍悾偬,初事潜溪角犹鬃。
偶然墨戏兴垒涌,劲气贞心天骨重。
韦偃毕宏翻偊旅,澹宜主人宝若珙。
出自千秋读书种,白眼阿师讵懵懂。
金胡诸臣生食俸,桃李争春漫矜宠。①

方正学,即方孝孺,浙江宁海人,明朝靖难之役时,拒绝为篡位的朱棣草拟即位诏书而被杀,株连十族。本诗高度赞颂了他凛然正气、抗节不屈的士人精神。

厉鹗观赏查为仁所藏《澹宜书屋种竹图》时,亦为之题诗两首:

北方种竹如种玉,幽人爱竹一丛足。
略似黄陵古庙前,月痕照破秋烟绿。

我家屋后百筼筜,戛雨吟风半亩强。

---

① (清)厉鹗:《樊榭山房续集》卷七,中华书局,1936年,第175—176页。

莫怪披图动乡思,来时新笋正过墙。①

乾隆十一年(1746)春,查为仁梦见双凤飞集屋边,各衔金色篆字,一贞,一福,后纳二小姬,名与之同,于是请顾方来绘制《双凤图》②。厉鹗旅津期间,查为仁出示此图,厉鹗观后,即题诗云:

娉婷市里见双身,好梦分明证宿因。
瑶水生来千百媚,彩云飞下一重春。
蕙兰元是含贞性,风月何妨号福人。
记取辟寒金上字,香奁诗话最鲜新。③

(四)观看戏剧

查氏家中设有戏班和戏台,每逢良辰佳节或有贵宾来访,即表演歌舞戏剧。乾隆十三年闰七月,汪沆途经天津。城内查氏于斯东堂举行戏剧演出,厉鹗与汪沆一同观看,并诗酒唱和。厉鹗诗云:

秋河雨后湿模糊,小部征歌集饮徒。
此是武宗弦索调,江南倦客得知无。

韦氏阑前许和子,岐王宅里李龟年。
为君留客殷勤甚,停却明朝放溜船。

---

①(清)厉鹗.《樊榭山房续集》卷七,中华书局,1936年,第175页。
②(清)梅成栋纂:《津门诗钞》卷七,天津古籍出版社,1993年,第219页。
③(清)厉鹗:《樊榭山房续集》卷七,中华书局,1936年,第176页。

闲房新聘紫云娘,丝竹铮鏦置两床。
块垒年来销已尽,白头犹入少年场。

吴云燕月两匆匆,别意方新酒正中。
一曲当筵如一世,莫辞听到六幺终。①

(五)游览风景

厉鹗在天津虽然寓居于城内的古春小茨,但也常到城外的水西庄观光游览。水西庄内的主要景点,据汪沆《津门杂事诗》诗注云:"中有揽翠轩、枕溪廊、数帆台、候月舫、绣野簃、碧海浮螺亭、藕香榭、花影庵、课晴问雨诸胜"②。厉鹗曾为其中的"枕溪廊"作赋:

淀号雍奴,汇于畿南之野;沽分丁字,归于海上之洲。其中有溪焉,其为溪也,旁通樊圃,暗注湖沟。翻车如鸦而衔尾,桔槔似鹤以昂头。奔瀺灂其若赴,合泌㵎而交流。光汀滢兮不知夜,声潺湲兮忽惊秋。其上有廊焉,其为廊也,重檐逶迤,复溜连荫。陋南朝石步之名,仿吴山却月之吟。数行斜桷,照波影以初翻;几折红阑,跨縠纹而倒枕。于是摇荇藻,拍涟漪;系酒舫,垂钓丝。水宜洿至,澜必观其。度杨柳之凉飔,帘痕演漾;响菰蒲之春雨,瓦缝参差。廊屈曲兮溪屈曲,试吴鞋兮犹未足;溪纚属兮廊纚属,命刳棹兮唯所欲。若夫藤蔓纷披,拟罨画之泛;荷花历乱,误浣沙之行。莫不凭襟招鹭,侧帽听莺。鱼堂策兮叩槛,鸥扑漉兮敲枰。郭恕先界画成时,缦回隔浦;白太傅滩声作

---

① (清)厉鹗:《樊榭山房续集》卷七,中华书局,1936年,第176页。
② (清)汪沆:《津门杂事诗》,乾隆四年(1739)写刻本。

就,跳沫穿楹。映层云兮窈窕,入斜月兮凄清。溯兹疏引方勤,经营伊始,幽可避俗,华不期侈。迢迢千步,差觅诗心;潆潆一条,乍醒醉耳。①

又为"数帆台"勒铭:

观叶作舟,其用在帆。帆以使风,如马脱衔。凡舟之具,楫师是监。得帆而行,如口毕缄。中山有言,沿吉溯凶。我视于沿,忧心有忡。东坡有言,顺喜逆怨。我视于顺,亦足致困。道家所忌,惟在满盈。饱如张弓,敬慎勿倾。直沽之西,卫河之浒。林际台平,烟樯如雨。风清日美,不闻柔橹。何来白云,频移远树。台上有人,微凉吹衣。陆居久安,摧幢息机。偻指可数,归鸟与飞。我羡斯乐,言印郊扉。②

(六)学术研究

厉鹗在津门时,与水西庄宾主除了诗词唱和之外,也共同探讨学问,进行学术研究,尤其是与查为仁篝灯茗碗,商榷笺注《绝妙好词》。闰七月初四日,厉鹗于古春小茨为《绝妙好词笺》作序③。

总之,厉鹗旅津期间,积极参加各类文化活动,与宾朋好友们游览风景、雅集酬唱、鉴赏书画、观看戏剧,探讨学术等。鉴于厉鹗在当时诗坛的崇高地位,随着厉鹗的到来,水西庄的文化活动便也达到了顶峰。闰七月中旬,厉鹗未入京就选,即离开了天津,返

---

① (清)厉鹗:《樊榭山房文集》卷一,中华书局,1936年,第216页。
② (清)厉鹗:《樊榭山房文集》卷七,中华书局,1936年,第263—264页。
③ (清)查为仁、厉鹗笺:《绝妙好词笺》,河北大学出版社,2005年。

归浙江①。临行前,查为仁等人夜集竹间楼为厉鹗饯行送别。厉鹗赋诗三首:

灯映回廊月上楼,交光特为故人留。
空庭荇藻浮沉影,衬出红莲竹外秋。

从来秋月最凄清,添得春灯体更明。
不是露虫喧酒半,浑忘身在海津城。

今夜灯筵昨夜歌,欢惊无奈别愁何?
明朝回首西津路,明月盈盈秋水多。②

自此之后,厉鹗与查为仁再也未曾相见。乾隆十四年(1749)六月,查为仁去世③。同年获知凶讯时,厉鹗即作诗《哭查莲坡》以悼念查为仁:

燕南耆旧久相推,会面俄成万古哀。
漫浪虚充选人去,淹留直为访君来。
乾坤刘尹谁知我,湖海陈登未易才。
老泪临风何处寄,手书犹在忍重开。④

---

①陆谦祉:《清厉樊榭先生鹗年谱》,台湾商务印书馆,1981年,第72—75页。
②(清)厉鹗:《樊榭山房续集》卷七,中华书局,1936年,第176页。
③查禄百、查禄昌等纂:《宛平查氏支谱》卷一,1941年铅印本。
④(清)厉鹗:《樊榭山房续集》卷七,中华书局,1936年,第184页。

在此诗中,厉鹗以东晋刘尹知人之明、东汉陈登识人辨才的两个典故来比拟查为仁,将查为仁引为人生的知己、诗坛的同调。

进退出处,一直以来都是古代文人潜意识中纠缠不断的内在心结。要想建功立业,青史留名,唯有进入仕途;而一旦进入仕途,或将失去自由之身和独立人格。功名与自由,两者难以兼得。厉鹗此次抱持宦情而来,却淹留津门,不入京城就选而归,这与查为仁有着莫大的关系。厉鹗内心深处对这个两难选择其实也始终存有困惑。旅津期间,就曾向查为仁请教。厉鹗《莲坡以佛手柑见饷赋谢》云:"我正迷方烦导示,须曼应有旧因缘。"①至于查为仁是如何具体答复的,如今我们不得而知,但查为仁早年狱中所作诗歌《和沈东隅冬日感怀韵》则可以提供一些参考。

> 少小曾过履道坊,未成莫雁却分行。
> 功名可笑同槐国,日月唯应入醉乡。
> 事至此耶甘寂寂,客何为者感茫茫。
> 霸陵倘得同偕隐,惭愧芦帘对孟光。②

这首诗,厉鹗应该是读过的,同时也是深知其中消息的。康熙五十年(1711),查为仁曾犯乡试科场舞弊案,被革去解元,而且系狱九年③。就科举制度而言,对查为仁的判罚,是正当的;但就诗情才艺而言,查为仁确是有些委屈。袁枚就曾评价查为仁的诗歌,说:

---
① (清)厉鹗:《樊榭山房续集》卷七,中华书局,1936年,第175页。
② (清)查为仁:《花影庵集》卷上,(清)查为仁:《蔗塘未定稿》,乾隆八年(1743)写刻本。
③ 叶修成:《杭世骏佚文〈查莲坡墓志铭〉与查为仁乡试科场案》,《贵州社会科学》2013年第10期。

"其诗清妙,盖深得初白老人之教者。"①从愤懑抑郁之情感和比兴寄托之笔法来看,查为仁狱中所作《无题诗》可入清代诗坛一流。出狱之后,查为仁绝意仕进,息影津门。查为仁的言传身教,令厉鹗对最后的人生抉择彻底清醒。为了自我精神的自由,厉鹗放弃了这次吏部谒选而没有进京,最终守住了文士清高而独立的名节。

厉鹗的天津之旅,从个体意义上来说,实现了两位志趣相投的诗坛知己会面的夙愿,《绝妙好词笺》就是查为仁与厉鹗两人通力合作的结晶,同时厉鹗亦了却了久存心底的一个纠结;从公共意义上来说,则标志着南北在野诗坛的两位领袖的首次会晤,意味着南北诗坛从此即沟连和联结在一起,而不再是各自独立地发展。

三、《拟乐府补题》的唱和与结集

查为仁所辑《拟乐府补题》一卷,又题《蔗塘外集》,乾隆十三年(1748)写刻本。卷首有查为仁序。是书收录了厉鹗、陆培、闵华、张奕枢、陈皋、张云锦、吴廷采、楼锜、万光泰、查为仁等十人咏物唱和词作五调五题四十一首。词调和词题分别为《天香·赋薛镜》《水龙吟·赋漳兰》《摸鱼儿·赋芡》《齐天乐·赋络纬》《桂枝香·赋银鱼》。是书现藏中国国家图书馆、中国科学院国家科学图书馆总馆等。

《拟乐府补题》卷首有查为仁小序一则,李桂芹未曾见到,而引用了《北京市志稿》的转录②。殊不知《北京市志稿》所载《拟乐府补题序》已被编者进行了删改,其中也添加了一些按语。为正读者视听,今将查为仁所作小序迻录于下:

---

① (清)袁枚:《随园诗话》卷四,江苏广陵古籍刻印社,1998年,第71页。
② 李桂芹:《〈拟乐府补题〉的词学文献价值》,《南阳师范学院学报》(社会科学版)2011年第7期。

赋物词以宋人《乐府补题》为诣极,其语清隽,其旨遥深,不可一览辄尽。近浙西六家多和之。此绝唱,不当和也。樊榭、南香诸君乃即其词,别拟一题,织绡泉底,杼轴自我,锵洋乎,雅奏矣!予禅喜余,结习未忘,颇有继声之作,因并付开雕,以谂世之识曲者。

乾隆戊辰中秋澹宜居士查为仁书。①

由此序落款可知,《拟乐府补题》是在乾隆十三年中秋由查为仁结集付梓的。

李桂芹认为:"《拟乐府补题》唱和时间为乾隆十三年(1748)夏秋之际,唱和地点为天津水西庄。"②其后,张兵、王小恒也持此说③。笔者经过考察后认为:《拟乐府补题》最后结集刊印,是在天津;从写刻字体来看,是由陈皋手书上版,但是李桂芹所谓的唱和时间与地点均考证不确。今考辨如下:

其一,《拟乐府补题》中的词作唯有厉鹗、张奕枢、张云锦、陈皋的唱和词被收入了各自的词集,其他人的词或未收入词集,或未有词集。张奕枢词收录在《月在轩琴趣》④,张云锦词收录在《红兰阁词》⑤,陈皋词收录在《吾尽吾意斋乐府》⑥,厉鹗词见之于《樊榭山房

---

① (清)查为仁辑:《拟乐府补题》,乾隆十三年(1748)写刻本。
② 李桂芹:《〈拟乐府补题〉的词学文献价值》,《南阳师范学院学报》(社会科学版)2011年第7期。
③ 张兵、王小恒:《天津查氏水西庄与清代雍、乾之际文坛走向》,《西北师大学报》(社会科学版)2014年第6期。
④ 张宏生主编:《全清词·雍乾卷》第五册,南京大学出版社,2012年,第2961—2962页。
⑤ 张宏生主编:《全清词·雍乾卷》第六册,南京大学出版社,2012年,第3190—3191页。
⑥ 张宏生主编:《全清词·雍乾卷》第三册,南京大学出版社,2012年,第1382—1383页。

续集》"词甲"篇首①。《樊榭山房续集》所收诗词,是厉鹗自乾隆四年至十六年所作,按年编排。此五首词之后系有一词《清平乐·元夕悼亡姬》。姬人即朱氏,乌程人,卒于乾隆七年正月初三日②。据此可知,《清平乐·元夕悼亡姬》当作于乾隆七年正月十五日。由此又可推知,《拟乐府补题》所收的厉鹗五首词当作于乾隆四年至六年之间,而不是作于乾隆十三年;彼时,厉鹗未曾来过天津,故创作地点不在天津水西庄,而是在江浙地区。

其二,张云锦的五首词收录在其词集《红兰阁词》中,题下并注云:"和樊榭《续乐府补题》五阕"③,但不知作于何年。厉鹗《书柘湖张龙威长短句后二首》诗注云:"龙威有和予《续乐府补题》五阕,其《天香·赋薛镜》云'粉洁休磨,尘轻不染,识取夜来名字',深有感于余怀也。"④龙威,即张云锦的字。由上可知,厉鹗将其《天香·赋薛镜》等五首词曾称之为"《续乐府补题》五阕"。而《拟乐府补题》结集定名,从上引查为仁小序可知,是在乾隆十三年,故"《续乐府补题》五阕"之名,当发生在乾隆十三年之前,而不应在之后。又,厉鹗《书柘湖张龙威长短句后二首》两诗系在乾隆八年(1743)秋,据此亦可知,张云锦五首唱和词的创作时间当不晚于乾隆八年。换句话说,厉鹗、张云锦等人的《天香·赋薛镜》等唱和词是作于厉鹗来天津之前的。

其三,《拟乐府补题》所收录的十位词人之中,陆培、闵华、张奕枢、张云锦、吴廷采、楼锜等六人从未造访过水西庄;厉鹗莅临天津期间,陈皋、万光泰两人正好寄寓于津门。

---

①(清)厉鹗:《樊榭山房续集》卷九,中华书局,1936年,第195—196页。
②(清)厉鹗:《樊榭山房续集》卷二,中华书局,1936年,第119页。
③张宏生主编:《全清词·雍乾卷》第六册,南京大学出版社,2012年,第3190页。
④(清)厉鹗:《樊榭山房续集》卷三,中华书局,1936年,第134页。

综上所述可以得知，《拟乐府补题》所收录的十位词人的咏物词并非一时一地集中唱和而成。厉鹗、陆培、闵华、张奕枢、张云锦、吴廷采、楼锜等七人的唱和词当作于江浙地区，或许也非成于一时一地，犹如厉鹗的《移居四首》唱和诗一样，都是陆续创作而成的[①]。乾隆十三年，厉鹗将七人的唱和词稿均携至天津。彼时所带来的还有厉鹗为《绝妙好词》笺注的稿件[②]。在津期间，查为仁、陈皋、万光泰等人见到七人的词稿，亦随之唱和，最后由查为仁将全部唱和词稿编辑成集，予以刊行。

既然李桂芹、张兵等人所谓的唱和时间与地点均考证有误，那么在此时地背景之下所阐释的《拟乐府补题》词作本身以及词集的深刻寓意也就有失偏颇了。如张兵、王小恒以为："《乐府补题》的诞生，在清初的复出与汉族士大夫的唱和，雍乾时期《拟乐府补题》的结集，似乎在暗示着某种只可意会而不易言传的意味，在这种状况之下，《乐府补题》以至《拟乐府补题》将不再重要，它们只是一个外壳和载体，水西庄查氏将其刊刻传世，重在传递一个特定的文化信号：江山风云变幻，风物今非昔比，故国沧海桑田，剩下的和能做的只是'惊回残梦'，和同仁们一起咀嚼这个'残梦'。此时政治和文化生态的恶化以及清廷对汉族文士的戕害于此足见一斑！"[③]对有关《拟乐府补题》的这类理解很有必要进行深入的考量了。

《乐府补题》的原创，以及在清初的复出和唱和，或许具有一定

[①] 吴华峰：《厉鹗在雍乾诗坛地位管窥——以〈移居〉诗四首唱和为中心》，《中国韵文学刊》2016年第1期。
[②] （清）厉鹗：《樊榭山房文集》卷四，中华书局，1936年，第239页。
[③] 张兵、王小恒：《天津查氏水西庄与清代雍、乾之际文坛走向》，《西北师大学报》（社会科学版）2014年第6期。

的时代意义,但到乾隆时期,《拟乐府补题》的唱和与结集基本上已经没有多少政治意义可言了,剩下的唯有艺术价值。《拟乐府补题》诸词本身并没有什么比兴寄托的深意,关于这一点,李桂芹、张兵等人也早已看出①。事实上,我们认为它们只是标示了一种写作的崇尚——咏物词的创作,以及填词技艺的切磋——逞才斗艺。

上文曾言《拟乐府补题》中的词作并不是一时一地集中唱和而成,换句话说,也就是词人们并非是在同一时空环境和同一种文化心态下进行创作的。从时间上来说,清朝立国已经一百多年,统治秩序早已建立,多数士人也已从心理上认同和接受了新的统治方式,因此很难说他们还有多少真正的故国之思和亡国之恨。从家族身世来看,查为仁、厉鹗的先人并非前朝官吏或士大夫,也没有受到前朝多少恩荫,由此也难说他们心里还有多少遗民情结而眷恋前朝。另外,雍乾时期,模拟《乐府补题》同调同题而进行创作已然成为词坛的一种风气,参与的词人和产生的词数均超过顺康两朝②,这里面究竟内涵着多少心系前朝、眷怀故国的情感,也是难以说得清楚。何况,《拟乐府补题》中的词作与《乐府补题》相较,词调虽同,但词题已变。总之,笔者认为张兵等人对《拟乐府补题》的理解是一种先入为主、过度阐释式的解读。

厉鹗将陆培等七人的词稿携来天津,查为仁、陈皋、万光泰等人随之唱和,最后由查为仁将之汇编刻印,这种文化行为可以看作是南北在野诗坛联合吟唱的一种新颖独特的形式,《拟乐府补题》

---

① 张兵、王小恒:《天津查氏水西庄与清代雍、乾之际文坛走向》,《西北师大学报》(社会科学版)2014年第6期。李桂芹:《〈拟乐府补题〉初探——兼论中期浙西词派》,《河南师范大学学报》(哲学社会科学版)2011年第3期。
② 刘东海:《雍乾词坛"拟〈乐府补题〉"创作考述》,《中华文史论丛》2015年第4期。

结集刊行的最大意义则在于它是雍乾之际南北在野诗坛互动交流和会通融合的重要标志而已。

四、查氏著述中所见厉鹗佚作

在与水西庄查氏的文字交往中,厉鹗还散佚了不少诗文,现将查氏著述中所见到的《樊榭山房集》中未收录的一些篇什胪列并考述如下。

宛平查氏七烈诗

明运当阳九,洪灾逮甲申。
天崩徒有恨,巷战竟无因。
白刃凌宫阙,青丝犯帝宸。
饥寒为此祸,惨黩故非春。
劝进先台铉,淫刑遍缙绅。
痛深曹社鬼,节凛谢庭人。
铁骑喧阗始,蛾眉奋激频。
剪余之死鬘,完得不訾身。
自挂童奴散,全归骨肉亲。
辱金从出矿,碎璧肯成尘。
大地龙胡远,中闺鹤驾新。
再生关造化,引决岂逡巡。
香梵依莲净,嘉姻忆蓼辛。
愿言南史氏,直笔勿埋湮。①

---

① (清)查日乾辑:《查氏七烈编》卷三,乾隆五年(1740)宛平查氏刻本。

按:此诗叙写的是甲申国变中查氏烈女自缢殉节之事。它被收录于查日乾所辑《查氏七烈编》一书中,与杭世骏《宛平查氏七烈诗》放在一起,据此可知,两诗可能作于同一时间。又,杭世骏《宛平查氏七烈诗》被收入《道古堂诗集》卷六《赴召集》中[①],它当作于杭世骏应试博学鸿词科考期间。厉鹗亦于乾隆元年七月启程来京,廷试后,十月即南归[②]。查礼也曾应考[③],虽未中式,但却有幸结识了这批应征士子。厉鹗《宛平查氏七烈诗》当系此年应试博学鸿词科考期间受查礼之邀而作。

澹宜书屋

一室莹无尘,静者领其妙。
萧然几格间,内观有澄照。
周旋杨子云,晤言王逸少。

水琴山画堂

高堂挂烟墨,寂历如空山。
动操四山响,秋水出山间。
弦停声亦冥,此中悟无还。

古芸室

还书复借书,通人以为訾。

[①](清)杭世骏:《道古堂诗集》卷六,《续修四库全书》第1427册,上海古籍出版社,2002年,第45页。
[②]陆谦祉:《清厉樊榭先生鹗年谱》,台湾商务印书馆,1981年,第45—47页。
[③]赵尔巽等撰:《清史稿》卷三百三十二,中华书局,1977年,第10962页。

何如购连屋,芸气随翻披。
尽除昔五厄,不妨今一痴。

衣月廊

虚廊谡谡风,静夜横短榻。
衣上见月来,松影自开阖。
坐待月低河,更学乌三币。

竹间楼

津门十万家,种竹人能几。
为爱四窗秋,凭阑歌有斐。
海雨挟斜风,吹湿青鸾尾。

花影庵

是花与非花,佛言俱放舍。
惟此庵中影,更无可舍者。
相伴瘦维摩,聊结清净社。①

以上六首诗,见于查为仁所辑《澹宜书屋六咏》。乾隆七年(1742)冬,查为仁在澹宜书屋周边拓建了水琴山画堂、古芸室、衣月廊、竹间楼、花影庵,仍总称之为澹宜书屋,作为"投老偃息"之所,并为六处建筑,各赋诗一首。其后,众多宾朋各赓和诗词六首。厉鹗亦在其中。此书刊刻于乾隆十二年(1747),由此可知,厉鹗这

---

①(清)查为仁辑:《澹宜书屋六咏》,乾隆十二年(1747)写刻本。

六首唱和诗当作于乾隆七年至十二年之间。

《绝妙好词》跋

张玉田《乐府指迷》云:"近代如《阳春白雪集》《绝妙词选》亦有可观,但所取不甚精一,岂若草窗所选《绝妙好词》为精粹,惜之此板不存,墨本亦有好事者藏之。"据此,则是书在元时已为难得,有明三百年乐府家未曾见其只字,徒奉沈氏《草堂选》为金科玉律,无怪乎雅道之不振也。幸虞山钱遵王氏收藏抄本,禾中柯孝廉南陔、钱塘高詹事江邨校刊以传,是书乃流布民间矣。近时购之颇艰,余最有倚声之癖,吴丈志上掇残帙以赠,仅得二卷,又借于符君幼鲁,属门人录成,乃为完好,聊志岁月于简端。

时康熙六十一年十二月九日钱塘厉鹗题于无尽意斋。①

第四节 水西庄查氏著述中所见杭世骏佚序二篇

杭世骏(1696—1772)②,字大宗,号堇浦,浙江仁和(今杭州)人,清代著名学者、文学家。杭世骏与水西庄查氏家族交谊深厚,

---

①(清)查为仁、厉鹗笺:《绝妙好词笺》,河北大学出版社,2006年,第240页。
②关于杭世骏的生卒年,徐丰梅辩证各说之后,认定杭氏生于康熙三十五年(1696),卒于乾隆三十七年(1772)。(徐丰梅《杭世骏生卒年确考》,《商丘职业技术学院学报》2003年第5期)这个观点是正确的。今徐旭晟在梳理各家说法之后,仍依郑天挺之说,认为杭氏卒于1773年。(徐旭晟《杭世骏学术研究》,华东师范大学2009年硕士学位论文)然而,查礼作于乾隆壬辰年(1772)之诗《哭杭大宗编修》则可补证徐丰梅观点之确。杭世骏未卒,查礼不可能先作悼亡之诗。(查礼:《铜鼓书堂遗稿》卷十七,《续修四库全书》第1431册,上海古籍出版社,2002年,第131页)

往来南北,曾经多次取道天津,乾隆初年即已结识水西庄主人,并与查氏有婚姻之好,查为仁之六女查蔚起嫁与杭世骏次子杭守宸为妻①。

杭世骏与查氏父子多有诗文唱和赠答,亦曾为查为仁《莲坡诗话》《游盘日纪》作序②,又为查日乾、查为仁父子分别撰写墓志铭③。这些诗文大多已收入《道古堂全集》。《道古堂全集》七十六卷是目前最为完整的杭世骏诗文集,涵括《文集》四十八卷、《诗集》二十六卷、《集外文》一卷、《集外诗》一卷④。

笔者今翻阅水西庄查氏家族的著述,发现杭世骏曾为查氏所撰写的两篇序文,《道古堂全集》却未收录。而这两篇序文,对于研究杭世骏的友朋交游和文学思想,具有重要的史学价值和文学意义。现将其迻录并分别论述如下,以飨读者。

查礼《铜鼓书堂遗稿》中保存了杭世骏一篇散佚的书序:

《铜鼓书堂遗稿》序

查君俭堂涖蜀之三年,尽裒其己丑以前之作,走使征序。余戢影蘧庐,发书而读,如见俭堂万里之外。头白知交,惟两人

---

① (清)杭世骏:《慕园府君墓志》,查禄百、查禄昌等纂:《宛平查氏支谱》卷三,1941年铅印本。
② (清)杭世骏:《道古堂文集》卷七、卷十三,《续修四库全书》第1426册,上海古籍出版社,2002年,第267、329—330页。(清)查为仁:《莲坡诗话》卷首,(清)查为仁:《游盘日纪》卷首,(清)查为仁:《蔗塘未定稿》,乾隆八年(1743)写刻本。
③ (清)杭世骏:《道古堂文集》卷四十三,《续修四库全书》第1426册,上海古籍出版社,2002年,第617—618页。中国文物研究所、北京石刻艺术博物馆编:《新中国出土墓志·北京》[壹],文物出版社,2003年,第359页。
④ (清)杭世骏:《道古堂全集》,《续修四库全书》第1426、1427册,上海古籍出版社,2002年。

在。俭堂之诗,舍余,孰为元晏哉?俭堂难兄曰莲坡先生,耽嗜风雅,狎主齐盟,海内词人靡不向风景慕。同时广陵马氏,遥遥相望。余南北往来,两家园林,必留信宿,亲致师,摩垒其间。而莲坡遂继以昏姻之好,故余弟畜俭堂,亦不余嗔也。今上龙飞,廷试鸿博之士,得十五人,余皆报罢。然辇毂人才,于斯为盛。其时水西山庄之宾客,亦视前后为最盛。刻烛分题,藏阄斗酒,莲坡应接无倦容。而俭堂年甫弱冠,肩随秦晋,才情腾踔,出示一篇,则已惊其夙素。犹忆史馆下直,苦吟无俚,馈问来自尺五城南。安成之食,潘园之果,堆案盈几,喜动家人。而俭堂蚕尾细书,缄诗投赠,意殷挚如其兄。自丙辰至癸亥,首尾八年。一旦余以言事罢斥,忍痛别去,常恐前死,无相见之期。乃隔廿余年,余犹幸存,不见莲坡,而两见俭堂焉。俭堂以戊辰岁官农部郎,寻外擢,单车赴岭表,取道与余相见于西湖。会余膺羔雁之聘,主讲粤秀书院。俭堂自庆远来,则又相见于五羊城,盖在壬申夏五。时莲坡下世未久,见俭堂,且痛莲坡也。莲坡与余谈艺最洽。俭堂之诗,杼轴性灵,原本忠孝,犹莲坡之教也。今披其全集,少作已自可传,而传俭堂者,尤在服官以后之作。重葺黄文节公祠,探湘漓二水发源处,浚灵渠,修秦郡监史禄遗迹,美政藉藉人口。杜拾遗一代诗史,未历方州;元道州咨嗟民瘼,治具无所恢张。俭堂身际清时,有猷有为,不肯以虚声窃盗。一编治谱,见于盈寸之诗。前贤对之,有余愧矣。而乃仕优则学,自视欿然,归装载石,清风动林。余不见俭堂,而见俭堂之诗,匪惟竞爽莲坡,诗之有用于世,此其明效大验矣。俭堂具方圆可施之才,今观察川北,以六条计吏,行且骎骎大用矣。有方召之臣,必有方召之诗,如《江汉》《常武》者,岂以一官一邑之治,为足衡量吾俭堂也耶？姑就其所已编者，而论之如此。蜀道远在天上，继见无日，余发种种，犹思挥鲁阳之戈，延景桑榆，序俭堂他日未见之诗也。

乾隆庚寅，日在西陆，仁和姻弟杭世骏拜手。①

从这篇序文中，我们可以获知如下重要信息：

其一，此序作于乾隆三十五年(1770)秋，本非为《铜鼓书堂遗稿》所作之序。《铜鼓书堂遗稿》是查淳于乾隆五十三年(1788)整理其父查礼遗作而成，彼时杭世骏去世已经16年了。此序文，实乃杭世骏为查礼乾隆三十四年(1769)以前之作，应邀所撰，其后被查淳置于《铜鼓书堂遗稿》卷首。

其二，自乾隆八年(1743)以言事获罪被罢归，杭世骏与水西庄主人分别之后，与查礼曾经有过两度会面：一在杭州，一在广州。杭州相见，时在乾隆十四年(1749)六月。彼时查礼赴任广西庆远郡丞，自天津出发，取道杭州，在西湖与杭世骏相会。杭世骏与金志章(字绘卣)、吴廷华(字中林)、梁启心(字首存)、陈兆仑(字星斋)、汪沆(字西颢)、吴城(字敦复)、赵一清(字诚夫)、施安(字竹田)等人在湖心亭为查礼饯行②。而广州相见，则在乾隆十七年(1752)夏。查礼自广西庆远来广州，其时杭世骏主讲粤秀书院。武羲民邀集查礼、杭世骏、全祖望、胡惠嘉等人同游梅氏园林，诸人并分韵赋诗③。

---

① (清)查礼：《铜鼓书堂遗稿》卷首，《续修四库全书》第1431册，上海古籍出版社，2002年，第1—2页。

② (清)查礼：《铜鼓书堂遗稿》卷九，《续修四库全书》第1431册，上海古籍出版社，2002年，第67页。

③ (清)查礼：《铜鼓书堂遗稿》卷十，《续修四库全书》第1431册，上海古籍出版社，2002年，第78页。

其三，查礼为官清正廉能，诗艺才情卓越，文学创作丰富。然而，杭世骏认为，查礼服官之后的诗文，较之前期的作品，其史学价值和文学意义更大，可以流传久远。因为这些诗文载录了查礼的文治武功、政绩教化。杭世骏的这个文学观点，体现出了他所主张的诗歌"有用于世"的文学思想，与他"经术经世务"①的治学精神和崇实风尚是一致的，亦符合当时正在兴起的"经世致用"的学术思潮。

其四，杭世骏非常推崇查为仁的品行和诗艺，两人相交甚深。乾隆初期，查为仁主盟水西庄时，招同文人雅集酬唱。特别是，应考乾隆元年博学鸿词科的士子，中式与未中式者，或与查氏诗文往来赠答，或曾过访水西庄吟咏。彼时，水西庄文事活动达至鼎盛，与扬州马曰琯的"小玲珑山馆"，南北遥相呼应，在士林中影响极大。查为仁和马曰琯去世之后，杭世骏不禁发出浩叹："查莲坡殁而北无坛坫，马嶰谷殁而南息风骚！"②杭氏为诡谲时世中的士林失去了两位重要的庇护者而深感锥心之痛！

水西庄查氏家谱《宛平查氏支谱》中亦收录了杭世骏一篇寿序：

马太君七十寿序

原夫太霄寥廓，披菡苕而分天；三素崔巍，擘琉璃而作地。城郭以黄金为堑，青禽吹众妙之声；楼台则华薨从风，彩凤集交枝之树。则有西岭神姿，婉罗娇女，结红旌而独迈，戴桂芘以闲游。暂违元水之车，即入扶风之宅。恭惟查老伯母马太夫人，

---

① （清）全祖望：《鲒埼亭诗集》卷二，（清）全祖望：《全祖望集汇校集注》，上海古籍出版社，2000年，第2062页。
② （清）杭世骏：《吾尽吾意斋诗序》，《续修四库全书》第1426册，上海古籍出版社，2002年，第308页。

灿玉相以临春，秉金仪而耀德。弟兄赫奕，声名无羡于五龙；家世联翩，门阀昔推夫三戟。夫其姱贞有典，瑰逸多仪。抱珪璧以逾明，怀芬芬而自永。斯固泽言徽行，彤标彤史之篇；说礼敦诗，不俟大家之训者也。惟我慕翁先生，铜池贵客，朱馆英人。磊砢多姿，骈轩直上。南阳樊重，云连十里高楼；京兆田郎，人拟一泓秋水。闻贤闺之择对，托良璧以为期。舒轮动而灵桂遥来，交扇披而媻华且至。若乃入中厨而溉釜，三朝传乐府之词；奉美实而承筐，百行备礼宗之誉。缕称长命，则五日犹余；袜献佳辰，则八丝初制。柏叶映绣纹共绿，椒花将颂字俱香。讵惟橘瑞庭中，更叹江流室内？且以春窗鹤下，夜烛鸾回。倚素瑟于朱琴，对玄眉于青案。晋大夫之故事，遂等严宾；鲍司隶之中闺，惟资良友。虽复袁耽才妹，闻窈窕于佳誉；钟氏名媛，备柔芳于婉娩。徐淑之镜奁掞藻，鲍晖之茗椀称工。徒有纪乎前编，宁足肩其规矩？况夫室成顿赉，绮纨穷西蜀之豪；地拟都封，犀具溢南州之会。李元江交床顾盼，岂惟驮襄千群？石季伦如意纵横，讵数珊瑚七尺？敕兰枝而左顾，履箱全缀夫明珠；坐桂室而平开，衣壁尽薰其苏合。而乃未形骄贵，独表温恭。崔山南家法森然，郑荥阳典型俨若。至其恩能下逮，恒嗤周姥之论诗；见亦犹怜，每笑平陵之织锦。桃李以春风共节，既相对于无言；丝簧则暖律成调，竟何心于别响。待瑶芽之茁箭，喜中妇之将雏。最珍一树空青，尤爱三声鹭鸶。譬彼矶头慈竹，笋根依雉子之斑；岩际长松，肪液润茯苓之抱。及此学成珪琢，都闻柳母之丸熊；与其行备组修，早识曾妻之缚豕。是以琳琅突兀，并高济北之颜渊；瑰绮纷飞，且胜关中之辛氏。名士则徐陵架笔，应留翡翠之床；循吏则羊续悬鱼，已著鼎铭之器。方使八州迢递，皆推内则于无双;固将千祐频仍,永锡懿徽以纯嘏。时过啖李,节傍观莲。月穆金波,星临绮夕。洞房罗幕,参差乌雀西飞;别馆琼筵,仿佛斑虬晓驻。检神方而驻景,玉京颁十赉之文;削芝检以封泥,紫禁下五花之诰。册荣临贺,板舆将压。锦辖俱春绶始兴,锡袂与金敦共灿。陶士行登堂之顷,宾从如云;李景让问膳而前,衣冠耀日。并以杯承桃核,酌天酒于凝甘;歌献芝房,咏云华于吐秀。世骏早从江左,便倾公子之英词;薄旅燕南,曾识仙人之紫气。隔座之烛花,缭绕舞俊鹄于西风;当轩之剑影,盘旋贯双龙于北斗。门通孔李,爱知杂佩多仪;握手羊何,益诵笄珈有炜。从巨卿而再拜,请开五岳之图;偕曼倩以前陈,愿讨十州之记。

乾隆二年,岁次丁巳,秋七月上浣穀旦,董浦杭世骏拜撰。[1]

马太君,即查日乾之妻马氏。马氏,浙江山阴(今绍兴)人,诰赠淑人,晋赠夫人,生于康熙戊申年(1668)七月初五日,卒于乾隆癸亥年(1743)十二月十四日[2]。乾隆二年(1737)时逢马氏七十大寿,朝廷要员如金德瑛(字汝白,仁和人)、梁诗正(号芗林,钱塘人)、任兰枝(字香谷,溧阳人)、陈大受(号可斋,祁阳人)、符曾(号药林,钱塘人)、杨汝榖(号石湖,怀宁人)、汪由敦(号谨堂,钱塘人)、赵大鲸(号跃斋,仁和人)等人分别作诗贺寿[3]。杭世骏时任翰林院编修,亦应邀为之作寿序。此序文作于乾隆二年七月,内容颇多溢美谀颂之词,但充分展示了杭氏高超的文学才艺和渊博的书卷学识。序文以

---

[1] 查禄百、查禄昌等纂:《宛平查氏支谱》卷五,1941年铅印本。
[2] 查禄百、查禄昌等纂:《宛平查氏支谱》卷一,1941年铅印本。
[3] 查禄百、查禄昌等纂:《宛平查氏支谱》卷八,1941年铅印本。

骈俪形式书写,两两偶对,句句用典,音韵和谐,文辞优美。杭世骏经史淹洽,才情卓异,骈文创作技法娴熟于心,各种意象、典故信手拈来,铺陈排比,一气成篇,意脉贯通,文采斐然。杭世骏的骈文作品,相对而言,虽然为数不多,但此篇读来,文气流宕起伏,韵律疾缓有致,堪称形态齐整、文质兼擅的骈体佳作。

第五章 水西庄及查氏家族
文事活动编年

为将水西庄及查氏家族的文事活动历时与共时地呈现出来,特制作此编年。现说明如下:

1. 文事活动的时间下限主要截至乾隆十四年(1749);

2. 人物在此编年中首次出现时,即标明其姓名、字号、籍贯,其后仅示姓名;

3. 事件不能甄别月份者,均系在该年之末。

万历十八年庚寅(1590)

是年,查日乾之高祖查秀(字聿秀)自江西临川县迁居顺天宛平县。(徐士銮《敬乡笔述》卷八《于斯堂查氏考》)

万历三十七年己酉(1609)

是年,查日乾之曾祖查忠(字永忠,号敬园)举顺天乡试副榜。

(《宛平查氏支谱》卷一《世表》、卷三《永忠府君王太君墓志》)

崇祯十七年甲申(1644)

三月,李自成义军进攻北京城。十七日夜,查氏一门九位女眷为免遭凌辱,同时自缢以殉。九人分别为:查日乾的祖父查国英之妻周氏、周氏之女二姑;叔祖父查国才之妻张氏、张氏之女三姑和四姑、妾廉氏、以及廉氏之母廉媪;祖姑母四姑、及其女黄氏三姑。《大清一统志》载《七烈本传》。名流士子纷纷撰写诗文悼念和表彰,其后,查日乾和查礼将这些诗文分别编集为《查氏七烈编》《查氏一门烈女编》。(《宛平查氏支谱》卷二)

顺治九年壬辰(1652)

四月初五日,查日乾之叔祖父查国才(字明寰,1603—1658)五十寿辰。李际期(字应五,孟津人)、查继佐(字伊璜,海宁人)作诗祝寿。(《宛平查氏支谱》卷一、卷八)

顺治十五年戊戌(1658)

九月初二日,查国才卒,葬于京师西直门外卫伍村。张京(号绿雪,泽州人)、黄茂棠(字荫轩,任丘人)、刘国辅(字召之,大兴人)、鲁日广(字鸿斋,山阴人)、释超永(字霁仑,嘉兴人)等人作挽诗悼念。(《宛平查氏支谱》卷一、卷八)

康熙五年丙午(1666)

是年,查日乾之父查如鉴(字允哲,1623—1669)任江都县典史。(《(雍正)江都县志》卷二)

康熙六年丁未(1667)

六月初八日,查日乾(字天行,号惕人,又号慕园,1667—1741)出生。(《宛平查氏支谱》卷一)

康熙八年己酉(1669)

十月二十日,查如鉴卒,葬于京师西直门外卫伍村。恽寿平(号南田,毗陵人)、刘元慧(字子睿,号西涧,正定人)、陆向宸(字远山,贵阳人)、吴兰(字芝仙,番禺人)等人作挽诗悼念。(《宛平查氏支谱》卷一、卷八)

十二月十三日,查士标(字二瞻,号梅壑散人,休宁人)为查如鉴撰《祭允哲府君文》。(《宛平查氏支谱》卷四)

康熙二十二年癸亥(1683)

是年,十七岁,查日乾娶妻马氏(山阴人,1668—1743)。(《宛平查氏支谱》卷二《马太君传略》、卷四《祭汉璋马公文》)

是年,查日乾奉母始来天津自谋生计。(《宛平查氏支谱》卷二《允哲府君方太君刘太君合传》《马太君传略》,卷五《慕园府君六十寿序》)

康熙二十三年甲子(1684)

是年,陈世倌(字秉之,海宁人)在闾丘谒见查日乾。(《宛平查氏支谱》卷五陈世倌《慕园府君七十寿序》)

康熙三十二年癸酉(1693)

是年,查日乾之二姐夫马章玉(字汉璋,山阴人)卒。(《宛平查

氏支谱》卷四《祭汉璋马公文》)

康熙三十三年甲戌(1694)

十一月初七日,查为仁(字心毂,号蔗塘,又号莲坡,1694—1749)出生。(《宛平查氏支谱》卷一)

冬,释明志(字韫古,即山人)与查日乾相与订交。(《宛平查氏支谱》卷八《雪中喜晤惕人》)

康熙三十五年丙子(1696)

二月十七日,查日乾之叔父查如镜(字允著,1625—1696)卒。(《宛平查氏支谱》卷一)

五月十八日,查如镜与路氏(宛平人)合葬于宛平县榆垡,其子查度(字德在,1669—1721)为之撰写《允著府君路太君墓志》。(《宛平查氏支谱》卷三)

秋日,葛继孔(字绳武,山阴人)为查日乾生母刘氏(宛平人,1627—1713)七十岁小照题诗。(《宛平查氏支谱》卷八、《水西余韵》第40页)

秋日,查嗣琜(字德尹,号查浦,海宁人)来游天津,为查日乾生母刘氏七十岁小照题诗。(《宛平查氏支谱》卷八、《水西余韵》第40页)

十月初三日,查日乾生母刘氏七十寿辰。吴暻(字元朗,太仓人)、姜宸英(字西溟,号湛园,慈溪人)、朱书(字字绿,宿松人)、陈元龙(号乾斋,海宁人)、吴雯(字天章,号莲洋,蒲州人)、陈齐永(字人年,海宁人)等人作诗贺寿。(《宛平查氏支谱》卷一、卷八)

十月,查嗣韩(字荆州,海宁人)为查日乾生母刘氏撰《刘太君

七十寿序》。(《宛平查氏支谱》卷五)

是年,查祥(字星南,海宁人)与查日乾相见于京师。(《宛平查氏支谱》卷八《岁丙子与慕园叔相见京师,时叔年三十,余年二十……》)

康熙三十六年丁丑(1697)

十月,查嗣韩为查日乾作《容斋跋》。(《宛平查氏支谱》卷七)

康熙三十七年戊寅(1698)

二月望日(十五日),姜宸英为查氏撰《七烈传》。(《宛平查氏支谱》卷二)

是年,赵执信(字伸符,号秋谷,益都人)来游天津。(《津门诗钞》卷七)

是年,查嗣瑮寓居城内查氏于斯堂,前后几及两载,与赵执信、姜宸英、昝茹芝(字元彦,怀宁人)、朱书、刘岩(字大山,江浦人)等人诗酒唱和。(《莲坡诗话》卷上)

十月之朔(初一日),临别,查嗣瑮为查日乾作诗《赠别天行弟》。(《宛平查氏支谱》卷八)

康熙三十八年己卯(1699)

是年,吴雯来游天津。(《津门诗钞》卷七)

康熙三十九年庚辰(1700)

七月初二日,查为义(字履方,号集堂,又号砥斋,1700—1763)出生。(《宛平查氏支谱》卷一)

秋日,查昇(字仲韦,号声山,海宁人)为查日乾生母刘氏七十岁时小照题诗。(《宛平查氏支谱》卷八、《水西余韵》第40页)

康熙四十三年甲申(1704)

是年,陈元龙乞假南归,取道天津,与查日乾晤面。(《宛平查氏支谱》卷五《慕园府君七十寿序》,《(乾隆)天津县志》卷七《水西庄记》)

康熙四十四年乙酉(1705)

是年,查日乾因借帑一案,维系下狱,羁留上谷。(《宛平查氏支谱》卷首查日乾《序》、卷二《允哲府君方太君刘太君合传》、卷七《慕萱图跋》)

康熙四十五年丙戌(1706)

十月初三日,金大中(字驭东,号名山,查为仁岳父)为查日乾生母刘氏七十岁时旧照题跋。(《宛平查氏支谱》卷七、《水西余韵》第40页)

十月,金大中又撰《刘太君八十寿序》。(《宛平查氏支谱》卷五)

康熙四十六年丁亥(1707)

是年,查为仁游历上谷,探望狱中的查日乾。(《莲坡诗话》卷中、《竹村花坞集·重游上谷杂诗》)

是年,高云和尚(名元弘,避讳改为元宏,字石庭、石亭,号杜鹃和尚,又号红豆老人,俗姓姚,会稽人)挂瓢天津海光寺。(《津门诗钞》卷三十)

康熙四十七年戊子(1708)

孟冬,石清(上谷人)为查日乾生母刘氏七十岁时旧照题词《应天长》一首。(《水西余韵》第40页)

康熙四十八年己丑(1709)

夏,查日乾生母刘氏冒暑至热河,三叩九重,奏请释儿养老。(《宛平查氏支谱》卷二《允哲府君方太君刘太君合传》)

九月,查日乾追银已完,生母年老,侍养无人,从宽免罪。(《宛平查氏支谱》卷二《允哲府君方太君刘太君合传》)

冬,查日乾得释出狱。(《宛平查氏支谱》卷七《刘太君补庆集后志》)

亚岁下浣七日(十一月二十七日),释明志作诗《雪中喜晤惕人》。(《宛平查氏支谱》卷八)

康熙四十九年庚寅(1710)

是年,查为仁补弟子员。(《宛平查氏支谱》卷二《莲坡府君小传》)

十月初三日,查日乾为生母刘氏补办八十寿诞庆典。许汝霖(字时庵,海宁人)、诸起新(字卓山,余姚人)、苏滋恢(字茂宏,余姚人)、张坦(字逸峰,号眉洲散人,抚宁人)、陈仪(字子翔,文安人)、王揆(字祗如,山阴人)、李录予(字山公,大兴人)、王云锦(字海文,无锡人)、蒋陈锡(字文孙,常熟人)、戎澄(字心源,江西人)、汤右曾(字西厓,仁和人)、杜于藩(字硕夫,号果斋,江都人)、查嗣珣(字东亭,海宁人)、查慎行(字夏重,号初白,海宁人)、查谨(字

信安,海宁人)、查克建(字求雯,海宁人)等人作诗贺寿。(《宛平查氏支谱》卷八)

是年,查日乾作《刘太君补庆集后志》。(《宛平查氏支谱》卷七)

康熙五十年辛卯(1711)

八月,查为仁举顺天乡试第一。(杭世骏《查莲坡墓志铭》,《宛平查氏支谱》卷二《莲坡府君小传》)

九月二十日,顺天府尹屠沂、内场监试阿尔赛等上奏:查为仁乡试卷面大兴与名册宛平籍贯不符,乞请康熙帝敕部查究实情。(《圣祖实录》卷二四七)

九月,科场舞弊事发,查日乾、查为仁父子远避浙江。(高凌雯《志余随笔》卷三)

十月,查为仁读书(逃匿)于钱塘之西溪。(查为仁《竹村花坞集序》)

康熙五十一年壬辰(1712)

是年,查为仁因乡试科场舞弊案被逮西曹,时年十九岁。(查为仁《花影庵集序》)

是年,查日乾亦以科场事发被逮,淹留北寺。(《宛平查氏支谱》卷首查日乾《序》、卷七《慕萱图跋》)

康熙五十二年癸巳(1713)

二月二十五日,刑部等衙门会同审议,判决查日乾斩监候,查为仁绞监候。(《圣祖实录》卷二五三)

五月十一日,查日乾生母刘氏卒,葬于宛平县榆垡。(《宛平查

氏支谱》卷一)

五月,查日乾作《刘太君遗照志》。(《宛平查氏支谱》卷七、《水西余韵》第40页)

五月,金以成(字素岑,山阴人)、谈汝龙(字敬业,号半村,又号白云,长洲人)、沈元沧(字麟洲,号东隅,仁和人)、陈仪、查嗣瑮、查祥等人为查日乾生母刘氏遗照题写诗文。(《宛平查氏支谱》卷八)

五月,陈仪为查日乾生母刘氏撰《祭刘太君文》。(《宛平查氏支谱》卷四)

长至日(十一月初五日),查为仁与朝琦(字勿斋,号离相,长白人)、方云旅(号复斋,桐城人)、方登峄(号屏坵,桐城人)、方庄(字星岩,桐城人)、徐天稽(字南皋,秀水人)等人雅集吟咏水仙。(《旧雨兼新雨》初集)

十一月十一日,谈汝龙为查日乾生母刘氏撰《祭刘太君文》。(《宛平查氏支谱》卷四)

穷冬,查为仁与方云旅、谈汝龙等人望雪,诗歌唱和。(《旧雨兼新雨》初集)

是年,查日乾作《慕萱图》。王揆、查云标(字学庵,海宁人)、查祥等人为《慕萱图》题诗。(《宛平查氏支谱》卷七、卷八)

康熙五十三年甲午(1714)

上元前三日(正月十二日),查为仁与朝琦、方云旅等人诗歌唱和。(《旧雨兼新雨》初集、《花影庵集·上元前三日次离相主人韵》)

上元夜(正月十五日夜),查为仁、方登峄等人雅集离相斋,与朝琦诗歌酬唱。(《旧雨兼新雨》初集、《花影庵集·上元夜集离相斋限韵》)

春,查日乾、查为仁在西曹新葺板屋昨非斋,方云旅与查为仁诗歌唱和。(《旧雨兼新雨》初集、《花影庵集·次方复斋题予新葺板屋原韵》)

暮春,朝琦午睡后赋诗一首,谈汝龙与查为仁和之。(《旧雨兼新雨》初集、《花影庵集·次离相主人暮春午睡后偶成韵》)

重阳前一日(九月初八日),查为仁与朝琦、徐天稽等人赏菊赋诗唱和。(《旧雨兼新雨》初集、《花影庵集·重阳前一日看菊》)

重阳后一日(九月初十日),徐天稽、查为仁诗歌唱酬。(《旧雨兼新雨》初集、《花影庵集·重阳后一日叠前韵》)

冬,晨起赏雪,查为仁与朝琦、吴国璋(字二如,岭南人)、方世橒(字星船,桐城人)、李湘(字青崖,山阴人)、谈汝龙、查为义等人诗歌酬唱。(《旧雨兼新雨》初集)

乙未立春前十日(十二月二十日),查为仁与朝琦、徐天稽等人雪窗夜话,诗歌唱和。(《旧雨兼新雨》二集)

除夕(十二月二十九日),查为仁与朝琦、谈汝龙等人诗歌酬唱。(《旧雨兼新雨》二集)

康熙五十四年乙未(1715)

春日,查为仁与朝琦、谈汝龙等人诗歌唱和。(《旧雨兼新雨》二集、《花影庵集·春日即事》)

春,查为仁作诗寄赠释明潜(字昭然,黄冈人)。(《花影庵集·寄盘山昭然上人》)

春,查为仁与朝琦、谈汝龙等人吟咏老梅。(《旧雨兼新雨》二集、《花影庵集·老梅》)

春,查为仁与朝琦、吴陈琰(字宝厓,钱塘人)、谈汝龙、顾尔才

(号蟬翁,仁和人)等人诗歌唱和,同赋《游清词》。(《旧雨兼新雨》二集、《花影庵集·游清词》)

六月二十七日,查礼(字恂叔,又字鲁存,号俭堂,又号铁桥,1715—1782)出生。(《宛平查氏支谱》卷一)

七月望日(十五日),高云在会稽作诗《寄惕人先生》。(《宛平查氏支谱》卷八)

秋,查为仁与谈汝龙在离相斋分韵赋诗。(《花影庵集·离相斋与谈半村分赋》)

秋日,查为仁与方登峰诗歌唱和。(《花影庵集·和方屏坨先生秋日杂咏韵》)

丁亥月丙子日(十月十四日),查忠及王氏(宛平人)、查国英(字振寰)及周氏(宛平人)、查如鉴及方氏(宛平人)原葬京师西直门外卫伍村,查日乾之妻马氏主持迁葬于宛平县榆垡。(《宛平查氏支谱》卷一、卷二《马太君传略》、卷三《永忠府君王太君墓志》)

十月十四日,查日乾撰《永忠府君王太君墓志》《振寰府君周太君墓志》《允哲府君方太君刘太君墓志》。(《宛平查氏支谱》卷三)

康熙五十五年丙申(1716)

春末,查为仁与贺典文诗歌酬唱。(《花影庵集·和贺典文送春韵》)

六月初八日,查日乾五十寿辰,谈汝龙作诗祝寿。(《宛平查氏支谱》卷一、卷八)

秋日,钟文鼎(字调元,山阴人)过访查为仁,阻雨夜话,诗歌唱和。(《花影庵集·次答钟调元秋日见访阻雨夜话韵》)

九月初九日,查为仁作诗《赏菊》二首。谈汝龙、陶良玉(字良有,会稽人)、吴陈琰、周彝(字策铭,华亭人)、陈仪、张昵(字方晓,成都人)、刘士达(字直夫,奉天人)、沈元沧、程可式(字廷仪,号松村,香河人)、钟文鼎、王时鸿(字云冈,华亭人)、任三才(字元初,江都人)、李芳(字再伯,奉天人)、胡捷(字象三,山阴人)、李源(又名元、援,字仁山,号远川,又号沧屿,山阴人)、释明潜、释明耕(字心耕,番禺人)、董白(字守素,青城道士)、赵琼英(邗上人)等人和之。其后,刘文煊(字紫仙,号雪柯、雪珂、雪舸,又号秋野、雪翁,山阴人)、查奕楠(字贡木,号松晴,海宁人)、汪沆(字西颢,又字师李,号槐塘、槐堂,钱塘人)、高蔼(字五云,号宗山,又号南村、岱原,新城人)、胡睿烈(字文锡,又字佩康,号炅斋,又号霞峰,山阴人)、余懋樌(字荆帆,号枫溪,诸暨人)等人追和。(《赏菊倡和诗》)

秋,妹婿李源将赴汴城,查为仁作诗送之。(《花影庵集·李仁山将之汴城,率寄一绝》)

仲冬,李源有事至中州,作《祥符梦说》。(《花影庵杂记·祥符梦说》)

康熙五十六年丁酉(1717)

秋,李源自河南归。(《花影庵杂记·花影庵记》)

秋日,查为仁与吴陈琰诗歌酬唱。(《花影庵集·秋日杂咏同吴宝厓作》)

九月初二日,王企靖(字苾远,雄县人)言昨夜梦中诗,查为仁不解其意。(《莲坡诗话》卷上)

秋冬之际,查为仁作《昨非斋草》(又题《怅然吟》)。(查为仁《昨非斋草》)

冬日,查为仁与沈元沧诗歌唱和。(《花影庵集·和沈东隅冬日

感怀韵十首》）

是年，高云北来京城。（《莲坡诗话》卷上）

康熙五十七年戊戌（1718）

是年，高云过访西曹，与查为仁相识，诗书往来赠答。（《花影庵杂记》）

二月吉旦，刘荫枢（字相斗，韩城人）撰《允哲府君方太君刘太君合传》。（《宛平查氏支谱》卷二）

花朝前二日（二月十三日），查为仁在昨非斋为《无题诗》作序。（查为仁《蔗塘诗集·无题诗》卷首）

花朝日（二月十五日），孔豸（字正言，诸暨人）为查为仁《昨非斋草》作序。（查为仁《昨非斋草》卷首）

二月，谈汝龙、沈元沧分别为查为仁《昨非斋草》作序跋。（查为仁《昨非斋草》）

暮春，释明潜为查为仁《无题诗》作序。（查为仁《蔗塘诗集·无题诗》卷首）

秋，查日乾出狱返家。（《花影庵杂记·致高云老人书》）

秋日，查为仁与高云、沈元沧、谈汝龙、钟文鼎等人集会昨非斋限韵赋诗，送钟文鼎赴中州。（《花影庵集·秋日，杜鹃老人、沈东隅、谈半村、钟调元集昨非斋，再送调元二首》）

深秋，高云第五次过访西曹，与查为仁诗歌唱和。（《花影庵杂记·和老人五过西庙原韵，广为八首》）

冬月，高云赐给查为仁法名道号，名"成甦"，字"莲坡"，并更其斋名"昨非斋"为"花影庵"。（《花影庵杂记·花影庵记》）

冬月，谈汝龙为查为仁作《花影庵记》。（《花影庵杂记》）

冬,查为仁遇赦,然未去狱。(《花影庵集·岁暮写怀,和王柳东作》自注)

冬,查日乾修辑《宛平查氏支谱》。(《宛平查氏支谱》卷首查为仁《序》、卷八查彬《跋》)

长至前三日(十月二十八日),查日乾在榆垞致严楼作《宛平查氏支谱序》。(《宛平查氏支谱》卷首)

十一月初四日,查为仁给高云作《述梦致老人书》。(《花影庵杂记》)

十一月十三日,高云南返会稽未果。仲冬望日(十一月十五日),查为仁给高云回信《复老人书》。(《花影庵杂记》)

十一月望后二日(十一月十七日),刘文煊为查为仁作《花影庵叙》。(《花影庵杂记》)

十二月初十日,高云致信查为仁。(《花影庵杂记·老人来札》)

嘉平月(十二月),查日乾在榆垞蓼莪书屋作《世表》。(《宛平查氏支谱》卷一)

除夕前三日(十二月二十七日),高云、谈汝龙、沈元沧、刘文煊、李佳士(字环冈,江都人)、来景淳(字念山,萧山人)、鲍凤翔(字集轩、山阴人)、查为义等人集会花影庵,与查为仁对雪小酌,分韵赋诗。(《花影庵集·除夕前三日,杜鹃老人偕谈半村、沈东隅、刘雪珂、李环冈、来念山、鲍集轩诸君过花影庵,舍弟履方亦至,对雪小酌,各赋二首》)

是年,查日乾于生母刘氏墓侧筑庐舍,名慕园,为母居丧三年。园内有致严楼、有怀堂、一亭等建筑。(《宛平查氏支谱》卷六《慕园记》)

是年,高云为查日乾作《一亭跋》。(《宛平查氏支谱》卷七)

是年,高云为查日乾《慕萱图》题跋。(《宛平查氏支谱》卷七)

康熙五十八年己亥(1719)

人日(正月初七日),查为仁与高云、谈汝龙等人集会花影庵,分韵赋诗。(《花影庵杂记·人日花影庵小集分韵》)

正月十七日,高云离开花影庵,返回京城。(《花影庵杂记·老人复札》)

正月二十四日,高云致札查为仁。春分日(二月初一日),查为仁复札。(《花影庵杂记·致老人札》)

春分日(二月初一日),高云复信,并次韵查为仁《满庭芳·寄怀高云老人,并雪珂社长》。(《花影庵杂记·老人复札》)

二月初七日,查为仁回信。高云复札,拟订十六日与万柳堂主人南行;数日内,必与刘文煊走晤查为仁、谈汝龙。(《花影庵杂记·老人复札》)

寒食后,高云重过花影庵,与查为仁赋诗酬唱。(《花影庵杂记·寒食后重过花影庵》)

春,高云、李源、谈汝龙等人同集花影庵,各赋诗《花影庵证梦》。(《花影庵杂记·花影庵证梦诗序》)

春末,高云与查为仁诗歌酬唱灯花。(《花影庵杂记·春去,夜独坐客斋,灯花大作,相对感赋》)

夏日,释成衡(字湘南,俗姓钱,嘉兴人)过访花影庵。(《花影庵杂记·夏日访花影庵》)

初秋,查为仁与高云、谈汝龙诗歌唱和。(《花影庵杂记·晚晴》)

中秋夜(八月十五日夜),高云与查为仁、谈汝龙等人在花影庵赏月赋诗。(《花影庵杂记·中秋花影庵与莲坡、白云对月》)

秋,王霖(字雨枫、雨丰,号弇山、柳东,山阴人)重过西曹拜访

查为仁。(《花影庵杂记·亥秋重过西庙访莲坡》)

九月,陈鹏年(字沧洲,湘潭人)为查为仁《花影庵集》作序。(《花影庵集》卷首)

九月初九日,查为仁与高云、王又朴(号介山,天津人)、谈汝龙、鲍凤翔等人集会花影庵,诗酒唱和。(《花影庵集·九日,杜鹃老人同介山、半村、集轩集花影庵小饮,用少陵九日韵二首》)

暮秋,查为仁作诗送鲍凤翔南下浙江。(《花影庵集·暮秋送集轩南归》)

十一月十六日夜,高云与查为仁、查为义围炉夜话赋诗。(《花影庵杂记·十一月十六夜与莲坡、集堂兄弟围炉相向,漫成二绝》)

岁暮,王霖、谈汝龙、查为仁等人在花影庵诗歌唱和。(《花影庵集·岁暮写怀,和王柳东作》)

冬晚,王霖过访花影庵,查为仁与之诗酒酬唱。(《花影庵集·冬晚,柳东过花影庵留饮》)

除夕(十二月二十九日),查为仁与高云、丁鹤(字苍七,号芝田,山阴人)、王霖等人诗歌唱和。(《花影庵杂记·除夕》)

除夕夜(十二月二十九日),查为仁与高云、王霖、谈汝龙等人在花影庵诗酒唱和。查为仁作诗七首,填词一阕。(《花影庵杂记·花影庵与高云、莲坡守岁》、《莲坡诗话》卷上、《押帘词·法曲献仙音》)

是年,查日乾在宛平县榆垡营造祖庙,祀查秀、查忠、查国英、查如鉴四世。(《宛平查氏支谱》卷六《宛平查氏先庙碑记》)

康熙五十九年庚子(1720)

元旦(正月初一日),王霖与高云在花影庵诗歌酬唱。姚陶(字次耕,会稽人)、傅王露(字阆林,会稽人)与闻人镜晓、刘文煊联辔

来访。(《花影庵杂记·元旦花影庵试笔》、《莲坡诗话》卷上)

正月下浣(下旬),释成衡为查为仁所辑《赏菊倡和诗》作序。(《赏菊倡和诗》卷首)

清明(二月十七日),查为仁与高云、谈汝龙等人诗歌唱和。(《花影庵杂记·清明》)

三月,查为仁蒙恩矜释出狱。(查为仁《是梦集序》)

初夏,查为仁于天津城内筑澹宜书屋。(杭世骏《查为仁墓志铭》)

初夏,佟鋐(字蔗村,号空谷山人,长白人)邀请查为仁、高云、钱陈群(字主敬,一字修亭,号香树,又号橡村,嘉兴人)等人集会空谷园,赋诗酬唱。(《是梦集·初夏,佟蔗村隐君招同高云老人、钱橡村孝廉集空谷园,遇雨分赋》)

五月,查为仁娶妻金至元(字含英,一字载振,山阴人,1696—1721)。(查为仁《芸书阁剩稿序》)

夏,金白山来游天津,查为仁作诗赠之。(《是梦集·赠金白山司马》)

夏,查为仁为马远(字遥父,号钦山,南宋画家)《梅花册》题诗。(《是梦集·题马远〈梅花册〉》)

夏,查为仁与高云诗歌吟咏皋粱杖。(《是梦集·皋粱杖同高云老人赋》、《水西余韵》第78页)

初秋,查为仁过访佟鋐空谷山房。(《押帘词·踏莎行》)

小春(十月)十九日,高云南下会稽,查为仁作诗送行。高云和诗留别。(《是梦集·送高云老人南归》、《水西余韵》第79页)

冬,钱陈群移居,邀请查为仁饮酒赋诗。(《是梦集·橡村移居,招饮赋赠》)

冬，魏尚宾（字燕公，号泉亭，钱塘人）南归，查为仁作诗送之。（《是梦集·送魏丈燕公归钱塘》）

冬，查为仁与佟鋐诗歌唱和。（《是梦集·雪中六咏和蔗村韵》）

冬夜，查为仁与查为义追述旧事，怀念花影庵唱和诸人。（《是梦集·村居风雪侵凌，却轨不出，篝灯夜课，与弟履方追述旧事，因怀花影庵倡和诸公，得断句八首》）

冬日，李源、胡依永、杜甲（字补堂，号禹门，江都人）、杜尧勋等人过访澹宜书屋，诗酒唱和。（《是梦集·冬日，李仁山、胡依永、杜禹门、尧勋兄弟过澹宜书屋小酌，各有赠句，赋此奉答》）

长至后二日（十一月二十四日），查慎行为查为仁《无题诗》作序。（《蔗塘未定稿·无题诗》卷首）

康熙六十年辛丑（1721）

二月中浣（中旬），查日乾作《重筑于斯堂记》。（《宛平查氏支谱》卷六）

二月二十五日，金至元卒，后合葬于三河县北石渠。查为仁作诗悼亡。佟鋐妾赵艳雪挽诗云："美人自古如名将，不许人间见白头。"（《宛平查氏支谱》卷一、《是梦集·芸书阁悼亡》、《莲坡诗话》卷中）

暮春，查为仁等人集会可亭，分韵赋诗。（《是梦集·暮春，雨后集可亭》）

夏，李古彝新建书舍，查为仁作诗寄赠。（《是梦集·李古彝前辈新葺书舍，有类舟舫，征客赋诗，因成长句寄之》）

初秋，查为仁进京。（《是梦集·予顷入都，寓舍有楼数楹，正面西山，烟鬟雾髻，一一交呈几案间，若忘身在九衢也，因榜曰得山，

为诗纪之》)

初秋,许廷镹(字子逊,长洲人)作诗寄赠,查为仁次韵答之。(《是梦集·答许子逊见寄原韵》)

七月,王时鸿在京邸半乐轩为金至元《芸书阁剩稿》作序。(《蔗塘未定稿·芸书阁剩稿》卷首)

八月,胡捷为金至元《芸书阁剩稿》作序。(《蔗塘未定稿·芸书阁剩稿》卷首)

秋,杜尧勋卒,查为仁作诗挽之。(《是梦集·挽杜尧勋》)

秋,鲁曾煜(字启人,会稽人)南归浙江,停舟过访,查为仁次韵赋诗送之。(《是梦集·次鲁启人庶常见赠原韵,即送还越州》《莲坡诗话》卷下)

冬,谈汝龙卒,查为仁作诗悼之。(《是梦集·哭谈半村》)

康熙六十一年壬寅(1722)

寒食日(二月二十一日),查为仁游历桃花口。(《是梦集·桃花口》)

八月初四日,傅王露请假南归,途经津门。查为仁邀集张坦、佟鋐等人同游王氏依绿园,分韵赋诗。(《是梦集·八月初四日,招同张眉洲前辈、傅阆林编修、佟蔗村隐君游依绿园,即席分赋》《莲坡诗话》卷上)

冬日,查为仁与佟鋐同游稽古寺。(《是梦集·偕蔗村游稽古寺》)

十月,赵执信为金至元《芸书阁剩稿》作序。(《蔗塘未定稿·芸书阁剩稿》卷首)

是年,陈鹏年为金至元撰《金孺人小传》。(《蔗塘未定稿·芸书

阁剩稿》卷首)

是年,水西庄之花影庵建成。(《是梦集·花影庵盆梅初放》)

雍正元年癸卯(1723)

春,佟鋐卒,查为仁作诗悼之。(《抱瓮集·哭佟蔗村》)

四月上浣(上旬),查日乾有事吴门,专程前往山阴县祭奠二姐夫马章玉,并为之撰写《祭汉璋马公文》。(《宛平查氏支谱》卷四)

五月,查日乾助巡盐御史莽鹄立(字树本,镶黄旗人)厘定长芦盐政诸弊。(《(嘉庆)长芦盐法志》卷十七)

秋日,查为仁邀集胡捷、杜甲等人诗歌酬唱。(《抱瓮集·秋日,招胡象三、杜禹门小集》)

雍正二年甲辰(1724)

初夏,杜悔堂赠诗,查为仁次韵答之。(《抱瓮集·初夏次杜悔堂先生韵》)

夏,高云卒,查为仁作诗悼之。(《抱瓮集·高云老人挽词》)

六月,释成衡将返浙东,赋诗留别,查为仁、胡捷作诗送之。释成衡次韵答之。(《抱瓮集·送湘南上人之天童》、《津门诗钞》卷二、《莲坡诗话》卷中)

夏,水西庄之揽翠轩建成。(《抱瓮集·新构小轩落成即事有作》)

雍正三年乙巳(1725)

春日,查为仁与宋晶(字冰鉴,号与亭,祥符人)、徐兰(字芬若,号芝仙,虞山人)、陈培脉(字树滋,长洲人)、查奕楠等人同游王氏

依绿园,分韵赋诗。(《抱瓮集·春日,偕宋与亭先生、徐芝仙、陈树滋、家贡木游依绿园,分赋》)

夏,天津雨患,民庐漂没。查日乾设厂煮赈,全活无算。(《(嘉庆)长芦盐法志》卷十七)

秋日,钱陈群乞假南归,舟过津门,值查为仁续娶尚未满月,作诗赠别,查为仁次韵送之。(《抱瓮集·钱椽村编修请假南归,贻诗录别,次韵送之》、《莲坡诗话》卷中)

秋,徐兰贻赠《芝仙书屋图》,查为仁赋诗一首。(《抱瓮集》、《莲坡诗话》卷下)

九月初九日,查奕楠邀请查为仁、鲁之裕(字亮侪,麻城人)、徐兰、张坦、符曾(字幼鲁,号药林,钱塘人)等人至顾顾斋赏菊,诗酒唱和。(《莲坡诗话》卷中、《津门诗钞》卷二九)

九月十九日,张坦作展重阳诗,查为仁、查奕楠、鲁之裕、徐兰、符曾等人赋诗酬唱。(《莲坡诗话》卷中)

十月初,查为仁邀集张坦、查奕楠、鲁之裕、徐兰、符曾等人至澹宜书屋赏花,作诗唱和。(《莲坡诗话》卷中)

十一月初七日,查为仁生日,徐兰赠诗祝贺。(《莲坡诗话》卷中)

是年,查为义外出宦游。(《抱瓮集·怀履方弟》)

是年,余懋檣在海光寺见到查为仁的《无题诗》。(《竹村花坞集·赠余荆帆》)

雍正四年丙午(1726)

春日,查为仁与胡捷春游,诗歌酬唱。(《抱瓮集·北郭村舍桃花一树盛开,归途马上同象三作》)

六月,陶良玉为查日乾撰《慕园府君六十寿序》。(《宛平查氏支

谱》卷五)

雍正五年丁未(1727)

是年,赵国麟(字仁圃,泰安人)任长芦盐运使,与查日乾相识。(赵国麟《查氏七烈编序》)

是年,李源以事系狱济南。(《铜鼓书堂遗稿》卷二八《为李氏姊征寿言文》)

雍正七年己酉(1729)

立春后二日(正月初九日),查礼填词《东风第一枝》赋城内味古庐梅花。(《铜鼓书堂遗稿》卷二五)

正月十六日,查为仁之长子查善长(字树初,号簏槎,又号铁云,1729—1798)出生。(《宛平查氏支谱》卷一)

春,查为仁作诗送李源出塞,戍卜奎。(《抱瓮集·送李仁山出塞》、《铜鼓书堂遗稿》卷二八《为李氏姊征寿言文》)

是年,查礼填《贺新郎》为查为仁《花影逃禅图》题词。(《铜鼓书堂遗稿》卷二五)

雍正八年庚戌(1730)

春,胡捷索画梅花,查礼为之并填词《少年游》。(《铜鼓书堂遗稿》卷二五)

夏,查礼在水西庄纳凉,填词《琴调相思引》。(《铜鼓书堂遗稿》卷二五)

初秋,查为义以军功授官安徽太平府通判,查为仁作诗送行。(《抱瓮集·送履方之太平别驾任》)

初秋,查为仁与胡捷过访揽翠轩,诗歌酬唱。(《抱瓮集·初秋,过揽翠轩同象三赋》)

是年,查礼与李钦(字安媛,一字宋,汉军正红旗人,1715—1745)成婚。(《铜鼓书堂遗稿》卷三一《亡妻李安人行略》)

雍正九年辛亥(1731)

落灯夜(正月十八日夜),查为仁招集余尚炳(字犀若,号月樵,绍兴人)、朱岷(字仑仲,一字导江,号客亭,又号七桥,武进人)、王本(字孝先,又字慕陟,山阴人)、丁鹤、周焯(字月东,号七峰,天津人)等人在澹宜书屋听福郎度曲。查礼为之填词《行香子》。(《铜鼓书堂遗稿》卷二五)

二月,查为仁为金至元《芸书阁剩稿》作序。(《蔗塘未定稿·芸书阁剩稿》卷首)

夏,查为仁过访海光寺释佛云(字岱瞻,无锡人)。(《抱瓮集·海光寺访岱瞻上人》)

早秋,查礼过访海潮庵,填词《河渎神》。(《铜鼓书堂遗稿》卷二五)

冬,查日乾携查礼过访陈元龙于京城寓斋爱日堂。(《铜鼓书堂遗稿》卷二九《修复灵渠记》)

是年,查日乾以次子查为义贵,被封承德郎、江南太平府通判。(《宛平查氏支谱》卷三《慕园府君墓志》)

雍正十年壬子(1732)

春,查羲(字如冈,一字尧卿,号选佛,海宁人)索画梅花,查礼为之并填词《丑奴儿令》。(《铜鼓书堂遗稿》卷二五)

秋,查礼赴京兆试,不第。(《铜鼓书堂遗稿》卷三一《亡妻李安

人行略》)

雍正十一年癸丑(1733)

三月,释元信(文觉禅师)为查为仁《花影庵杂记》作序。(《花影庵杂记》卷首)

春,查礼为查奕楠所藏薄静友《休问天图》题词《齐天乐》。(《铜鼓书堂遗稿》卷二五)

夏,查礼为陈撰(字楞山,号玉几,鄞县人)《雨竹》轴子题词《菩萨蛮》。(《铜鼓书堂遗稿》卷二五)

夏日,赵虹(字饮谷,嘉定人)、许佩璜(字渭符,号双渠,江都人)过访水西庄,与查为仁诗词唱和。(《押帘词·迈陂塘》)

秋,查礼依唐建中(字赤子,天门人)韵,填词《念奴娇》吟咏响屧。(《铜鼓书堂遗稿》卷二五)

九月初一日,陈元龙乞休归里,过访水西庄,赋诗四首,撰文《水西庄记》一篇。(《(乾隆)天津县志》卷七、卷二三,《莲坡诗话》卷中,《(光绪)重修天津府志》卷二二,《津门诗钞》卷二五,《宛平查氏支谱》卷六、卷八)

十月初六日,查为仁之次子查善和(字用咸,号介仲,又号东轩,1733—1800)出生。沈宗禹作诗贺之。(《宛平查氏支谱》卷一、《水西余韵》第43页)

是年,唐建中过访水西庄。(《押帘词·迈陂塘》)

雍正十二年甲寅(1734)

早春,查礼郊游赋诗。(《铜鼓书堂遗稿》卷一)

春日,查礼过访水西庄。(《铜鼓书堂遗稿》卷一)

春日,查礼过访周焯,至晚醉归。(《铜鼓书堂遗稿》卷一)

四月初一日,查礼之长子查淳(字厚之,号篆仙,又号梅舫,1734—1822)出生。(《宛平查氏支谱》卷一)

夏,查礼为王本《负剑游集》题诗。(《铜鼓书堂遗稿》卷一)

夏,查礼作《山水歌》贻赠陈元复(字方来,无锡人)。(《铜鼓书堂遗稿》卷一)

五月晦日(二十九日),查礼在揽翠轩纳凉赋诗。(《铜鼓书堂遗稿》卷一)

六月,查礼与胡睿烈饮酒赋诗。(《铜鼓书堂遗稿》卷一)

六月,天津水灾,查日乾与安尚义(奉天人)捐谷若干石,救人无数。(《(嘉庆)长芦盐法志》卷十七)

秋,查礼怀念查为义,作诗寄之。(《铜鼓书堂遗稿》卷一)

秋夜,查为仁梦得诗句"贪将叶叶花花地,趁取风风雨雨天。高馆人归余积藓,空阶日暮起寒烟",醒后续成一律:"海国相思红豆筵,歌喉一串似珠圆。贪将叶叶花花地,趁取风风雨雨天。高馆人归余积藓,空阶日落起寒烟。年来颇识闲中味,只拟长斋绣佛前。"查羲、查奕楠等人和之。(《莲坡诗话》卷中、《抱瓮集·梦至旧游地,得"贪将叶叶花花地,趁取风风雨雨大"二句,醒后续成》)

雍正十三年乙卯(1735)

早春,王本拟南归,解剑相赠,查礼作诗《古剑行》谢之。(《铜鼓书堂遗稿》卷一)

早春,查礼作诗送王本南归山阴,查日乾与之同行。(《铜鼓书堂遗稿》卷一)

花朝日(二月十五日),查为仁与张周舫同游水西庄。(《抱瓮

集·花朝,偕张周舫游水西庄》)

春分后二日(二月二十九日),余尚炳、丁鹤、施济清、施汲亭等人过访水西庄,查为仁与之诗歌唱和。(《抱瓮集·春分后二日,余犀若、丁苞七、施济清、汲亭兄弟枉过水西庄,次贡木从孙韵》)

三月十二日,赵国麟与查日乾相逢于虎丘,赋诗一首。(《宛平查氏支谱》卷八《乙卯三月十二日虎邱逢老友天行并章、孙二公,坐石上小饮》)

春,查为仁怀念李源,作诗寄之。(《抱瓮集·寄怀仁山》)

暮春,查为仁怀念陈履中(字执夫,商丘人)、潘淳(字元亮,贵阳人),作诗寄赠。(《抱瓮集·暮春,寄怀陈执夫观察、潘元亮编修》)

暮春,查礼过访香林院。(《铜鼓书堂遗稿》卷一)

早秋,查礼进京,过访太液池,朝谒辟雍。(《铜鼓书堂遗稿》卷一)

早秋,查礼过访王熙(字子雍,宛平人)怡园旧址,填词《满江红》。(《铜鼓书堂遗稿》卷二五)

中秋,查礼应顺天府乡试。(《铜鼓书堂遗稿》卷一)

秋,乡试未中,查礼心伤,作诗寄与查为义。(《铜鼓书堂遗稿》卷一)

秋,商盘(字苍雨,号宝意,会稽人)假满入都,过访水西庄,查为仁出歌者演剧,商盘自吹紫箫和之。(《莲坡诗话》卷中、商盘《质园诗集》卷二四)

冬,杭世骏(字大宗,号堇浦,仁和人)作《宛平查氏七烈诗》。(杭世骏《道古堂诗集》卷六)

岁暮,周焯邀请查礼赴卜砚山房观赏所藏书画。(《铜鼓书堂遗稿》卷一)

是年,查日乾被封承德郎、江南淮南仪所监掣通判。(《宛平查

氏支谱》卷三《慕园府君墓志》)

乾隆元年丙辰(1736)

正月初,宋廷俞南归,查为仁作诗送之。(《竹村花坞集·送宋廷俞还长洲》)

试灯日(正月十三日),查礼邀集吴焦音、查羲等人在味古庐饮酒赏花,分韵赋诗。(《铜鼓书堂遗稿》卷一)

上元夜(正月十五日夜),查羲与查为仁诗歌唱和。(《竹村花坞集·上元夜,和如冈侄韵》)

二月,查为仁过访施济清寓馆。(《竹村花坞集·过施济清寓馆留题》)

春,查礼购得一铜弩,作《诸葛铜弩歌》。(《铜鼓书堂遗稿》卷一)

春,老仆周喜卒,查礼作诗悼之。(《铜鼓书堂遗稿》卷一)

春,查礼登览稽古寺藏经阁。(《铜鼓书堂遗稿》卷一)

暮春,查礼游览水西庄之绣野簃赋诗。(《铜鼓书堂遗稿》卷一)

三月,查奕楠探望关押在西曹之花影庵中的张照(字得天,娄县人)。(张照《花影庵集序》)

春日,查礼在水西庄怀念杜甫,填词《祝英台近》。(《铜鼓书堂遗稿》卷二五)

初夏,查曦(字汉客,歙县人)与钱八元(字幼邻,海宁人)、查典三、查承源(字天来,号菊所,仁和人)同游水西庄,诗歌酬唱。查礼亦和之。(《津门诗钞》卷七、《铜鼓书堂遗稿》卷一)

夏,许佩璜及其母徐德音来游水西庄。(《竹村花坞集·许渭符之官开封,枉过水西庄,留题八咏,信宿而别,奉酬四律》、《莲坡诗话》卷中)

六月初八日,查日乾七十寿辰,王霖、寿致润(字雨六,号南湖,诸暨人)、刘奇龄(字文远,山阴人)、张焕(字寄园,会稽人)、傅王露、丁鹤、邵坡(字兼三,余姚人)、马兆化(字德之,山阴人)、符曾、刘文煊、陈仪等人作诗贺寿。(《宛平查氏支谱》卷八)

荷月(六月)穀旦,陈元龙为查日乾撰《慕园府君七十寿序》。(《宛平查氏支谱》卷五)

六月穀旦,陈仪为查日乾撰《慕园府君七十寿序》。(《宛平查氏支谱》卷五)

六月,陈世倌为查日乾撰《慕园府君七十寿序》。(《宛平查氏支谱》卷五)

秋,查为仁邀集查羲、查奕楠等人至澹宜书屋赏菊,分韵赋诗。(《竹村花坞集·丛菊盛开,招同如冈侄、贡木从孙集澹宜书屋,分赋》)

秋日,查礼过访张氏一亩园,感旧赋诗五首。(《铜鼓书堂遗稿》卷一、《沽上题襟集》卷八)

秋夜,查礼月下怀念查为义,赋诗一首。(《沽上题襟集》卷八)

秋夜,查礼独坐味古庐作诗。(《铜鼓书堂遗稿》卷一)

八月,查礼作诗《节烈四妇歌》。(《铜鼓书堂遗稿》卷一)

八月底,查羲南归海宁,查礼作诗送之。(《铜鼓书堂遗稿》卷一)

九月初九日,查礼乡试未中,杜门不出,查为仁与之饮酒谈心。查礼追和查为仁丙申年(1716)所作《赏菊诗》。(《铜鼓书堂遗稿》卷一)

九月二十六日,查礼在京应试博学鸿词科,报罢。(《清史稿》卷三三二)

九月,张照为查为仁《花影庵集》作序。(《花影庵集》卷首)

十一月,查礼游历房山。出广宁门,过卢沟桥,至羊头冈,寻高克恭(字彦敬,大同人,1248—1310)墓,经丁家洼,回房山县城。第二天,拟游上方诸山不成,渡桑干河,抵榆垡。第三天,返归天津。(《铜鼓书堂遗稿》卷一、卷二九)

冬,查礼为汪士鋐(号退谷,长洲人)《书唐人云居寺诗》题跋。(《铜鼓书堂遗稿》卷三十)

冬,吴廷华(字中林,号东壁,仁和人)作诗《冬笋》寄赠,查礼和之。(《沽上题襟集》卷八)

冬,汪沆自京城来天津,馆于城内查氏香雨楼。(查礼《津门杂事诗序》、汪沆《槐塘诗稿》卷三)

冬,查礼为汪沆《花坞卜居图》题诗。(《铜鼓书堂遗稿》卷一)

腊八日(十二月初八日),查礼与汪沆、查承源在水西庄之花影庵饮酒,分韵赋诗。(《铜鼓书堂遗稿》卷一)

冬,查礼游览望海寺。(《铜鼓书堂遗稿》卷一)

冬日,查礼与高薲、汪沆、查承源等人重游香林苑,分韵赋诗。(《铜鼓书堂遗稿》卷一)

冬日月夜,查礼自水西庄步行至宜亭旧址,观览西淀冰间积雪。(《铜鼓书堂遗稿》卷一)

小除夜(十二月二十四日),查礼作诗《祀灶》,汪沆和之。(《铜鼓书堂遗稿》卷一、《沽上题襟集》卷四)

是年,恽源浚(字哲长,号铁箫,阳湖人)索画梅花,查礼为之并填词《醉太平》。(《铜鼓书堂遗稿》卷二五)

乾隆二年丁巳(1737)

立春日(正月初五日),查为仁赋诗,汪沆和之。(《竹村花坞集·

立春》《沽上题襟集》卷四)

正月初六日,查礼与高蔼、汪沆、胡睿烈、查承源等人集会昧古庐赏雪,分韵赋诗。(《铜鼓书堂遗稿》卷二)

人日(正月初七日),查为仁邀集高蔼、汪沆、胡睿烈、查礼、查承源等人同游水西庄,分韵赋诗。(《竹村花坞集·人日,招同高宗山、汪西颢、胡文锡、鲁存弟、菊所侄游水西庄分赋》《铜鼓书堂遗稿》卷二)

正月,胡睿烈过访揽翠轩赋诗。(《沽上题襟集》卷七)

正月,胡睿烈为李同人(字大然,号于野,保定人)《种山亭图》题诗。(《沽上题襟集》卷七)

正月,符曾为查为仁《抱瓮集》作序。(《抱瓮集》卷首)

二月,查礼过访山东羊流镇,重谒晋羊祜太傅祠堂,填词《唐多令》。(《铜鼓书堂遗稿》卷二五)

二月,查礼行泰安道上,填词《伤春怨》。(《铜鼓书堂遗稿》卷二五)

二月,查礼过蒙阴山,填词《虞美人》。(《铜鼓书堂遗稿》卷二五)

二月,查礼舟发德州,何裕九赠以罗酒,查礼填词《夜行船》。(《铜鼓书堂遗稿》卷二五)

二月,在沧州船中,查礼与查奕楠叙旧,填词《八声甘州》。时查奕楠已移居沧州。(《铜鼓书堂遗稿》卷二五)

仲春,伍泽荣(字沅荫,祁阳人)作诗留别查日乾。(《水西余韵》第44页)

三月初,符曾南归钱塘,查为仁、查礼作诗送之。(《竹村花坞集·送符幼鲁归钱塘》《铜鼓书堂遗稿》卷二)

三月十七日,汪沆携酒邀集汪祚(字惇士,江都人)、胡睿烈等人同游水西庄,查礼未能前往,作诗两首。(《铜鼓书堂遗稿》卷二、

《沽上题襟集》卷八)

三月末,查承源南归仁和,查礼作诗送之。(《铜鼓书堂遗稿》卷二)

春,李源以赎得自戍地卜奎返回天津。(《铜鼓书堂遗稿》卷二八《为李氏姊征寿言文》)

春,胡睿烈以洞虚子箫贻赠查礼,并作诗一首。(《沽上题襟集》卷七)

初夏,赵昱(字功千,又字谷林,仁和人)自京城寄赠查礼龙井茶,查礼作诗谢之。(《铜鼓书堂遗稿》卷二)

初夏,查为仁游览水西庄赋诗。(《竹村花坞集·初夏水西庄写望》)

五月二十七日,查礼与刘文煊、余峥(字元平,号高妙,山阴人)、汪沆、余尚炳、余懋樯等人同游水西庄,雨后看荷,分韵赋诗。(《铜鼓书堂遗稿》卷二、《津门诗钞》卷二七、《沽上题襟集》卷一)

六月,查为仁重游上谷,沿途观景赋诗。(《竹村花坞集·重游上谷杂诗》、《莲坡诗话》卷中)

夏,胡睿烈从河东移居城南。(《沽上题襟集》卷七)

七月初五日,查日乾之妻马氏七十寿辰,金德瑛(字汝白,仁和人)、梁诗正(字养仲,号芎林,钱塘人)、任兰枝(字香谷,溧阳人)、陈大受(号可斋,祁阳人)、符曾、杨汝榖(号石湖,怀宁人)、汪由敦(号谨堂,钱塘人)、赵大鲸(号学斋,仁和人)等人作诗贺寿。(《宛平查氏支谱》卷八)

七月上浣(上旬)榖旦,杭世骏为查日乾之妻马氏撰《马太君七十寿序》。(《宛平查氏支谱》卷五)

七月,戴永植(字于庭,归安人)、查礼、胡睿烈等人为查为仁《重游上谷杂诗》题诗。(《竹村花坞集·题莲坡居士上谷杂诗后》、

《沽上题襟集》卷七)

七月,天津大水。(《铜鼓书堂遗稿》卷三十《题〈秋庄夜雨读书图〉卷子》)

中元日(七月十五日),查礼约请刘文煊、朱岷、余尚炳、汪沆、胡睿烈等人冒雨泛舟同游海光寺。刘文煊、余尚炳、汪沆、胡睿烈等人均赋诗,朱岷绘图,查礼作《中元冒雨游海光寺记》。(《铜鼓书堂遗稿》卷二九,《沽上题襟集》卷四、卷七)

秋,徐用锡(字坛长,号鲁南,宿迁人)南归返乡,查礼、汪沆等人作诗送之。(《铜鼓书堂遗稿》卷二,《沽上题襟集》卷四、卷八)

秋,查礼读书水西庄。朱岷过访,赠以《相印轩印存》一卷,查礼为之题跋。(《铜鼓书堂遗稿》卷三十《跋张杞园纪年印存》)

秋日,查礼作诗《水西庄秋日雨中杂咏》八首,查为仁、刘文煊、汪沆、胡睿烈等人和之。(《铜鼓书堂遗稿》卷二,《竹村花坞集·和鲁存弟〈秋日雨中水西庄杂咏〉》,《沽上题襟集》卷一、卷四、卷七)

秋夜,查承源时在秦中,查礼、汪沆等人作诗怀之。(《铜鼓书堂遗稿》卷二、《沽上题襟集》卷四)

秋,汪沆作诗三首贻赠查善长。(《沽上题襟集》卷四)

秋,查为仁在揽翠轩与查懋(字端木,海宁人)诗酒唱和。(《竹村花坞集·揽翠轩与端木从孙饮》)

八月初,查礼次汪沆韵,填词《小重山》咏新月。(《铜鼓书堂遗稿》卷二五)

九月上浣(上旬)穀旦,陈时夏(字建长,元谋人)为查日乾之侧室王氏(徐州人,1678—1762)撰《王太君六十寿序》。(《宛平查氏支谱》卷五)

九月重阳节后,朱岷于揽翠轩为查礼绘《秋庄夜雨读书图》,并题款。查礼亦为之题辞。其后,刘文煊、吴廷华、周大枢(字元牧、元木,山阴人)、高蔼、冯元悙(字叙九,长洲人)、陈皋(字江皋,号对鸥、对沤,钱塘人)、葛正笏(字揩书,号信天,昆山人)、张凤孙(字少仪,号梧冈,华亭人)、汪沆等人题跋。(《水西余韵》第16—17页,《铜鼓书堂遗稿》卷三十,《河北第一博物院画报》第49期,《沽上题襟集》卷一、卷二、卷四、卷五)

秋,查礼进京,过访杭世骏、赵昱,作诗相赠。(《铜鼓书堂遗稿》卷二)

秋,查礼自京返津,舟行丁字沽,因风受阻,作诗寄赠周焞。(《铜鼓书堂遗稿》卷二)

九月,万光泰(字循初,号柘坡,又号白纻十六村农,秀水人)自京城来天津,在潞河舟中作诗四首寄赠查礼。(万光泰《柘坡居士集》卷二)

九月末,查礼与刘文煊、汪沆、万光泰等人作诗《烟草联句》。(《铜鼓书堂遗稿》卷二)

九月末,万光泰索纸,查礼填词《十六字令》答之。(《铜鼓书堂遗稿》卷二五)

九月末,刘文煊、万光泰等人听刘南晖弹琴,送其返归宝坻。(《沽上题襟集》卷一、卷六)

九月末,万光泰游览海光寺,赋诗一首。(万光泰《柘坡居士集》卷二、《沽上题襟集》卷六)

闰九月初八日,查为仁延请刘文煊、吴廷华、朱岷、周焞、余尚炳、赵贤(字端人,号浅山,钱塘人)、汪沆、施济清、万光泰、查礼等人集会澹宜书屋欣赏洋菊,分韵赋诗。(《竹村花坞集·洋菊花所宴集,同刘紫仙、吴中林、朱仑仲、周月东、余犀若、赵端人、汪西颢、施

济清、万循初、鲁存弟,分赋得一屋》,《沽上题襟集》卷二、《津门诗钞》卷二七)

闰重九(闰九月初九日),查礼在香雨楼庭除前后种植菊花数千株,开樽宴赏,招请刘文煊、王本、吴廷华、朱岷、李源、周焯、余尚炳、胡睿烈、赵贤、汪沆、施济清、万光泰、查为仁、陆宗蔡(字又喈,号染香,元和人)等十五人集会秋白斋,分体赋诗。(《铜鼓书堂遗稿》卷二、《莲坡诗话》卷中、《津门诗钞》卷二七、《水西余韵》第64—65页、万光泰《柘坡居士集》卷二)

闰九月初十日,吴廷华等人游览水西庄。(《沽上题襟集》卷二、《津门诗钞》卷二七)

闰九月,朱稻孙(字稼翁,秀水人)南归秀水,刘文煊、吴廷华、查礼等人作诗送之。(《铜鼓书堂遗稿》卷二,《津门诗钞》卷二七,《沽上题襟集》卷二、卷八)

秋,吴廷华等人登览平冈,饮酒赋诗。(《沽上题襟集》卷二)

秋,查礼与胡睿烈过访庆国寺子憨上人。(《沽上题襟集》卷七、卷八)

秋,查奕楠惠赠梅里笺,查礼作诗谢之。(《沽上题襟集》卷八)

秋,查礼、胡睿烈等人为沈周(字启南,号石田,长洲人,明代画家)《乳鸟图》题诗。(《沽上题襟集》卷七、卷八)

秋末,查为仁、刘文煊等人为汪沆《花坞卜居图》题诗词。(《竹村花坞集·题西颢〈花坞卜居图〉》、《押帘词·秋霁》、《沽上题襟集》卷一)

暮秋,查为仁、查礼、李源、王本等人同往榆垡省墓祭祖。汪沆作诗送之。(《沽上题襟集》卷四)

暮秋,途经黄花店,查礼赋诗。(《铜鼓书堂遗稿》卷二)

十月夜,查为仁、李源、王本、查礼等人在榆垞有怀堂作联句诗。(《铜鼓书堂遗稿》卷二)

十月,查礼与李源、王本、查为仁等人在榆垞野香居饮酒赋诗。(《铜鼓书堂遗稿》卷二)

十月,查为仁、查礼、李源、王本等人返津,途经南庄道、闻思寺,查礼均赋诗。(《铜鼓书堂遗稿》卷二)

十月,吴廷华以诗向查为仁索得沧酒二瓮,再赋诗谢之。(《沽上题襟集》卷二)

冬日,吴廷华为查礼《中元海光雨泛图》题诗。(《沽上题襟集》卷二)

冬日,陆宗蔡赋诗《东安道中作》,查为仁和之。(《竹村花坞集·和染香生东安道中作》、《莲坡诗话》卷下)

冬,查为仁以腊梅贻赠墨田上人,并赋诗一首。(《竹村花坞集·以腊梅贻墨田上人戏膡一绝》)

雪中,查礼、刘文煊、吴廷华、汪沆等人会饮沧州十年陈酝,以"名酒过于求赵璧"分韵赋诗。(《沽上题襟集》卷一、卷二、卷四)

雪后,查礼、万光泰等人以"留伴疏梅小雪天"为韵,诗酒酬唱。查为仁未至。(《铜鼓书堂遗稿》卷二、《沽上题襟集》卷六)

冬,查礼填词《解语花》,万光泰作诗《销寒词》,寄赠杭世骏。(《铜鼓书堂遗稿》卷二五、《沽上题襟集》卷六、万光泰《柘坡居士集》卷二)

冬,刘文煊与万光泰作《宝坻银鱼联句》。(万光泰《柘坡居士集》卷二)

冬,查礼与万光泰、胡睿烈等人作《熏笼联句》。(万光泰《柘坡居士集》卷二)

十二月，查礼邀集刘文煊、吴廷华、汪沆、万光泰等人乘冰床前往城南海光寺。(《铜鼓书堂遗稿》卷二，《莲坡诗话》卷中，《沽上题襟集》卷一、卷二、卷四、卷六)

冬暮，吴廷华等人同游志局西旁水泩，分韵赋诗。(《沽上题襟集》卷二、《津门诗钞》卷二七)

是年，查为义任真州通守。(《铜鼓书堂遗稿》卷二《榆堡杂诗四首》)

是年，查礼与万光泰、汪沆等人过访周焯，评骘书画、金石。(《津门诗钞》卷二)

乾隆三年戊午(1738)

正月初四日，查礼与吴廷华、李源、汪沆、万光泰、余尚炳、胡睿烈等人集会香雨楼，在梅花下饮酒，以"竹外一枝斜更好"分韵赋诗。(《铜鼓书堂遗稿》卷二，《津门诗钞》卷二七，《沽上题襟集》卷二、卷六、卷七)

人日(正月初七日)，查为仁赋诗，汪沆和之。(《沽上题襟集》卷四)

试灯日(正月十三日)，于斯堂上演《长生殿》，吴廷华作《踏灯词》十二首。(《莲坡诗话》卷中、《沽上题襟集》卷二)

上元前一日(正月十四日)，查礼招集吴廷华、汪沆、万光泰、胡睿烈等人过访水西庄，登数帆台观雪，以"急雪舞回风"分韵赋诗。(《铜鼓书堂遗稿》卷二、《津门诗钞》卷四、《沽上题襟集》卷二)

上元日(正月十五日)，赵昱受查为仁、查礼之约自京城来天津看灯，因事受阻未至，用苏轼《祥符寺九曲观灯》韵赋诗寄赠，吴廷华、汪沆等人次韵答之。(《沽上题襟集》卷二、卷四)

元夜(正月十五日夜),王本投宿平谷山寺,以诗寄赠,万光泰作诗答之。(《沽上题襟集》卷六)

春日,查礼怀念鲍千仞,作诗寄之。(《铜鼓书堂遗稿》卷二)

春日,万光谦(字敬怀,秀水人)到达沧州,拟来天津,风阻不至。(《沽上题襟集》卷六)

花朝前五日(二月初十日),查礼邀请吴廷华、李源、汪沆、万光泰等人过访水西庄,在枕溪廊看桃花,以"桃花红似去年时"平字为韵,诗酒酬唱。(《铜鼓书堂遗稿》卷二,万光泰《柘坡居士集》卷三,《沽上题襟集》卷二、卷六)

春日,查礼为汪沆《对床风雨读书图》题诗。(《铜鼓书堂遗稿》卷二)

春,吴廷华过访水西庄之碧海浮螺亭,见山桃尽落,唯紫芥花满山。(《沽上题襟集》卷二)

上巳日(二月十六日),查礼与刘文煊、吴廷华、赵贤、汪沆、万光泰、胡睿烈等人登览稽古寺藏经阁,晚过水西庄,在揽翠轩饮酒作诗。查礼并填词《柳梢青》。(《铜鼓书堂遗稿》卷二、卷二五,《津门诗钞》卷二七,《沽上题襟集》卷二、卷七)

三月,恽源浚来访,与查礼同登平台饮酒赋诗。恽源浚将诗贻赠吴廷华,吴廷华依韵和之。(《铜鼓书堂遗稿》卷二、《沽上题襟集》卷二)

三月,万光泰作诗《铁箫引》贻赠恽源浚。(《沽上题襟集》卷六)

春夜,万光泰与余尚炳、汪沆、施济清等人于水月池观看打鱼。(万光泰《柘坡居士集》卷三、《沽上题襟集》卷六)

春,查为仁作诗《春雨》,刘文煊和之。(《竹村花坞集》、《沽上题襟集》卷一)

春,汪沆以新编《西湖志》相赠,查为仁以诗答之。(《竹村花坞集·西颢以新辑〈西湖志〉见贻,述怀奉答》)

春日,查为仁游历平谷,造庐过访乐山(字静岩,长白人)。(《竹村花坞集·春日初至平谷》、《莲坡诗话》卷中)

春,查日乾将墓地选定在三河县百草沟。(《宛平查氏支谱》卷六《百草山庄记》)

浴佛日(四月初八日),刘文煊游览河北诸禅寺。(《沽上题襟集》卷一)

四月望日(十五日),雷安伯(江西人)作《慕园府君三河百草沟寿域记》。(《宛平查氏支谱》卷六)

四月十七日夜,万光泰与胡睿烈同宿水西庄看月。胡睿烈过访数帆台赋诗。(万光泰《柘坡居士集》卷三、《沽上题襟集》卷六、卷七)

四月十八日,揽翠轩前一鹤一鹅同处和睦,万光泰为之赋诗两首。(《沽上题襟集》卷六)

夏,刘文煊与李源、赵贤、万光泰、胡睿烈等人泛舟卫河。(《沽上题襟集》卷一)

夏,万光泰为周焯作《桥亭卜卦砚歌》。(万光泰《柘坡居士集》卷三、《沽上题襟集》卷六、《津门诗钞》卷二七)

夏,万光泰与周焯、汪沆、查礼等人过访赵氏河渚草堂,游览净土庵、大悲院、直指庵。(万光泰《柘坡居士集》卷三、《沽上题襟集》卷六)

六月,雨后见新月,万光泰作诗寄赠刘文煊。(万光泰《柘坡居士集》卷三、《沽上题襟集》卷六)

夏,万光泰观看朱岷指头作画,诗歌唱和。(《沽上题襟集》卷六)

夏,丁鹤自京城来天津,以新作杂剧《支机石》见示,万光泰赋诗纠错。(万光泰《柘坡居士集》卷三、《沽上题襟集》卷六)

夏,万光泰游览稽古寺藏经阁。(万光泰《柘坡居士集》卷三)

夏秋之交,霪雨为患,河淀四溢。(《津门诗钞》卷二五)

初秋,查礼与万光泰泛舟前往潞河州,寻天桥湾不得,查礼乘月而归,万光泰入京。(《铜鼓书堂遗稿》卷二、万光泰《柘坡居士集》卷三)

七夕(七月初七日),万光泰与胡睿烈在京城作诗吟咏瓜果。其后,吴廷华为之题诗。(万光泰《柘坡居士集》卷三,《沽上题襟集》卷二、卷六、卷七)

秋,王广心惠赠湘莲,查礼作诗谢之。(《铜鼓书堂遗稿》卷二)

秋,查为仁游历海光寺,怀念释成衡。(《竹村花坞集·泛舟海光寺,怀湘南上人》)

秋,毛生南归,查为仁作诗送之。(《竹村花坞集·送毛生南归》)

八月十六日夜,查为仁赏月赋诗。其后,吴廷华和之。(《竹村花坞集·八月十六夜得月喜赋》、《沽上题襟集》卷二)

秋,查为义自真州寄诗,查为仁次韵慰之。(《竹村花坞集·得履方弟真州见怀诗,即用来韵报之》)

秋,方贞观(号南堂,桐城人)寄赠《南堂诗钞》,查为仁作诗答之。(《竹村花坞集·方贞观寄赠自著〈南堂诗钞〉,奉答一律》)

秋,查礼经三河县百草沟,进京应试。(《铜鼓书堂遗稿》卷二)

秋,查礼、汪沆、万光泰等人同作《松云砚歌》。(《铜鼓书堂遗稿》卷二,《沽上题襟集》卷四、卷六)

秋,万光泰自京城返回天津,游览水西庄赋诗。(《沽上题襟集》卷六)

秋,查礼、汪沆、万光泰等人为查学(字七伦,号砚北,海宁人)《砚北勘书图》题诗,即送南归海宁。(《铜鼓书堂遗稿》卷二,《沽上题襟集》卷四、卷六)

秋,查礼乡试未中,余懋檝以诗相慰,查礼依韵和答。(《铜鼓书堂遗稿》卷二)

秋,查礼作诗寄赠杭世骏。(《铜鼓书堂遗稿》卷二)

秋,王广心卒,查礼作诗悼之。(《铜鼓书堂遗稿》卷二)

秋,查礼作《方镜十韵》。(《铜鼓书堂遗稿》卷二)

九月,蒋缨(清湘人)、朱岷、恽源浚、陈元复等人合绘《慕园老人携孙采菊图》。其后,查淳、查善和、查诚、查翰、查彬、查枢、查林、查讷勤等人题跋。(《水西余韵》第42—43页)

重阳节后,余懋檝在金吾桥垂钓,终日未得一鱼,吴廷华、万光泰等人作诗赠之。(万光泰《柘坡居士集》卷三,《沽上题襟集》卷二、卷六)

秋,万光泰为余尚炳红白桃花画扇题诗。(《沽上题襟集》卷六)

寒秋,吴廷华过访揽翠轩,忆吴山青芙蓉石。(《沽上题襟集》卷二)

九月二十五日,万光谦在沧州,万光泰作诗怀之。(万光泰《柘坡居士集》卷三)

初冬,查为仁出游,经容城、安肃、北河、琉璃河,至河西务。(《竹村花坞集·夜至河西务》)

冬,吴廷华初赴三礼馆,刘文煊、万光泰等人以诗赠别,吴廷华依韵答之。(《沽上题襟集》卷一、卷二、卷六)

冬,吴廷华应征三礼馆入都,赋诗留别。查为仁、查礼作诗送之。查为仁并填词《早梅芳》一阕。(《竹村花坞集·送中林应征入三礼馆,时纂天津郡邑两志甫竣》、《押帘词》、《铜鼓书堂遗稿》卷二)

冬,刘文煊为陈元复所仿倪瓒(号云林,无锡人,元末画家)《山水卷》题诗。(《沽上题襟集》卷一)

冬,查礼以吴绫相赠,杭世骏寄诗谢之,查礼次韵答之。(杭世骏《道古堂诗集》卷七、《铜鼓书堂遗稿》卷二、《沽上题襟集》卷八)

冬,万光泰为周焯小墨玉镜题诗。(万光泰《柘坡居士集》卷三、《沽上题襟集》卷六)

雪中,汪沆、余懋檍等人集会澹宜书屋,分韵赋诗。(《沽上题襟集》卷四)

仲冬长至日(十一月十二日),万光泰为查为仁绘画《山水图》。万光泰、余懋檍、胡睿烈、汪沆等人为之题诗。(《水西余韵》第132—134页)

岁暮,张凤孙过访味古庐,在梅花下,与查礼、万光泰等人诗酒酬唱。(《铜鼓书堂遗稿》卷二、万光泰《柘坡居士集》卷三、《沽上题襟集》卷六)

除夕(十二月二十九),查礼守岁,填词《玉漏迟》。(《铜鼓书堂遗稿》卷二五)

是年,葛正笏随陈宏谋(原名弘谋,字汝咨,号榕门,临桂人)来天津,查礼与之订交。(《铜鼓书堂遗稿》卷三十《题水西话别图册子》)

乾隆四年己未(1739)

元旦(正月初一日),查为仁赋诗,汪沆、万光泰等人和之。(《竹村花坞集·早春》、《莲坡诗话》卷中)

元日(正月初一日),查礼怀念查学,作诗寄赠。(《铜鼓书堂遗稿》卷三)

正月，查礼怀念吴廷华，赋诗寄之。（《铜鼓书堂遗稿》卷三）

人日（正月初七日），查礼与汪沆、余懋檞、万光泰等人过访周焯卜砚山房，观赏郑簠（字汝器，号谷口，上元人）《八分小篆》册子。（《铜鼓书堂遗稿》卷三、《沽上题襟集》卷四）

正月初八日，查礼与汪沆、葛正笏、冯元惇、张凤孙、陈以舟等人过访水西庄，听歌，诗歌酬唱。（《铜鼓书堂遗稿》卷三、《沽上题襟集》卷四）

元夕（正月十五日夜），查礼邀约张凤孙踏灯。张凤孙未至，查礼填词《春声碎》。（《铜鼓书堂遗稿》卷二五）

正月，查礼画梅，用以交换葛正笏的书法，并题词《鬲溪梅令》。（《铜鼓书堂遗稿》卷二五）

春日，查礼与余懋檞、汪沆、胡睿烈等人同游牛氏南溪园，以"石门斜日到林丘"平字为韵，分韵赋诗。（《铜鼓书堂遗稿》卷三、《沽上题襟集》卷八）

春日，万光泰进京，在杨村赏月，赋诗寄怀刘文煊、余懋檞、朱岷、汪沆、胡睿烈、查为仁、查礼等人，查礼、刘文煊、余懋檞等人次韵和之。（万光泰《柘坡居士集》卷三、《铜鼓书堂遗稿》卷三、《沽上题襟集》卷一、卷六）

春日，查礼为文徵明（名壁，号衡山居士，长洲人，明代画家）《枯木竹石》轴子题诗。（《铜鼓书堂遗稿》卷三）

正月晦日（三十日），查礼与余懋檞、汪沆、胡睿烈等人集会水西庄，怀念在京城的赵贤、万光谦、万光泰，分韵赋诗。万光泰在京城作诗答之。（《铜鼓书堂遗稿》卷三、《沽上题襟集》卷六）

春，张钧（字鸿斋，秀水人）过访水西庄，查为仁与之诗歌酬唱。（《竹村花坞集·张鸿斋过水西庄，有诗见赠，依韵酬之》）

二月,查为仁、查礼作诗贻赠余懋檣。(《竹村花坞集·赠余荆帆》、《铜鼓书堂遗稿》卷三)

春日,高蔼自京城来信。(《铜鼓书堂遗稿》卷三)

春日,查礼进京,途经香河县、百家湾、三河县、百草沟、固县里、平谷县,沿途赋诗。(《铜鼓书堂遗稿》卷三)

春,查礼过访固县里尤淑孝(字孟仁,大兴人)。(《铜鼓书堂遗稿》卷二八《送尤孟仁之鸡泽序》)

春日,查礼过访杭世骏,为之赋《紫丁香花歌》。(《铜鼓书堂遗稿》卷三)

春日,查礼在河西务遇见郝舍甫,填词《沙塞子》。(《铜鼓书堂遗稿》卷二五)

春日,查礼自三河县归,在桃花口遇见张凤孙。(《沽上题襟集》卷八)

上巳前二日(三月初九日),高蔼重来天津,胡睿烈等人分韵赋诗。(《津门诗钞》卷四)

春日,高蔼下第,归新城,查礼填词《鹧鸪天》、胡睿烈作诗送之。(《铜鼓书堂遗稿》卷二五、《沽上题襟集》卷七)

春日,陈奇瑶来天津,与刘义煊重相见。(《沽上题襟集》卷)

暮春,万光谦、万光泰自京城来天津,一同游览牛氏南溪,诗歌唱和。(万光泰《柘坡居士集》卷三、《沽上题襟集》卷六)

暮春,万光泰为恽源浚《墨蟹》题诗。(万光泰《柘坡居士集》卷三)

暮春,查礼与陈竹吟、汪沆、万光泰、胡睿烈等人过访水西庄,分韵赋诗。查礼并填词《喜迁莺》。(《铜鼓书堂遗稿》卷二五)

初夏,陈皋来游天津,馆于澹宜书屋,抄录旧制杂诗四十首,就正于查为仁。(陈皋《押帘词序》、《水西余韵》第66—70页、陈皋《沽

上醉里谣》)

初夏,陈皋游览水西庄,赋诗唱和查礼所作《秋日雨中杂咏》。(《津门诗钞》卷二七)

初夏,万光泰南归秀水,查礼、刘文煊、汪沆等人作诗送之。(万光泰《柘坡居士集》卷三、《铜鼓书堂遗稿》卷三、《沽上题襟集》卷一、卷四)

夏日,城内屋南小筑落成,又称舍南小筑。查为仁、查礼为之赋诗。陈皋依查为仁韵亦作和诗一首。(《竹村花坞集·屋南小筑落成》《铜鼓书堂遗稿》卷三、《沽上题襟集》卷五、卷八、《河北第一博物院画报》第49期《谈荟》)

夏日,汪沆为屋南小筑赋诗,并注出其中的主要胜景有九处:午晴楼、花香石润之堂、送青轩、小丹梯、玉笠亭、若槎、读画廊、月明撅笛台、萱苏径。(汪沆《津门杂事诗》)

夏日,查礼为屋南小筑的每处景点,各填词一首。(《铜鼓书堂遗稿》卷二五)

夏夜,查礼等人在月明撅笛台饮酒赋诗。(《沽上题襟集》卷八)

五月初一日,陈皋、胡睿烈、陈寄瑶等人过访香林苑。(《沽上题襟集》卷五、卷七)

五月,田同之(字在田,号西圃,德州人)来天津,查礼指头画莲,并作诗赠之。(《水西余韵》第29—33页、《铜鼓书堂遗稿》卷三)

五月初十日,查为仁与汪沆、陈皋、查礼等人集会若槎,分韵赋诗。(《竹村花坞集·若槎坐雨,同汪西颢、陈江皋、鲁存弟,分赋得微字》、《铜鼓书堂遗稿》卷三、《沽上题襟集》卷四)

夏,汪沆为沈周《乳鸟图》题诗。(《沽上题襟集》卷四)

夏,汪沆与赵贤、黄履顺等人在枕溪廊赋诗酬唱。(《沽上题襟

集》卷四）

六月，田同之在津欢宴弥月，南归德州，查为仁、查礼、刘文煊、汪沆、陈皋、胡睿烈等人集会香雨楼，赋诗留别。(《莲坡诗话》卷中，《铜鼓书堂遗稿》卷三，《沽上题襟集》卷一、卷四、卷五、卷七）

六月，陈皋为周焯《七峰图》题诗。(《沽上题襟集》卷五）

六月，陈皋为李同人《种山亭图》题诗。(《沽上题襟集》卷五）

六月，陈寄瑶返归保定，陈皋作诗送之。(《沽上题襟集》卷五）

夏，查为仁读陈仪所注《金刚经》，寄诗一首。(《竹村花坞集·雨中读陈子翱先生所注〈金刚经〉却寄》)

夏，胡睿烈过访藕香榭，观荷赋诗。(《沽上题襟集》卷七）

夏，水西庄红菱初熟，查礼泛舟采之。(《沽上题襟集》卷八）

夏，葛正笏、张凤孙同客陈宏谋署中。查礼以水西庄所产红菱五十枚相赠，葛正笏、张凤孙以诗见答。(《莲坡诗话》卷中）

夏，胡睿烈、赵贤等人过访花香石润之堂，以"叶如斜界纸，心似倒抽书"平字分韵赋诗。(《沽上题襟集》卷七）

七月初二日，查为义四十岁生辰，查礼作诗寄之。(《铜鼓书堂遗稿》卷三）

七月初八日夜，陈皋与余懋檠饮酒作诗，共话踪迹飘泊。(《沽上题襟集》卷五）

七月，刘文煊造访屋南小筑，饮酒赋诗。(《沽上题襟集》卷一）

七月十七日夜，刘文煊在小丹梯赏月赋诗。(《沽上题襟集》卷一）

秋，自江淮间得老梅三十余株，查礼栽种在味古庐。(《铜鼓书堂遗稿》卷三《早春读书味古庐梅花下》)

秋日，张凤孙、张栋（字鸿勋，吴江人）、李泰远（字开地，吴江人)、程南溟(字轶青,吴江人)南归吴门,刘文煊、胡睿烈、查礼作诗送之。(《铜鼓书堂遗稿》卷三,《沽上题襟集》卷一、卷七、卷八)

八月初,刘文煊作诗向查为仁索赠水西庄红菱。(《沽上题襟集》卷一)

八月,查礼过访李定业(字向叔,一字放亭,号更生,查礼妻兄)。(《铜鼓书堂遗稿》卷三)

甲戌月乙巳日(九月初一日),查日乾之叔祖父查国才与张氏(宛平人)原合葬于京师西直门外卫伍村,迁葬于宛平县榆垡。(《宛平查氏支谱》卷一、卷三《明寰府君张太君墓志》)

九月初一日,查日乾之侄查业新(字奇先,1674—1758)撰写《明寰府君张太君墓志》。(《宛平查氏支谱》卷三)

重九前二日(九月初七日),等万光泰不至,查礼填词《水调歌头》。(《铜鼓书堂遗稿》卷二五)

九月初九日,查礼登览午晴楼。(《铜鼓书堂遗稿》卷三)

九月十一日,查礼为汪沆《津门杂事诗》作序。(汪沆《津门杂事诗》卷首)

九月,万光泰自长水县重来天津,赠以读书灯,查礼赋诗谢之。(《沽上题襟集》卷八)

九月,陈皋进京一趟,见访赵昱。(《沽上题襟集》卷五)

秋日,周长发(字兰坡,号石帆,山阴人)过访水西庄,作诗贻赠查日乾。(《宛平查氏支谱》卷八、《水西余韵》第44页)

秋,查为仁为汪沆《津门杂事诗》题诗。(《竹村花坞集·题西颢〈天津杂事诗〉后,即送还钱塘》、汪沆《津门杂事诗》卷首)

秋,陈皋为汪沆《津门杂事诗》题词《念奴娇》。(汪沆《津门杂事诗》、陈皋《吾尽吾意斋乐府》《沽上醉里谣》)

秋，杭世骏等人《咏方镜》唱和诗二十四首，传诵辇下，和者甚众，查为仁、查容端等人亦和之。（杭世骏《道古堂诗集》卷七、《莲坡诗话》卷中、《竹村花坞集·方镜，和杭大宗编修韵》、《章学诚遗书》卷十六《裴母查宜人墓志铭》）

秋，李时馨（字闻远，保定人）携来吴雯手抄全稿过访陈皋。查为仁手录吴雯钞本诗一帙。（《沽上题襟集》卷五、《莲坡诗话》卷中）

秋，查奕楠南归，作诗留别查日乾，万光泰赋诗送之。（《宛平查氏支谱》卷八、《沽上题襟集》卷六、万光泰《柘坡居士集》卷三）

秋，刘文煊移居至于斯堂旁，填词《浪淘沙》，查为仁、查礼、陈皋等人均和之。（《沽上题襟集》卷一、《押帘词》、《铜鼓书堂遗稿》卷二五、陈皋《沽上醉里谣》）

秋，赵贤归里，陈皋填词《金缕曲》送之。（陈皋《吾尽吾意斋乐府》）

秋冬之际，查奕楠、赵贤、汪沆、赵北野（诸暨人）等人纷纷南归，查礼均赋诗送之。查为仁亦作诗寄之。（《铜鼓书堂遗稿》卷三、《竹村花坞集·秋冬之际，尤难为怀，王大令用以致慨。旬日中，张少仪归苏州，赵端人、汪西颢归杭州，家贡木归嘉兴，散如落叶，不自知愁绪之如梦也。寒宵索寞，烛花半零，追维合并之乐，逾增孑处之感，爰成短章，以寄诸子同心离居，知诸子亦共此惓惓尔》）

秋，汪沆归舟至沧州，有《黄菊》诗见寄；舟行阻滞聊城，以《远山有作》相赠。（《莲坡诗话》卷中、《沽上题襟集》卷四）

秋，汪沆离津三日后，陈皋填词《金缕曲》以寄相思。（陈皋《沽上醉里谣》）

秋，乐兼思时在平谷，查礼作诗寄赠。（《铜鼓书堂遗稿》卷三）

秋，海光寺墨田上人惠赠蓝田香稻，查礼作诗谢之。（《沽上题

襟集》卷八)

秋,查礼、胡睿烈前往榆垡、百草沟。陈皋填词《一剪梅》以赠,查礼和之。(《铜鼓书堂遗稿》卷二五、陈皋《吾尽吾意斋乐府》)

秋末,查礼与陈皋、万光泰、胡睿烈等人集饮香雨楼,查礼填词《霜天晓角》,查为仁、陈皋等人和之。(《铜鼓书堂遗稿》卷二五、《押帘词》、陈皋《沽上醉里谣》)

秋末寒夜,陈皋与万光泰对弈,并填词《琴调相思引》。(陈皋《吾尽吾意斋乐府》)

秋末,陈皋欣赏洋菊,填词《天香》,查为仁和之。(《押帘词》、陈皋《吾尽吾意斋乐府》)

秋末,接到张凤孙自济宁来信,查礼填词《渡江云》,陈皋和之。(《铜鼓书堂遗稿》卷二五、陈皋《沽上醉里谣》)

秋末,查礼填词《青玉案》吟咏宣德押经炉,查为仁、陈皋和之。(《铜鼓书堂遗稿》卷二五、《押帘词》、陈皋《吾尽吾意斋乐府》)

初冬,查为仁入京访王霖,而王霖则来天津。(《竹村花坞集·予与王雨枫不见二十年矣,顷入都相访,值雨枫是日买舟天津,过予水西庄,走笔奉寄,并订晤期》)

初冬,查为仁夜宿河西务,填词《临江仙》寄赠,陈皋和之。(《押帘词》、陈皋《沽上醉里谣》)

初冬寒夜,陈皋对月怀念查为仁,查为仁填词《菩萨蛮》答之。(《押帘词》)

冬日,王霖过访水西庄,刘文煊、查礼等人以"旁舍连高竹,疏篱带晚花"平字为韵,分韵赋诗。(《沽上题襟集》卷一、卷八)

十月,王霖为查为仁《是梦集》作序。(《是梦集》卷首)

十月,陈皋为王霖《集杜诗》题词《探春》。(陈皋《吾尽吾意斋

乐府》）

十月，王霖赴任南宫令，查礼填词《霜叶飞》，陈皋填词《探春》送之。（《铜鼓书堂遗稿》卷二五、陈皋《吾尽吾意斋乐府》《沽上醉里谣》）

十月，万光泰填词《扫花游》咏武彝茶，查为仁、陈皋等人和之。（《押帘词》、陈皋《吾尽吾意斋乐府》）

试雪夜，汪沆、赵贤在西湖，查为仁与查礼、陈皋、万光泰、胡睿烈等人集会香雨楼分韵赋诗，查为仁、查礼、陈皋等人均填词《散天花》怀之。（《押帘词》、《铜鼓书堂遗稿》卷二五、《沽上题襟集》卷七、陈皋《沽上醉里谣》）

子月（十一月）初七日，查为仁四十六寿辰，并纳姬人，填词《菩萨蛮》。恽源浚为之绘《月季花图》，朱岷题款。刘文煊、汪沆、万光泰、胡睿烈、陈皋等人题写诗词贺喜。（《押帘词》、《水西余韵》第56—59页、陈皋《沽上醉里谣》）

长至夜（十一月二十二日），查为仁与刘文煊、陈皋、万光泰、胡睿烈等人集会澹宜书屋，有消寒之咏，各以倚声相向，填词《浣溪沙》。（《押帘词·前言》、陈皋《沽上醉里谣》）

冬，诸葛白岩以吴拭（字去尘，休宁人）浴砚斋墨寄赠，查礼填词《风入松》谢之，陈皋、万光泰等人亦和之。（《铜鼓书堂遗稿》卷二五、陈皋《吾尽吾意斋乐府》、万光泰《柘坡居士集》卷四）

冬日，查礼与陈皋、万光泰、胡睿烈等人同游南溪，分韵赋诗，查礼并填词《念奴娇》，陈皋亦和之。（《铜鼓书堂遗稿》卷二五、陈皋《吾尽吾意斋乐府》）

冬日，刘文煊寿辰，改号"雪舸"为"雪柯"，查礼填词《点绛唇》贺之，陈皋亦和之。（《铜鼓书堂遗稿》卷二五、陈皋《吾尽吾意

斋乐府》)

冬,陈皋为曹曙瞻(字遄屿,嘉兴人)《滮湖渔隐图》题词《诉衷情》。(陈皋《吾尽吾意斋乐府》)

冬,下雪了,查为仁填词《西江月》,陈皋和之。(《押帘词》、陈皋《吾尽吾意斋乐府》)

冬,乐兼思卒,查礼填词《满江红》悼之。(《铜鼓书堂遗稿》卷二五)

冬,城内清机小舍落成,查礼填词《月华清》,陈皋填词《琵琶仙》,查为仁填词《绮罗香》。(《铜鼓书堂遗稿》卷二五、《押帘词》、陈皋《吾尽吾意斋乐府》)

冬,陈皋结集《沽上醉里谣》,查礼为之填词《蓦山溪》。(《铜鼓书堂遗稿》卷二五)

冬,袁枚(字子才,号简斋,钱塘人)乞假归娶,途经天津,查为仁命查礼登船厚贶。(袁枚《随园诗话》卷四)

雪后,陈宏谋邀约查礼过访恒斋。(《铜鼓书堂遗稿》卷三)

十二月,书斋中枯菊开花,查礼填词《一枝春》,陈皋和之。(陈皋《吾尽吾意斋乐府》)

十二月初八日,查礼与刘文煊、余懋檴、朱岷、余尚炳、陈皋、施济清、万光泰、胡睿烈等人载酒泛凌床至海光寺,在墨田上人之锻磨斋雅集酬唱,查礼填词《南浦》,陈皋填词《满江红》,查为仁填词《临江仙》。(《铜鼓书堂遗稿》卷二五、《押帘词》、陈皋《吾尽吾意斋乐府》《醉里续谣》)

除夜(十二月三十日夜),查为仁赋诗,陈皋和之,查为仁又填词《一剪梅》。(《沽上题襟集》卷五)

是年,查祥作诗贻赠查日乾。(《宛平查氏支谱》卷八《岁丙子与

慕园叔相见京师，时叔年三十，余年二十，去今四十三年矣……》)

乾隆五年庚申(1740)

正月，查为仁赋诗《春夜曲》，查礼和之。(《山游集》、《铜鼓书堂遗稿》卷三)

正月，鲁之裕贻赠《山水画册》，查为仁作诗答谢。(《山游集·鲁亮侪观察以所画山水册见贻，为赋长句谢之》)

人日(正月初七日，是日立春)，查礼与陈皋、万光泰、胡睿烈等人集会午晴楼，分韵填词《一萼红》。(《铜鼓书堂遗稿》卷二六、《津门诗钞》卷二七、陈皋《醉里续谣》)

元夕(正月十五日夜)，陈皋写信寄赠王曾祥(字麐徵，仁和人)。(《沽上题襟集》卷五)

元夕(正月十五日夜)，汪沆时在钱塘，查礼怀念，作诗寄之。(《铜鼓书堂遗稿》卷三)

灯夜(正月十五日夜)，查礼邀请葛正笏过访舍南小筑，葛正笏未至，赠诗一首，查礼次韵答之。(《铜鼓书堂遗稿》卷三)

上元后一日(正月十六日)，查为仁赋诗。正月十七日夜，刘文煊和之。(《山游集·上元后一日偶作》、《沽上题襟集》卷一)

正月，查为仁赋诗怀念张璨(号湘门，湘潭人)。(《山游集·怀张湘门少廷尉》)

正月，查为仁为曹曙瞻《滮湖渔隐图》题诗。(《山游集》)

正月，牛仲诗、牛叔易邀集查日乾、查礼父子同游南溪。(《铜鼓书堂遗稿》卷三)

正月，沈廷芳(字畹叔，仁和人)将查昇之旧拓禊帖赠送查礼，查礼作诗谢之。(《铜鼓书堂遗稿》卷三)

正月,诸葛白岩寄赠《枯笔山水》一幅,查礼画梅并题词《鬲溪梅令》报之。(《铜鼓书堂遗稿》卷二六)

正月二十二日,查礼与陈皋、万光泰等人集会水西庄,怀念汪沆在钱塘,分韵赋诗,查礼并填词《兰陵王》。(《铜鼓书堂遗稿》卷二六)

正月二十四日,查为仁、查礼邀请陈皋等人集会梅花树下,畅饮沧酒。(《沽上题襟集》卷五)

正月下浣之四日(二十四日),查日乾作《百草山庄记》。(《宛平查氏支谱》卷六)

二月初三日至十一日,查为仁与朱岷、陈皋、陆宗蔡等人同游盘山,沿途观景赋诗。(《游盘日纪》)

二月,查为仁时在盘山,查礼赋诗怀之。(《铜鼓书堂遗稿》卷三)

二月,查为仁从盘山归来,刘文煊作诗赠之。(《沽上题襟集》卷一)

二月,万光泰作诗《春夜送青轩听雨》,查礼、胡睿烈等人和之。(《沽上题襟集》卷六、卷七、卷八)

花朝节(二月十五日),刘文煊、余懋樯、余尚炳、陈皋、万光泰、胡睿烈等人过访花香石润之堂,查礼、陈皋均填词《东风齐着力》。(《铜鼓书堂遗稿》卷二六、陈皋《吾尽吾意斋乐府》《醉里续谣》)

花朝后二日(二月十七日),刘文煊与查礼泛舟城南。(《沽上题襟集》卷一)

二月,刘文煊为曹曙瞻《澎湖渔隐图》题诗。(《沽上题襟集》卷一)

二月,刘文煊收到汪沆来信,言五月当抵津门。(《沽上题襟集》卷一)

二月二十二日,杜甲赴通州,道经马家口,见查为仁题茶棚寺

壁诗,次韵见寄,查为仁作诗答之。(《沽上题襟集》卷三)

三月,查为仁作诗寄赠杭世骏。(《山游集·寄题杭大宗寓斋丁香花》)

三月,查礼在水西庄填词《丁香结》寄赠杭世骏。(《铜鼓书堂遗稿》卷二六)

三月,陈皋生日,早上独自前往水西庄,过访揽翠轩,作诗怀念扬州小玲珑山馆同人。查为仁设宴招饮,众人以鸥字为韵,填词《木兰花慢》。陈皋亦填词致谢。(《沽上题襟集》卷五、《押帘词》、陈皋《吾尽吾意斋乐府》)

三月,查复(字见初,海宁人)病中寄诗,查礼赋诗答之。(《铜鼓书堂遗稿》卷三)

上巳日(三月初四日),刘文煊与胡睿烈泛舟郊游,至福寿宫观看《天宝遗事》,诗歌唱和。(《沽上题襟集》卷一、卷七)

清明日(三月初八日),查为仁邀请陈皋、胡睿烈等人拟游水西庄,大雨受阻。(《沽上题襟集》卷五、卷七)

三月,查礼得良马一匹,命名"小骥",为之作《小骥歌》。其后,刘文煊、汪沆、陈皋、胡睿烈等人和之。(《铜鼓书堂遗稿》卷三,《沽上题襟集》卷一、卷四、卷五、卷七)

三月,陈皋过访绣野簃赋诗,并填词《南楼令》。(《沽上题襟集》卷五、陈皋《吾尽吾意斋乐府》)

三月,查礼为张鹏翀(字天飞,一作天扉,号南华山人,嘉定人)《使滇集》题诗。(《铜鼓书堂遗稿》卷三)

三月,查礼镌泐"小字阿平"四字私印贻赠陈皋,陈皋赋诗志谢,查礼依韵答之。(《沽上题襟集》卷五、卷八)

三月十八日,刘文煊、陈皋、万光泰等人泛舟同游浣花村,以

"春水绿波"分韵赋诗。(《沽上题襟集》卷一、卷五、卷六)

三月二十九日,查为仁等人在澹宜书屋饮酒。万光泰作诗,陈皋和之。(《沽上题襟集》卷五)

暮春,刘文煊等人集会揽翠轩,以"春暖鸟声碎,日高花影重"分韵赋诗。(《沽上题襟集》卷一)

春,万光泰怀念李同人,作诗寄赠。(万光泰《柘坡居士集》卷四)

春,查日乾在东安县城构建石梁草堂,作为往来榆垡祭祖的中路止宿之所。(《押帘词·风入松》)

四月,众人集会送春,以"看花又是明年"平字为韵,陈皋填词《高阳台》。(陈皋《吾尽吾意斋乐府》)

浴佛日(四月初八日),查为仁邀请刘文煊、余懋檣、朱岷、陈皋、万光泰、胡睿烈、查礼、查昌文(字毓书,海宁人)、陆宗蔡等人集会花影庵,以"心在水精域,衣沾春雨时"分韵赋诗。(《山游集·浴佛日,刘紫仙、余荆帆、朱仑仲、陈江皋、万循初、胡文锡、鲁存弟、毓书侄、陆生染香集花影庵,以"心在水精域,衣沾春雨时"为韵,分得时字》,《沽上题襟集》卷一、卷五)

四月初九日,查礼邀请刘文煊、余懋檣、朱岷、陈皋、万光泰、胡睿烈、查为仁等人集会水西庄,为葛正笏南归昆山送行,以"山川阻远,行李时通"分韵赋诗。朱岷绘《水西话别图》,查礼为之题辞。(《铜鼓书堂遗稿》卷三、卷三十,《山游集·赋得渔庄送葛播书还昆山,以"山川阻远,行李时通"为韵,分得川字》,《沽上题襟集》卷一、卷五)

四月,陈皋为查国才撰《明寰府君小传》。(《宛平查氏支谱》卷二)

四月,查礼邀请恽源浚、陈皋等人集会水西庄,观赏牡丹,饮酒

赋诗。(《沽上题襟集》卷五)

夏,陈皋为吴可驯(字骥调,号南涧,仁和人)《赏雨茅屋图》题诗。(《沽上题襟集》卷五)

夏日,陈皋等人在澹宜书屋观赏黄鼎(字尊古,号旷亭,常熟人)仿作的沈周为陈宽(号醒庵,临江人)所作《庐山高图》。(《沽上题襟集》卷五)

夏,查礼为查为仁《盘山记游集》题诗。(《铜鼓书堂遗稿》卷三)

夏,查承源卒,查礼作诗悼之。(《铜鼓书堂遗稿》卷三)

夏,查礼与凌洪仁(字献珍,乌程人)、万光泰、胡睿烈等人在藕香榭前试舟。(《铜鼓书堂遗稿》卷三,万光泰《柘坡居士集》卷四,《沽上题襟集》卷六、卷七)

夏,查礼为朱岷《秋林读书图》题词《风入松》,词赠凌洪仁,并送其南归乌程。(《铜鼓书堂遗稿》卷二六)

夏,张凤孙赴武昌,查礼作诗送之。(《铜鼓书堂遗稿》卷三)

夏,查礼为王翚(字石谷,常熟人)所仿作的赵令穰(字大年,汴京人,北宋画家)《村居图》题诗。(《铜鼓书堂遗稿》卷三)

夏,沈永之赠诗,查礼次韵答之。(《铜鼓书堂遗稿》卷三)

初夏,汪沆重来天津,在绣野簃观赏芍药。(《沽上题襟集》卷四)

初夏,汪沆在清机小舍,查礼索求其南归期间的诗作。(《沽上题襟集》卷四)

夏,查礼邀请汪沆、陈皋、万光泰等人集会香雨楼,饮百花酒,分韵赋诗。(《铜鼓书堂遗稿》卷三、《沽上题襟集》卷四)

夏,查礼、汪沆等人为曹曙瞻《㴉湖渔隐图》题诗。(《铜鼓书堂遗稿》卷三、《沽上题襟集》卷四)

夏夕,查礼与汪沆在小丹梯饮酒赋诗,查礼时已移居屋南小

筑。(《铜鼓书堂遗稿》卷三、《沽上题襟集》卷四)

夏夜,查礼在玉笠亭逭暑,填词《醉花阴》,陈皋和之。(《铜鼓书堂遗稿》卷二六、陈皋《吾尽吾意斋乐府》)

夏,朱岷过访石梁草堂,赋诗一首,查为仁次韵答之。(《山游集·次仑仲过石梁草堂韵》)

夏,东安县令庄沛苍以其母所画大士像相赠,查为仁赋诗答谢。(《山游集·东安庄沛苍大令以母太夫人所绘大士像见贻,赋谢》)

夏,查为仁为尤淑孝《读书秋树根图》题诗。(《山游集·题尤孟仁〈读书秋树根图〉》)

六月初一日,吴廷华撰《宛平查氏先庙碑记》。(《宛平查氏支谱》卷六)

伏日(六月二十一日),查礼、汪沆等人在清机小舍分韵赋诗。(《沽上题襟集》卷八、汪沆《槐塘诗稿》卷五)

闰六月初一日,杭世骏为查为仁作《游盘日纪序》。(《游盘日纪》卷首)

闰六月初八日,查日乾七十四寿辰,尤淑孝、刘文煊、胡睿烈、昝华叶(字实夫、实父,桐城人)、施士鉴(字雷山,晋江人)、凌昆(字山源,大兴人)、余懋樯、陈皋、凌锷(字敬廉,海昌人)等人作诗贺寿。(《宛平查氏支谱》卷八、《水西余韵》第43页)

闰六月十六日夜,查礼与汪沆、陈皋、万光泰、胡睿烈等人在月明撇笛台赏月,分韵赋诗,查礼填词《醉花阴》。(《铜鼓书堂遗稿》卷二六)

夏,查礼填词《木兰化慢》寄赠曹庭枢(字古谦,号六艻,嘉善人)。(《铜鼓书堂遗稿》卷二六)

夏,李源在项城,查为仁、查礼怀念,作诗寄之。(《山游集·夜坐玉笠亭,怀李远川在项城》、《铜鼓书堂遗稿》卷三)

七月初三日,余懋檞邀集查礼、刘文煊、余尚炳、汪沆、陈皋、万光泰等人前往叠石山房,分咏秋卉,查礼填词《秋蕊香》。(《铜鼓书堂遗稿》卷二六、万光泰《柘坡居士集》卷四)

七夕(七月初七日),查礼邀请朱岷、汪沆、陈皋、万光泰、胡睿烈、余懋檞等人集会清机小舍,分赋七夕故实。陈皋填词《情久长》咏九孔针。(《铜鼓书堂遗稿》卷二六、汪沆《槐塘诗稿》卷五、陈皋《醉里续谣》)

七月,万光泰等人在城内染香斋食蟹,大雨,移到于斯东堂。(《沽上题襟集》卷六)

中元(七月十五日),查礼与张钧、汪沆、陈皋、万光泰等人登览海光寺楼,分韵赋诗。(《铜鼓书堂遗稿》卷三,《沽上题襟集》卷五、卷六)

中元夜(七月十五日夜),汪沆、陈皋等人从城南海光寺归来,过访染香斋,赏月饮茶。万光泰赋诗六首。(万光泰《柘坡居士集》卷四,《沽上题襟集》卷四、卷五、卷六)

秋,陈皋游览南溪,赋诗一首。(《沽上题襟集》卷五)

秋,汪沆为澹宜书屋所藏方孝孺(字希直,宁海人)《双松图》题诗。(《沽上题襟集》卷四)

秋夜,查礼在读画廊观月,作诗怀念葛正笏。(《铜鼓书堂遗稿》卷三)

秋日,查礼在碧海浮螺亭督促花匠修剪花卉。(《沽上题襟集》卷八)

秋,查礼为周焯所藏陈元复《七峰图》题诗。(《铜鼓书堂遗稿》

卷三)

秋，吴以诚(字思立，六合人)赴西安，入幕府，查礼作诗送之。(《铜鼓书堂遗稿》卷三)

秋，查礼为董其昌(号思白，华亭人，明代书画家)《秋林晴岫图》题诗。(《沽上题襟集》卷八)

秋，查为仁为吴可驯《赏雨茅屋图》题诗。(《山游集·〈赏雨茅屋图〉为吴骥调题》)

八月，查礼与汪沆、万光泰、胡睿烈等人同游盘山及京西香山、翠微、潭柘诸山。(《铜鼓书堂遗稿》卷三一《亡妻李安人行略》、汪沆《槐塘诗稿》卷六、万光泰《柘坡居士集》卷四)

八月十一日傍晚，在杨村渡河，万光泰赋诗一首。(万光泰《柘坡居士集》卷四)

八月十二日，经过宝坻，二更到达崔黄口。(万光泰《柘坡居士集》卷四)

八月十三日早上，从邦军入山，查礼填词《菩萨蛮》。停车莲花池，游览天成寺、西甘涧、东甘涧，夜宿天成寺楼。(《铜鼓书堂遗稿》卷二六、万光泰《柘坡居士集》卷四)

八月十四日，游览正法寺、五松堂、少林寺、红龙池、黑塔峪、上方寺，夜宿东竺庵。(万光泰《柘坡居士集》卷四)

中秋前一日(八月十四日)，查礼与汪沆、万光泰、胡睿烈等人在盘山。查为仁对月怀念而赋诗。(《山游集·中秋前一日，对月怀汪西颢、万循初、胡文锡、鲁存弟在盘山，以"风林纤月落，衣露净琴张"平字为韵，分得纤字》)

八月十五日，游览云罩寺、自米峰、挂月峰、石笋洞、青沟禅院、万松寺、剑台，在翠屏峰下对月豪饮。查礼填词《浪淘沙》《念奴娇》。

(《铜鼓书堂遗稿》卷二六、汪沆《槐塘诗稿》卷六、万光泰《柘坡居士集》卷四)

八月十六日,游览感化寺、天香妙祥寺、佑唐寺、鲸甲石,夜宿东竺庵。查礼填词《南歌子》。(《铜鼓书堂遗稿》卷二六、万光泰《柘坡居士集》卷四)

八月十七日,重过上方寺,游览青峰寺、法藏寺、双峰寺。(万光泰《柘坡居士集》卷四)

八月二十一日,游览北京西山,夜宿永寿庵。查礼填词《千秋岁》。(《铜鼓书堂遗稿》卷二六、万光泰《柘坡居士集》卷四)

八月二十二日,游览善应寺、普觉寺、五华寺、隆教寺。查礼邀请普觉寺释元日(字青崖,盐城人,俗姓丁)重游退谷亭,填词《离亭燕》。(《铜鼓书堂遗稿》卷二六、万光泰《柘坡居士集》卷四)

八月二十三日,游览碧云寺、永安寺、洪光寺、法海寺、龙泉庵、圣感寺、翠微洞,夜宿证果寺。(万光泰《柘坡居士集》卷四)

八月二十四日,出秘魔崖,过浑河,度罗喉岭,游岫云寺。(万光泰《柘坡居士集》卷四)

八月二十五日,游览流杯亭、歇心亭、紫竹庵、戒坛寺、化阳洞、三慧洞、极乐洞,夜宿永福寺。(万光泰《柘坡居士集》卷四)

八月二十六日,出潭柘山,过访平园,查礼填词《婆罗门引》。游览万寿寺,顺着高粱河,进入西直门。(《铜鼓书堂遗稿》卷二六、万光泰《柘坡居士集》卷四)

九月初一日,查礼与万光泰等几十人同游陶然亭登高,晚上集会沈廷芳隐拙斋。(万光泰《柘坡居士集》卷四、《铜鼓书堂遗稿》卷八)

九月初九日,查礼在京与曹庭枢同把茱萸、赏黄菊。(《铜鼓书

堂遗稿》卷四《哭曹古谦孝廉》)

九月,万光泰返归天津,从闻渔阁移住阁南的茧屋,茧屋改名为小旸谷。(万光泰《柘坡居士集》卷四、《铜鼓书堂遗稿》卷四)

九月二十二日,赵国麟为查日乾所辑《查氏七烈编》作序。(《查氏七烈编》卷首)

九月,查为仁与查礼等人食蟹,诗歌唱和。(《沽上题襟集》卷八)

九月,听到雁声,查礼怀念曹庭枢,作诗寄之。(《沽上题襟集》卷八)

十月,查礼出游瀛博,途经子牙河、大城、束城镇、河间、肃宁县、沙河、蠡县、博野县、祁州,至静海县,沿途观景赋诗。(《铜鼓书堂遗稿》卷四)

十月,查礼为所辑《瀛博纪行草》作序,陈皋为之题词《醉太平》。(《铜鼓书堂遗稿》卷二八、陈皋《吾尽吾意斋乐府》)

十月,查礼填词《踏莎行》寄赠申甫(字及甫,江都人)。(《铜鼓书堂遗稿》卷二六)

十月,查礼为朱岷《七松图》题词《苏幕遮》,词赠黄思顺。万光泰题诗,诗寄李源。(《铜鼓书堂遗稿》卷二六、万光泰《柘坡居士集》卷四)

十月,赵昱寄赠茶菊,查礼填词《鹧鸪天》谢之。(《铜鼓书堂遗稿》卷二六)

冬,马位(字思山,号石亭,武功人)卒。(《铜鼓书堂遗稿》卷四《哭曹古谦孝廉》)

冬,查礼将刘文煊、吴廷华、查为仁、汪沆、陈皋、万光泰、胡睿烈及其本人"在津酬唱之作,每年简择数章,各成一卷",辑录为《沽

上题襟集》八卷。(查礼《沽上题襟集序》)

冬夜,查为仁与吴廷华、汪沆、陈皋、陆宾之、翟灏(字大川,又字晴江,仁和人)、陆宗蔡等人过访杭世骏京邸无畏室,以"多闻增智慧,无畏得清凉"分韵赋诗。(《山游集·冬夜,偕吴中林、汪西颢、陈江皋、陆宾之、翟大川暨陆生染香集杭大宗无畏室,以"多闻增智慧,无畏得清凉"为韵,分得智字》)

十一月长至日(初三日),厉鹗(字太鸿,号樊榭,钱塘人)为查礼所辑《沽上题襟集》作序。(《沽上题襟集》卷首)

十一月,余懋樆过访,贻赠查礼一只宣德炉。(《铜鼓书堂遗稿》卷四《宣德炉歌》)

十二月,查礼辑《宣炉谱》一编。(《铜鼓书堂遗稿》卷四《宣德炉歌》)

十二月,查礼为黄庭坚(字鲁直,号山谷道人,分宁人)《蓄狸说》拓本题诗。(《铜鼓书堂遗稿》卷四)

十二月,刘文煊为查日乾撰写《慕园记》。(《宛平查氏支谱》卷六)

十二月,查礼以卜梨贻赠刘文煊,并赋诗两首。(《沽上题襟集》卷八)

十二月,查礼怀念普觉寺释元日,作诗寄之。(《沽上题襟集》卷八)

十二月,查礼作诗寄赠释佛日。(《铜鼓书堂遗稿》卷四)

腊月之中浣三日(十二月十三日),查为仁续修家谱,并作《宛平查氏支谱序》。(《宛平查氏支谱》卷首、卷八查彬《跋》)

十二月,申甫自京师来游天津。查礼招请刘文煊、余懋樆、汪沆、陈皋、万光泰、胡睿烈、查为仁等人集会舍南小筑,分韵赋诗。(《铜鼓书堂遗稿》卷四、《沽上题襟集》卷四)

十二月,查复作诗《病中述怀》寄赠,查礼次韵答之。(《铜鼓书堂遗稿》卷四)

十二月,查礼为王万庆(字禧伯,号澹游,熊岳人,金代画家)《岁寒三友图》题诗。此前,万光泰亦题诗两首。(《铜鼓书堂遗稿》卷四、万光泰《柘坡居士集》卷四)

十二月,陆宗蔡卧病十余日,查为仁填词《虞美人》问候。(《押帘词》)

十二月,查为仁过访天津县令朱奎扬(字南湖,山阴人)寓馆,留饮会谈,填词《眼儿媚》。(《押帘词》)

十二月二十五日,万光泰与余懋檵、汪沆、陈皋等人前往城西散步。(万光泰《柘坡居士集》卷四)

十二月二十六日,万光泰与汪沆、陈皋等人前往城南散步。(万光泰《柘坡居士集》卷四)

是年,申甫与查礼之妻妹成婚。(《铜鼓书堂遗稿》卷三一《亡妻李安人行略》)

乾隆六年辛酉(1741)

正月初五日,刘文煊邀请万光泰等人前往雪舸寓斋,诗酒酬唱。(万光泰《柘坡居士集》卷五)

正月初六日,查礼邀请汪沆、陈皋、申甫、万光泰、胡睿烈等人集会清机小舍,分韵赋诗。(《铜鼓书堂遗稿》卷四、万光泰《柘坡居士集》卷五)

人日(正月初七日),查礼游览大悲院。(《铜鼓书堂遗稿》卷四)

试灯日(正月十三日),万光泰等人登览午晴楼赋诗。(万光泰《柘坡居士集》卷五)

上元日（正月十五日），夜演《饮中八仙》。（汪沆《槐塘诗稿》卷五）

落灯日（正月十八日），查为仁收到厉鹗所寄的手书诗扇。（《莲坡诗话》卷下）

花朝前二日（二月十三日），山僧释佛云过访舍南小筑，查礼与之分韵赋诗。（《铜鼓书堂遗稿》卷四）

二月，查礼取出仇英（字实父，太仓人，明代画家）《平倭图》，万光泰为之题诗。（万光泰《柘坡居士集》卷五）

春，曹庭枢卒，查礼作诗悼之。（《铜鼓书堂遗稿》卷四）

二月，查为仁编定《莲坡诗话》，并自序。（《莲坡诗话》卷首）

二月，万光泰为查为仁《竹村花坞集》作序。（《竹村花坞集》卷首）

二月十六日，张鹏翀为查礼所辑《沽上题襟集》作序。（《沽上题襟集》卷首）

二月，查为仁以事入京，游览西山，沿途观景赋诗。（《山游集·春游杂诗》）

二月，查为仁与吴廷华、陆宾之等人过访杭世骏京邸，夜归作诗怀念汪沆、陈皋。（《山游集·与中林、宾之饮大宗无畏室，夜归有怀西颢、江皋》）

二月，途中接到朱奎扬致谢诗，查为仁次韵答之。（《山游集·途次接朱南湖大令见谢盆梅之作，依韵答之》）

二月，陈皋赋诗见赠，查为仁作诗和之。（《山游集·和江皋见怀原韵》）

二月，查为仁与吴廷华、杭世骏等人过访陆宾之京邸。（《山游集·偕中林、大宗集宾之吉士寓斋》）

二月,查为仁邀约吴廷华、陆用九、陆宾之等人诗酒唱和。(《山游集·约吴中林、陆用九、宾之昆仲小饮》)

二月,查为仁过访万寿寺,为调梅上人题诗。(《山游集·过万寿寺题调梅上人方丈》)

二月,查为仁访普觉寺,作诗贻赠释元日。(《山游集·普觉寺赠青崖老人》)

二月,查为仁与雨苍、勖宗两上人同游碧云寺。(《山游集·同雨苍、勖宗两上人游碧云寺》)

二月,查为仁过访福生寺,作诗贻赠释元信。(《山游集·福生寺赠文觉禅师》)

二月,张照为查为仁《游盘杂诗》题诗。(《山游集·题游盘杂诗后》)

三月,山游归途中,查为仁与朱岷、余懋檞、陆宗蔡等人在河西务分韵赋诗。(《山游集·河西务旅次,与仑仲、荆帆、染香述山游之胜,分赋》)

三月,万光泰、陈皋、查开(字宣门,海宁人)、查羲等人为查为仁《春游杂诗》题诗。(《山游集·题春游杂诗后》)

三月,查为仁邀集余懋檞、汪沆、陈皋、李定业、万光泰、胡睿烈、查礼等人过访水西庄,至宜亭旧址,于赵氏田舍饮酒赋诗。查为仁填词《一剪梅》《浪淘沙》。(《铜鼓书堂遗稿》卷四、《押帘词》、万光泰《柘坡居士集》卷五)

春,查复卒于京城,查礼作诗悼之。(《铜鼓书堂遗稿》卷四)

三月,查为仁收到厉鹗所寄《移居诗》,次韵答之。(《山游集·厉太鸿征士以庚申四月二十一日移居诗四首见寄,依韵和答》)

三月,杭世骏为查为仁《莲坡诗话》作序。(《莲坡诗话》卷首)

四月,送春,查为仁填词《踏莎行》,陈皋和之。(《押帘词》、陈皋《吾尽吾意斋乐府》)

四月,查为仁为张鹏翀《西山纪游图》题诗。(《山游集·题张天飞侍读〈西山纪游图〉》)

四月,查为仁怀念雪峰上人,作诗寄之。(《山游集·怀会稽雪峰上人》)

四月,勖宗上人寄赠诗歌,查为仁作诗答之。(《山游集·答勖宗上人寄怀原韵》)

四月,汪沆为查为仁《山游集》作序。(《山游集》卷首)

四月,查礼为所辑《沽上题襟集》作序。(《沽上题襟集》卷末)

初夏,查礼作诗寄赠盘山僧人法天、国一。(《铜鼓书堂遗稿》卷四)

初夏,查礼作诗寄赠翠微山僧百超上人。(《铜鼓书堂遗稿》卷四)

初夏,张湾晚眺,查礼与朱岷、申甫、万光泰等人分韵赋诗。(《铜鼓书堂遗稿》卷四、万光泰《柘坡居士集》卷五)

五月初二日,万光泰泛舟游览怀园、庆国寺。(万光泰《柘坡居士集》卷五)

五月十二日,查日乾卒,葬于三河县百草沟。(《宛平查氏支谱》卷一)

深秋,万光泰与查羲诗歌唱和。(万光泰《柘坡居士集》卷五)

深秋,万光泰与陈皋、汪沆等人泛舟西沽,作联句诗。(万光泰《柘坡居士集》卷五)

秋冬之际,万光泰进京。(万光泰《柘坡居士集》卷五)

是年,查为义以父丧辞官归家。(纪昀《纪文达公遗集》卷十六

《江南淮南仪所监掣通判集堂查公墓志铭》)

是年,吴廷华为查日乾撰写传状。(《宛平查氏支谱》卷二《马太君传略》)

是年,陈仪为查日乾作《祭查慕园文》。(陈仪《陈学士文集》卷十三)

嘉平月(十二月),查礼为《梅屋勘经图》题辞。(《铜鼓书堂遗稿》卷三十)

乾隆七年壬戌(1742)

正月,查礼怀念田同之,填词《琴调相思引》寄赠。(《铜鼓书堂遗稿》卷二六)

正月,张嶒(字曾山,高邮人)索画梅花,查礼为之并填词《鬲溪梅令》以报之。(《铜鼓书堂遗稿》卷二六)

二月十二日,杭世骏为查日乾撰《慕园府君墓志》。(《宛平查氏支谱》卷三、杭世骏《道古堂文集》卷四三)

春,万光泰自京城返回天津。(万光泰《柘坡居士集》卷五)

五月十二日,查礼守墓一年,展墓毕,作诗《茧茧吟》。(《铜鼓书堂遗稿》卷四)

夏,尤淑孝赴任鸡泽,查礼作序送之。(《铜鼓书堂遗稿》卷二八)

夏,查礼、周焯等人作诗贻赠张星煜(字紫垣,榆次人)。(《铜鼓书堂遗稿》卷四、《津门诗钞》卷二)

夏,查礼为沈周《荆树再花图》题诗。(《铜鼓书堂遗稿》卷四)

夏,查礼作诗寄赠高蔼。(《铜鼓书堂遗稿》卷四)

夏,万光谦赴任粤东,查礼作诗送之。(《铜鼓书堂遗稿》卷四)

夏,查礼为朱岷《大洋泛月图》题诗。(《铜鼓书堂遗稿》卷四)

夏,查礼作诗寄赠田同之。(《铜鼓书堂遗稿》卷四)

秋前,查为仁、查为义、查礼三兄弟分家。(《铜鼓书堂遗稿》卷三一《亡妻李安人行略》)

七月,万光泰南归秀水。(万光泰《柘坡居士集》卷五)

秋,孙文水南归钱塘,查礼填词《临江仙》送之。(《铜鼓书堂遗稿》卷二六)

九月初二日,郑尚麟(字悦山)、闵文山(字晴岩,号敦甫,湖州人)停舟津门过访,索要《沽上题襟集》,兼以诗投。时查礼在三河展墓,及归,闻郑尚麟、闵文山尚未离去,于是赋诗挽留。(《铜鼓书堂遗稿》卷四)

重阳前三日(九月初六日),查礼填词《风入松》。(《铜鼓书堂遗稿》卷二六)

秋,陈皋南下扬州,查礼、周焯等人作诗送之。(《铜鼓书堂遗稿》卷四、《津门诗钞》卷二)

秋,陈皋停舟沧州,收到查为仁赠词《好事近·秋夜忆》,陈皋依韵和答。(《水西余韵》第45页、陈皋《吾尽吾意斋乐府》《醉里续谣》)

秋,查礼作诗寄怀陈皋。(《水西余韵》第46页)

秋,收到查为仁所作《移居诗》和诗四首,厉鹗依韵酬答。(厉鹗《樊榭山房续集》卷二)

秋,查礼过念佛寺,访黄思顺。(《铜鼓书堂遗稿》卷四)

秋,查礼作诗贻赠佟鐘山(号半轩)。(《铜鼓书堂遗稿》卷四)

秋,查礼典当衫襦,购书数十簏。(《铜鼓书堂遗稿》卷三一《亡妻李安人行略》)

秋,查礼在舍南小筑观月,作诗怀念万光泰。(《铜鼓书堂遗稿》卷四)

秋,查礼过访周焯,不遇,赋诗。(《铜鼓书堂遗稿》卷四)

十月,查为仁、查善长、汪沆等人至京师。第二天,查为仁携查善长过访杭世骏,分韵赋诗。(杭世骏《道古堂诗集》卷十)

冬,查礼作诗寄赠山僧释佛云。(《铜鼓书堂遗稿》卷四)

冬夜,查礼怀念陈皋、万光泰,赋诗寄之。(《铜鼓书堂遗稿》卷四)

冬,高瀛洲(字翰起,仁和人)自京城来游天津。查礼邀请潘世仁(字廷简,号秋田,仁和人)、汪沆、王承祖(字逊先,钱塘人)等人集会若槎,分韵赋诗。(《铜鼓书堂遗稿》卷四)

冬,杭世骏作诗《冬日园居》寄赠查礼,查礼次韵答之。(《铜鼓书堂遗稿》卷四)

冬,查祥时在扬州讲学,查礼自题《画梅》寄之。(《铜鼓书堂遗稿》卷四)

冬,查为仁在澹宜书屋周边拓建水琴山画堂、古芸室、衣月廊、竹间楼、花影庵,仍总称之为澹宜书屋,作为"投老偃息"之所,并为六处建筑,各赋诗一首。其后,沈德潜(字确士,号归愚,长洲人)、陈邦彦(字世南,海宁人)、厉鹗、吴廷华、符曾、沈廷芳、赵虹、陈章(字授衣,钱塘人)、金焜(号赤泉,钱塘人)、刘文煊、潘世仁、陈皋、吴可驯、赵贤、杨文灏(字涵远,号竹亭,宣化人)、万光泰、王承祖、查羲、傅玉露、张映辰(字星指,钱塘人)、朱佩莲(字玉阶,海宁人)、高蔼、陈镳(字卯君,海宁人)、朱世楠(字青材,海宁人)、祝勋(字元安,大兴人)、余尚炳、余懋檑、周宪(字士能,钱塘人)、释佛云、查昌文、查奕栋(字东木,号隆礼,海宁人)、陆宗蔡等人亦各赓和诗词六首。(《澹宜书屋六咏》)

冬,汪沆借馆于水琴山画堂。(汪沆《槐塘诗稿》卷五)

乾隆八年癸亥(1743)

正月初五日,厉鹗为查为仁《蔗塘未定稿》作序。(《蔗塘未定稿》卷首)

人日(正月初七日),查礼与刘文煊、潘世仁、汪沆等人集会南楼望雪,分韵赋诗。(《铜鼓书堂遗稿》卷五)

正月,汪沆赴福州,入幕府,查礼作诗送之。(《铜鼓书堂遗稿》卷五)

二月,杭世骏以言事获罪被免,即来天津。查为义等人邀请游赏南溪园,诗酒排遣愁绪。查为仁陪游杨柳青、水西庄。数日后,杭世骏返回京城。(杭世骏《道古堂诗集》卷十一)

花朝日(二月十五日),查礼与刘文煊、潘世仁、查羲等人集会水西庄,分韵赋诗。(《铜鼓书堂遗稿》卷五)

春,查礼泛舟至水西庄。(《铜鼓书堂遗稿》卷五)

春,申甫补录中书舍人,查礼作诗贺之。(《铜鼓书堂遗稿》卷五)

春末,查羲作《留春词》,查礼和之。(《铜鼓书堂遗稿》卷五)

春末,杭世骏再来天津,南归浙江,查礼作诗送行,同人置酒水西庄饯别。(《铜鼓书堂遗稿》卷五、杭世骏《道古堂诗集》卷十一)

暮春,万光泰作诗寄赠查礼,爽约不能前来天津。(万光泰《柘坡居士集》卷六)

重五日(五月初五日),查礼与潘世仁、刘文煊、查羲等人集会南园,作联句诗,送百超上人归盘山。(《铜鼓书堂遗稿》卷五)

五月十九日,查礼等人集会水西庄,送李定业赴祁州。(《铜鼓

书堂遗稿》卷五)

七月初八日,释佛云过访查礼。(《铜鼓书堂遗稿》卷五)

秋,刘文煊与余尚炳在竹笠亭对弈,查礼观战。(《铜鼓书堂遗稿》卷五)

秋夜,查礼与释佛云在苔花馆谈禅论道。(《铜鼓书堂遗稿》卷五)

八月初十日,杜甲来津赈济。(《铜鼓书堂遗稿》卷五)

秋夜,汪沆时在闽中,查礼作诗怀之。(《铜鼓书堂遗稿》卷五)

九月,高镕(字季冶,号蕉村,又号杜坡,辽阳人)在城内苔花馆以手指绘《秋山听梵图》。其后,吴廷华、潘世仁、赵虹、沈廷芳、陈皋、吴可驯、杨文灏、刘文煊、恽源浚、沈德潜、查羲、高蔼、杨碧(柴桑人)、万光泰等人为之题写诗词。(《水西余韵》第107—110页)

重九后二日(九月十一日),查礼与刘文煊、潘世仁等人登览海光寺楼,分韵赋诗。(《铜鼓书堂遗稿》卷五)

秋夜,查礼与刘文煊、潘世仁、余尚炳、查羲等人集会苔花馆,月下赏菊,分韵赋诗。(《铜鼓书堂遗稿》卷五)

秋夜,查礼在城内来蝶亭赏菊独酌。(《铜鼓书堂遗稿》卷五)

秋,夜宿河西务,查礼作诗贻赠潘世仁。(《铜鼓书堂遗稿》卷五)

秋,查礼为《墨梅》题诗,寄赠汪士慎(字近人,休宁人)。(《铜鼓书堂遗稿》卷五)

十月,陈皋重来天津,查为仁邀请众人集会水琴山画堂,陈皋填词《减字木兰花》。(陈皋《醉里续谣》)

十月初三日,高镕跟从查礼学摹印,篆"一经堂"。(《水西余韵》第91页)

冬,李定业在苔花馆为查礼篆刻"臣礼私印"。(《水西余韵》第91页)

冬,查礼作诗寄赠释佛云。(《铜鼓书堂遗稿》卷五)

十一月长至日(初七日),查为仁五十岁寿辰,刘文煊、王任湖(字具区,山阴人)合笔绘作《水琴山画堂荐糕图》祝之,陈皋填词《齐天乐》。(陈皋《吾尽吾意斋乐府》)

腊八日(十二月初八日),高镔在城内隐书楼为查礼篆"乙未生"印。查礼投宿普度庵。(《水西余韵》第91页、《铜鼓书堂遗稿》卷五)

十二月十四日,查日乾之妻马氏卒,合葬于三河县百草沟。(《宛平查氏支谱》卷一)

是年,吴廷华为查日乾之妻马氏撰《马太君传略》。(《宛平查氏支谱》卷二)

是年,城里苔花馆内来蝶亭建成。(《铜鼓书堂遗稿》卷五)

乾隆九年甲子(1744)

正月二十七日,朱岷招集潘世仁、刘文煊等人在展蕉轩饮酒赋诗。(《津门诗钞》卷二七)

春,李源移家项城。(《宛平查氏支谱》卷二《李太君传略》)

深秋,查为仁在京城,查礼对月怀之,填词《菩萨蛮》。(《铜鼓书堂遗稿》卷二六)

秋,查礼为张嶒《柴背结茅图》题词《水龙吟》,词赠释佛云。(《铜鼓书堂遗稿》卷二六)

十一月初六日,查为仁邀集余懋槢、吴可驯、陈皋、吴寿宁(查为仁之长女婿,吴廷华之三子)、查善长等人过访水西庄,登览暄楼,分韵赋诗。晚归澹宜书屋,查为仁与吴可驯、陈皋、周宪、吴寿宁、查善长等人分咏乡物。(《水琴山画堂围炉集》)

十一月初七日,查为仁五十一寿辰。赵贤、刘文煊、余懋檑、吴可驯、潘世仁、吴寿宁、陈皋、余尚炳等人题诗贺寿。(《水西余韵》第60—63页)

雪中,潘敏(字逊修)来访,查为仁与刘文煊、周宪、吴可驯、吴寿宁、陈皋、查善和、查善长、潘世仁等人集会水琴山画堂,以"隔牖风惊竹,开门雪满山"为韵,分韵赋诗。(《水琴山画堂围炉集》)

冬至前二日(十一月十六日),余懋檑前往南皮,查为仁与刘文煊、潘世仁、吴可驯、陈皋、吴寿宁等人集会古芸室,为之饯行,分韵赋诗。(《水琴山画堂围炉集》)

小至日(十一月十七日),查为仁与刘文煊、潘世仁、陈皋、吴寿宁等人分韵赋诗。(《水琴山画堂围炉集》)

十一月二十五日,观赏竹上雾凇,查为仁与潘世仁、吴可驯、陆宗蔡等人分体同赋。(《水琴山画堂围炉集》)

腊八夜(十二月初八日夜),听刘景师弹奏《墨子悲丝》一曲,陈皋填词《江城梅花引》。(陈皋《吾尽吾意斋乐府》)

腊八后三日(十二月十一日),查为仁与周焯、潘世仁、吴可驯、陈皋、刘同德、查善长、查善和、陆宗蔡等人过访庆国寺子憨上人,不遇,分韵赋诗。(《水琴山画堂围炉集》)

十二月,冰泛归途,月下载酒轰饮,查为仁与刘文煊、周焯、潘世仁、吴可驯、陈皋、查善长等人分韵赋诗。(《水琴山画堂围炉集》)

十二月十四日,马氏忌日,查礼展拜遗像后,作诗《衔恤吟》。(《铜鼓书堂遗稿》卷五)

十二月,查礼为查为义《画兰》轴子题诗,赠予蒋肇予;蒋肇予再任江右粮储观察,查礼又作诗二首送行。(《铜鼓书堂遗稿》卷五)

十二月,盘山百超上人惠赠青豆,查礼作诗谢之。(《铜鼓书堂

遗稿》卷五)

十二月,查礼为张嶟《盘山卜居图》题诗,诗赠高镳。陈皋为之题词《黄钟喜迁莺》。(《铜鼓书堂遗稿》卷五、陈皋《吾尽吾意斋乐府》)

十二月,许佩璜卒,查礼作诗悼之。(《铜鼓书堂遗稿》卷五)

十二月,查礼为马雄镇(字锡蕃,谥文毅,汉军镶红旗人)《汇草辨疑》题诗。(《铜鼓书堂遗稿》卷五)

十二月,查礼为陈继儒(号眉公,华亭人,明代画家)《墨梅》题诗。(《铜鼓书堂遗稿》卷五)

残岁,查礼作诗寄赠百超上人。(《铜鼓书堂遗稿》卷五)

残岁,查礼雪中登览午晴楼,陈皋过访索画梅花,查礼为之并填词《鬲溪梅令》。(《铜鼓书堂遗稿》卷二六)

是年,查为仁在城内拓街南隙地,构建古春小茨,作为生母王氏养老之所。(杭世骏《查莲坡墓志铭》)

是年,查礼至接叶亭过访张鹏翀。(《铜鼓书堂遗稿》卷二九《游愍题、上方二山日札》)

乾隆十年乙丑(1745)

人日(正月初七日),查为仁延请刘文煊、周焯、余尚炳、吴可驯、陈皋、高镳、潘敏等人集会水琴山画堂,分韵赋诗。(《水琴山画堂围炉集》)

人日(正月初七日),查礼对月独酌。(《铜鼓书堂遗稿》卷五)

正月,查礼在小直沽路遇周焯。(《铜鼓书堂遗稿》卷五)

正月,查善长与吴可驯、陈皋、朱晓(字修亭,号秋亭,仁和人)等人分韵吟咏绣灯。(《水琴山画堂围炉集》)

正月，查为仁作《听酒歌》，吴廷华、陈皋、符曾等人和之。(《水琴山画堂围炉集》)

上元日（正月十五日），有鹦鹉飞入苔花馆，查礼作诗五首。(《铜鼓书堂遗稿》卷五)

元夕（正月十五日夜），高镛过访苔花馆，查礼填词《行香子》。(《铜鼓书堂遗稿》卷二六)

正月，查礼邀集释佛云、刘文煊、高镛等人过访苔花馆，分韵赋诗。(《铜鼓书堂遗稿》卷五)

花朝（二月十五日），万光泰自阳山来天津，查礼邀请刘文煊、曹培亨（字汝咸，嘉兴人）、吴可驯、陈皋、高镛、释佛云、查为义等人集会苔花馆，分韵赋诗。(《铜鼓书堂遗稿》卷五)

二月，万光泰离津进京。(万光泰《柘坡居士集》卷八)

三月初三日，查礼之妻李钦卒。(《铜鼓书堂遗稿》卷三一《亡妻李安人行略》)

三月，查礼为妻李钦作悼亡诗三首。(《铜鼓书堂遗稿》卷五)

三月，查礼为妻李钦撰《亡妻李安人行略》。(《铜鼓书堂遗稿》卷三一)

三月，查礼为查为义《春风图》题诗，诗赠陈皋。(《铜鼓书堂遗稿》卷五)

三月，陈皋为查礼悼亡填词《酹江月》。(陈皋《吾尽吾意斋乐府》)

三月，查礼在水西庄侧为亡妻李钦营建墓地。(《铜鼓书堂遗稿》卷五)

春，王肇基（字履仁，嘉兴人）来游天津，为查礼画像《孤琴在幽匣图》。查礼为《孤琴在幽匣图》题辞。(《铜鼓书堂遗稿》卷三十)

暮春,万光泰自京城来天津。(万光泰《柘坡居士集》卷八)

暮春,刘文煊脚痛,与万光泰诗歌唱和。(万光泰《柘坡居士集》卷八)

暮春,余懋檣移家南皮,万光泰作诗送之。(万光泰《柘坡居士集》卷八)

四月,万光泰为查礼亡妻李钦撰写墓志铭,高镔书之。(《铜鼓书堂遗稿》卷三一《亡妻李安人迁厝小志》、卷五《乞高季冶书亡妻权厝志铭》)

四月,汪沆自闽中来信询问近况,查礼填词《念奴娇》答之。(《铜鼓书堂遗稿》卷二六)

浴佛日(四月初八日),查礼招请刘文煊、潘世仁、吴可驯、陈皋、万光泰、高镔等人集会苔花馆,分咏陆羽(字鸿渐,号桑苎翁,竟陵人,唐代茶圣)茶具。(《铜鼓书堂遗稿》卷五、万光泰《柘坡居士集》卷八)

四月,查礼与万光泰、潘世仁、刘文煊、高镔等人作《芦笋联句》。(《铜鼓书堂遗稿》卷五、万光泰《柘坡居士集》卷八)

四月,万光泰等人集会香林苑抱瓮园,分咏花卉。(万光泰《柘坡居士集》卷八)

四月,万光泰作《乳燕》,查礼赋诗和之。(万光泰《柘坡居士集》卷八、《铜鼓书堂遗稿》卷五)

四月十九日,查礼在水西庄之北安葬亡妻李钦。(《铜鼓书堂遗稿》卷三一《亡妻李安人迁厝小志》)

竹醉日(五月十三日?),众人集会读画廊,查礼填词《蓦山溪》。(《铜鼓书堂遗稿》卷二六)

五月,查礼作诗《诫女》。(《铜鼓书堂遗稿》卷五)

曝书日（六月初六日），查礼招请刘文煊、高蔼、恽源浚、潘世仁、周焯、吴可驯、陈皋、陈鹤书（字东麓，闽县人）、朱晓、万光泰等人集会隐书楼，为天津古迹分韵赋诗。（《铜鼓书堂遗稿》卷六、万光泰《柘坡居士集》卷八）

六月十三日，妻亡已百日，查礼在水西庄作诗悼之。（《铜鼓书堂遗稿》卷六）

荷花生日（六月二十四日），查礼招请高蔼、潘世仁、吴可驯、陈皋、万光泰等人集会藕香榭，为陆治（字叔平，号包山，吴县人，明代画家）《福昌院图》分韵题诗。（《铜鼓书堂遗稿》卷六、《水西余韵》第46页、万光泰《柘坡居士集》卷八）

六月二十七日，查礼生日，万光泰作《藕汀图》赠之，查礼题诗三首。（《铜鼓书堂遗稿》卷六）

早秋，查礼与李定业、万光泰、高镔等人作《贮天泉联句》。（《铜鼓书堂遗稿》卷六、万光泰《柘坡居士集》卷八）

早秋雨后，查礼招集潘世仁、陈皋、万光泰等人过访苔花馆，烹天泉水，泡顾渚茶。万光泰填词《茶瓶儿》，查礼依韵答之。潘世仁填词《倾杯令》，陈皋和之。（《铜鼓书堂遗稿》卷二六、陈皋《吾尽吾意斋乐府》）

七夕前一日（七月初六日），查礼风雨有感，填词《蝶恋花》。（《铜鼓书堂遗稿》卷二六）

七夕（七月初七日），众人集会来蝶亭看新月，查礼填词《鹊桥仙》，陈皋和之。（《铜鼓书堂遗稿》卷二六、陈皋《吾尽吾意斋乐府》）

中元夜（七月十五日夜），众人集会数帆台观河灯，查礼填词《忆旧游》，陈皋填词《法曲献仙音》。（《铜鼓书堂遗稿》卷二六、陈皋《吾尽吾意斋乐府》）

七月二十四日,周焯邀请万光泰前往七峰草堂饮酒赋诗。(万光泰《柘坡居士集》卷八)

处暑日(七月二十六日),众人集会南溪,分咏秋虫,查礼、陈皋均填词《减字木兰花》。(《铜鼓书堂遗稿》卷二六、陈皋《吾尽吾意斋乐府》)

秋,释佛云自盘山来访,查礼邀集潘世仁、万光泰、高镈等人以"心清闻妙香"分韵赋诗。(《铜鼓书堂遗稿》卷六)

八月初六日,秋花盛开,查礼与潘世仁、万光泰、高镈、释佛云等人集会隐书楼,分韵赋诗。(《铜鼓书堂遗稿》卷六)

八月,万光泰为查为仁所辑《水琴山画堂围炉集》作序。(《水琴山画堂围炉集》卷首)

中秋夜(八月十五日夜),众人登览月明撅笛台,以"银汉无声,冰轮直上,桂湿扶疏影"仄字为韵,查礼、陈皋均填词《念奴娇》。(《铜鼓书堂遗稿》卷二六、陈皋《吾尽吾意斋乐府》)

秋,汪沆时在闽中,查礼作诗寄赠。(《铜鼓书堂遗稿》卷六)

秋,查礼为查嗣琪(字肇玉,号石丈,海宁人)《临颍上黄庭卷子》题跋。(《铜鼓书堂遗稿》卷三十)

秋社日(八月二十九日),众人放舟城南至八腊祠,晚登海光寺楼,查礼、陈皋均填词《一萼红》。(《铜鼓书堂遗稿》卷二六、陈皋《吾尽吾意斋乐府》)

九月初八日,万光泰与潘世仁、陈鹤书、高镈、潘敏等人集会南楼看月,分韵赋诗。(万光泰《柘坡居士集》卷八)

重九日(九月初九日),众人集会南楼登高,查礼填词《醉蓬莱》,陈皋填词《凤凰台上忆吹箫》。(《铜鼓书堂遗稿》卷二六、陈皋《吾尽吾意斋乐府》)

重阳后二日(九月十一日),查礼过访海光寺。(《铜鼓书堂遗稿》卷六)

秋末,展重九,众人集会味古庐,分赋菊花故实,查礼、陈皋均填词《祝英台近》。(《铜鼓书堂遗稿》卷二六、陈皋《吾尽吾意斋乐府》)

九月,高蔼返归新城,万光泰作诗送之。(万光泰《柘坡居士集》卷八)

十一月初一日晚上,王任湖携诗过访闻渔阁。(万光泰《柘坡居士集》卷八)

十一月,万光泰为查为仁的澹宜书屋、衣月廊、竹间楼、水琴山画堂、古芸室等建筑各题诗一首。(万光泰《柘坡居士集》卷八)

十一月初五日,查礼与潘世仁、万光泰、李定业、高镔等人泛舟过访周焯,不遇。返程经过洪济、北极、水月等庵,分韵赋诗。(《铜鼓书堂遗稿》卷六、万光泰《柘坡居士集》卷八)

十一月,查礼作诗《雪夜》,万光泰次韵和之。(《铜鼓书堂遗稿》卷六、万光泰《柘坡居士集》卷八)

冬日,查礼招请刘文煊、潘世仁、吴可驯、陈皋、李定业、万光泰、高镔等人集会水西庄,分韵赋诗。(《铜鼓书堂遗稿》卷六、万光泰《柘坡居士集》卷八)

腊八日(十二月初八日),查礼与朱岷、周焯、戴炳(字阆成)、潘世仁、吴可驯、陈皋、陈鹤书、杨文灏、万光泰、高镔、王肇基、潘敏等人同游海光寺,酒后以冰床代马,校射为戏。(《铜鼓书堂遗稿》卷六、万光泰《柘坡居士集》卷八)

望日(十二月十五日),查羲来天津,查礼邀请刘文煊、潘世仁、万光泰、高镔等人集会苔花馆,分韵赋诗。(《铜鼓书堂遗稿》卷六)

十二月,查礼为王肇基《衡山采药图》题诗,诗赠李定业。(《铜鼓书堂遗稿》卷六)

岁晚,查礼与高镜、李定业等人集会水西庄,分韵赋诗。(《铜鼓书堂遗稿》卷六)

是年,因捐银而获赏,查礼补官日加二级,查为仁给予七品顶戴。(《(嘉庆)长芦盐法志》卷五《盛典》)

是年,沈德潜为查礼之妻李钦撰写《李太君小传》。(《宛平查氏支谱》卷二)

是年,沈廷芳为查礼亡妻李钦撰写《祭李太君文》。(《宛平查氏支谱》卷四)

乾隆十一年丙寅(1746)

正月初十日,查礼与王任湖、潘世仁、万光泰、查羲等人在海光寺放鱼,用苏轼《西湖放鱼》韵赋诗。(《铜鼓书堂遗稿》卷六、万光泰《柘坡居士集》卷九)

正月,查礼为沈松年(字季申,平湖人)《风木图》题诗,诗赠查学。(《铜鼓书堂遗稿》卷六)

春,查奕栋自沧州过访,经宿即赴京师,查礼邀饮不至。(《铜鼓书堂遗稿》卷六)

春,查礼为张长庚《春江话别图》题诗,诗赠王肇基。(《铜鼓书堂遗稿》卷六)

春,潘世仁南归仁和,查礼、万光泰等人作诗送之。(《铜鼓书堂遗稿》卷六、万光泰《柘坡居士集》卷九)

春,万光泰移居瓠屋,与刘文煊、高镜、查礼、查羲等人分咏梅影。(万光泰《柘坡居士集》卷九)

春夜,查礼在苔花馆听杨天益弹琴。(《铜鼓书堂遗稿》卷六)

花朝日(二月十五日),查礼游览水西庄,填词《倦寻芳》。(《铜鼓书堂遗稿》卷二六)

三月初一日,查礼招集释佛云、刘文煊、万光泰、李定业、高镔、查羲等人在苔花馆素食,分咏席间蔬菜。(《铜鼓书堂遗稿》卷六、万光泰《柘坡居士集》卷九)

上巳(三月初三日),查礼与刘文煊、万光泰、李定业、高镔、玉衡、查羲、查书山等人集会水西庄,以《兰亭序》分题赋诗。(《铜鼓书堂遗稿》卷六)

三月初三日,查礼作《不寐赋》悼念亡妻李钦。(《铜鼓书堂遗稿》卷二八)

三月,查礼将所作悼念亡妻之诗词,辑录为《经案茶铛集》,附以宾朋所赠诔传志铭与诗篇简札,并为之作序。(《铜鼓书堂遗稿》卷二八)

寒食节(三月十五日),查礼填词《醉春风》。(《铜鼓书堂遗稿》卷二六)

三月十五日,查为仁夜梦双凤飞集屋边,各衔金色篆字,一贞,一福。(《津门诗钞》卷七、厉鹗《樊榭山房续集》卷七)

闰三月,查礼为王肇基《嬉春图》题诗,诗赠吴可驯。(《铜鼓书堂遗稿》卷六)

春,查礼为王肇基《之闲图》题诗,诗赠查奕栋。(《铜鼓书堂遗稿》卷六)

夏,查礼与万光泰同作《晚晴》诗。(《铜鼓书堂遗稿》卷六)

七月,万光泰与团升(字冠霞,仪征人)、陈皋、高镔、查礼、查羲等人在苔花馆分咏雨中草木。(万光泰《柘坡居士集》卷九)

七月，刘文煊、余尚炳、万光泰、高镔、查为义等人在水西庄为雨所阻三天，不得返城，查礼、万光泰等人为之作诗四首。(《铜鼓书堂遗稿》卷六、万光泰《柘坡居士集》卷九)

七月，高镔赠予《嘉祐石经残碑》拓本，查礼作《嘉祐石经考》，并作序。(《铜鼓书堂遗稿》卷二八)

八月，查为仁买一妾，叫"贞娘"。(《津门诗钞》卷七)

八月，姊五十寿辰，查礼作《为李氏姊征寿言文》。(《铜鼓书堂遗稿》卷二八)

八月十七日，查礼与释佛云、万光泰、高镔等人出发同游㟂题、上方二山。夜宿东安县城石梁草堂。(《铜鼓书堂遗稿》卷二九《游㟂题、上方二山日札》、万光泰《柘坡居士集》卷九)

八月二十五日，查礼等人游毕㟂题、上方二山，至京城煤市街寓舍。查礼晤见陈鹤书。(《铜鼓书堂遗稿》卷二九《游㟂题、上方二山日札》)

八月二十六日，查礼等人送释佛云归盘山。(《铜鼓书堂遗稿》卷二九《游㟂题、上方二山日札》、万光泰《柘坡居士集》卷九)

八月二十七日，查礼过西城，访申甫、沈廷芳。晚上过访琉璃厂，购得查士标两幅画《小阜秋树平远景》《仿云林笔作溪阁孤舟》。万光泰为之题诗。(《铜鼓书堂遗稿》卷二九《游㟂题、上方二山日札》、万光泰《柘坡居士集》卷九)

八月二十八日，查礼过访汪孟鋗(号厚石，秀水人)，不遇。至接叶亭，晤见吴廷华。晚上过访沈德潜。(《铜鼓书堂遗稿》卷二九《游㟂题、上方二山日札》)

八月二十九日，查羲、查书山自天津以诗寄赠。(《铜鼓书堂遗稿》卷二九《游㟂题、上方二山日札》)

八月三十日,汪孟鋗来访,不遇。沈廷芳、吴廷华、申甫等人来访。吴廷华留宿。(《铜鼓书堂遗稿》卷二九《游惣题、上方二山日札》)

九月初一日,查礼告别吴廷华、陈鹤书,返津。(《铜鼓书堂遗稿》卷二九《游惣题、上方二山日札》)

九月初二日早晨,查礼在河西务遇见查为仁。(《铜鼓书堂遗稿》卷二九《游惣题、上方二山日札》)

九月初三日,查礼返回天津。(《铜鼓书堂遗稿》卷二九《游惣题、上方二山日札》)

十月初一日,查礼与刘文煊、万光泰、高镜、查羲、查书山等人集会水西庄,分咏寒柳。(《铜鼓书堂遗稿》卷六)

冬,查礼于画梅扇头题诗,为吴廷华祝寿。(《铜鼓书堂遗稿》卷六)

冬,刘文煊邀请查礼、余尚炳、万光泰、高镜、查羲、查书山等人前往雪舸寓斋,饮酒赋诗。(《铜鼓书堂遗稿》卷六、万光泰《柘坡居士集》卷九)

十月十五日,万光泰与刘文煊、王任湖、朱岷、余尚炳、高镜等人集会苔花馆作画赋诗。(万光泰《柘坡居士集》卷九)

十一月初五日,查礼入京,沈廷芳邀其赴隐拙斋饮酒,见到高秉(字泽公,号青畴,铁岭人)所篆印谱一册。次日,高秉过访查礼。(《铜鼓书堂遗稿》卷二八《高泽公印谱序》,《水西余韵》第91页)

十一月十六日,高秉为查礼篆刻三印,以求教。(《水西余韵》第91页)

立春日(十二月二十五日),李同人过访苔花馆,查礼招集刘文煊、王任湖、万光泰等人分韵赋诗。(《铜鼓书堂遗稿》卷六)

是年,陈基(字友其,号复斋,海宁人)任职宛平知县,过访榆

堡,见查氏七烈祠,作诗《七烈行》一首。(《查氏一门烈女编》)

是年,查礼为余峥《清风草堂诗钞》题跋。(《铜鼓书堂遗稿》卷三十)

乾隆十二年丁卯(1747)

人日(正月初七日),刘文煊邀请查礼前往老是斋饮酒赋诗,汪沆未至。(《铜鼓书堂遗稿》卷七)

人日(正月初七日),查为义在屋南小筑绘《兰竹图》。其后,宋懋祁(长洲人)、查梧、徐达豫、查诚、查林、查讷勤、查淳、吴荣光(南海人)、特通阿(号雨泉,蒙古镶蓝旗人)、查有增(海宁人)、程恭寿(钱塘人)、袁思鞾(修文人)等人题跋。(《水西余韵》第82—83页)

元夜(正月十五日夜),高镔在苔花馆仿汉印篆"查礼之印"。(《水西余韵》第90页)

正月,查礼作诗寄赠上方山释自如(字达闻,俗姓武,大兴人)。(《铜鼓书堂遗稿》卷七、释自如《(乾隆)上方山志》)

正月,吴廷华过访苔花馆,作诗见赠,查礼依韵和答。(《铜鼓书堂遗稿》卷七)

正月二十五日,万光泰离开天津前往阳山,查礼、查羲等人作诗送之。(《铜鼓书堂遗稿》卷七、万光泰《柘坡居士集》卷十)

二月初二日,周焯篆刻"味古庐"印贻赠查礼。(《水西余韵》第90页)

花朝日(二月十五日),高镔在苔花馆为查礼篆刻"查礼私印"。(《水西余韵》第91页)

仲春,友人赠送查为仁一小丫鬟,叫"福娘"。(《津门诗钞》卷七)

二月,查为仁请顾方来绘制《双凤图》。查为仁题诗六首,并作序。其后,吴廷华、厉鹗、王昆霞(字来庭,道士)、赵虹、李源、刘文煊、余尚炳、陈皋等人分别题写诗词。(《津门诗钞》卷七、厉鹗《樊榭山房续集》卷七、陈皋《吾尽吾意斋乐府》)

寒食节(二月二十七日),查礼过访水西庄。(《铜鼓书堂遗稿》卷七)

春,查礼为钱选(字舜举,湖州人,元代画家)《明皇幸蜀图》题诗。(《铜鼓书堂遗稿》卷七)

上巳后二日(三月初五日),查礼与刘文煊、吴廷华、朱岷、吴可驯、陈皋、查羲等人集会来蝶亭梨花下,饮酒赋诗。(《铜鼓书堂遗稿》卷七)

谷雨前一日(三月初十日),查为仁为《澹宜书屋六咏》题跋。(《澹宜书屋六咏》)

暮春,魏允迪(字功夏,号懋堂,广昌人)南归广昌,查礼作诗送之。(《铜鼓书堂遗稿》卷七)

春,英廉(字计六,号梦堂,汉军镶黄旗人)读查为仁《押帘词》,作诗投谒。(英廉《梦堂诗稿》卷八)

四月初一日,查礼在八里桥为雨所阻。(《铜鼓书堂遗稿》卷七)

四月,查礼自燕郊至百草沟。(《铜鼓书堂遗稿》卷七)

重五日(五月初五日),查礼过访朱岷,不遇。(《铜鼓书堂遗稿》卷七)

五月,沈德潜自吴门诣都,停舟过访,查礼与之饮酒于舍南小筑。(《铜鼓书堂遗稿》卷七)

夏,查礼为朱振公《未信图》题诗,诗赠郭恬庵。(《铜鼓书堂遗稿》卷七)

早秋,查礼月夜作诗怀念周焯。(《铜鼓书堂遗稿》卷七)

秋,周焯染疾,查礼多次过访。(《铜鼓书堂遗稿》卷三一《宋谢文节公桥亭卜卦砚铭》)

九月,王昆霞自京城来游天津,查礼作诗赠之。(《铜鼓书堂遗稿》卷七)

九月,李泰远南归吴江,查礼作诗送之。(《铜鼓书堂遗稿》卷七)

九月晦日(三十日),英廉邀请众人在南溪雅集送秋,分韵赋诗。参与者有查为仁、查为义、查礼、王昆霞、吴廷华、朱岷、余尚炳、周焯、陈皋、高秉等。(《铜鼓书堂遗稿》卷七、英廉《梦堂诗稿》卷八)

十月初四日,英廉邀集查礼等人乘舟游览海光寺,因风大受阻,众人当晚留宿海光寺,分韵赋诗相娱乐。(《铜鼓书堂遗稿》卷七、英廉《梦堂诗稿》卷八)

十月,查礼为沈廷芳所摹《杜文贞公小像》题诗。(《铜鼓书堂遗稿》卷七)

十月,查礼于水西庄旁营建近圃。(《铜鼓书堂遗稿》卷七)

十月十九日,查礼为亡妻李钦迁墓,并撰《亡妻李安人迁厝小志》。(《铜鼓书堂遗稿》卷三一)

小雪后二日(十月二十二日),查为义招请众人于舍南小筑欣赏盆菊,同用欧阳修《希真堂东手种菊花十月始开》韵赋诗。参加者有查为仁、查礼、赵虹、刘文煊、王昆霞、吴廷华、朱岷、余尚炳、陈皋、英廉、高镔、查羲等。(《铜鼓书堂遗稿》卷七、英廉《梦堂诗稿》卷八)

十一月初五日,查礼邀请众人同游郭氏园林,参加者有查为仁、查为义、刘文煊、王昆霞、吴廷华、朱岷、余尚炳、陈皋、英廉等。

晚上众人留宿郭园,欣赏苏轼赠予李廌(字方叔,华州人)的马券拓本,并为之题诗。(《铜鼓书堂遗稿》卷七、英廉《梦堂诗稿》卷八)

十一月初七日,小水西庄建成,查为仁绘图,并题诗。时值查为仁生辰,查为仁率妻子刘氏、儿女查善长、查调凤、查容端、查绮文等人在庄内诗酒唱和。其后,儿媳严月瑶、侍女宋贞娘等人亦和诗。(《津门诗钞》卷八、卷二十,《水西余韵》第185页)

小至日(十一月二十日),英廉为《双凤图》题集句诗一首,并作跋。(《津门诗钞》卷七)

冬,查礼为王肇基《饮马长城窟图》题诗,诗赠恽源浚。(《铜鼓书堂遗稿》卷七)

冬,接到汪沆自闽中所寄之诗,查礼依韵和答。(《铜鼓书堂遗稿》卷七)

除夕(十二月二十九日),查善长与其妻严月瑶在吹兰阁诗酒唱和。(《水西余韵》第185页)

乾隆十三年戊辰(1748)

正月,查礼为《并辔图》题诗。(《铜鼓书堂遗稿》卷七)

正月,查礼过访庆国寺,作诗寄赠周焯。(《铜鼓书堂遗稿》卷七)

正月,查礼作诗,寄赠释佛云。(《铜鼓书堂遗稿》卷七)

二月,乾隆帝侍奉皇太后出巡东鲁,途经天津,驻跸水西庄。(《大津县新志》卷首、《铜鼓书堂遗稿》卷三一《亡妻李安人迁厝小志》)

二月,李锴(字铁君,号眉山,又号豸青山人,汉军镶白旗人)过访,查礼留饮苔花馆。查礼纳赀为衣曹,故有都门之行。(《铜鼓书堂遗稿》卷七)

二月,夜宿立禅庵,查礼与潘世仁、高镶等人分韵赋诗。(《铜鼓书堂遗稿》卷七)

花朝日(二月十五日),潘世仁过访近圃。(《铜鼓书堂遗稿》卷七)

花朝日(二月十五日),高镶在近圃篆刻"近圃"一印。(《水西余韵》第91页)

二月,高秉在近圃之沽上校书房篆刻"恂叔"一印。(《水西余韵》第91页)

二月,查礼为李子雅《柳阴垂钓图》题诗,诗赠高纲(字薑田,铁岭人)。(《铜鼓书堂遗稿》卷七)

三月,潘世仁任太湖令,查礼作诗送之。(《铜鼓书堂遗稿》卷七)

上巳日(三月初九日),高秉在近圃之梦余室篆刻"查礼"一印。(《水西余韵》第91页)

上巳后二日(三月十一日),高秉篆刻"癖"字一印。(《水西余韵》第91页)

三月,查礼为沽上校书房题诗。(《铜鼓书堂遗稿》卷七)

三月,宁郡王弘晈过访舍南小筑。宁郡王曾为查氏七烈祠题"七政争光"匾额。(《铜鼓书堂遗稿》卷七)

春,查礼闻莺,填词《柳梢青》。(《铜鼓书堂遗稿》卷二六)

暮春,万光泰再次来到天津,重寓闻渔阁,作诗呈赠查礼。(万光泰《柘坡居士集》卷十一)

暮春,查礼邀请刘文煊、吴廷华、朱岷、张熷(字曦亮,仁和人)、陈皋、万光泰、高镶、查羲、查睦周等人集会近圃,分韵赋诗。(《铜鼓书堂遗稿》卷七)

立夏后一日(四月初十日),查礼登览海光寺楼。(《铜鼓书堂遗

稿》卷七)

四月,查礼邀请高秉集会苔花馆,高秉未至。(《铜鼓书堂遗稿》卷七)

四月晦日(三十日),查礼招请万光泰、高镳等人集会沽上校书房,分韵赋诗。(《铜鼓书堂遗稿》卷七)

五月,查礼为项圣谟(字孔彰,嘉兴人)《松阴高士图》题诗。(《铜鼓书堂遗稿》卷七)

五月,查礼授户部陕西司主事。(查淳《铜鼓书堂遗稿后序》)

六月初一日,查礼于乾清宫觐见乾隆帝。(《铜鼓书堂遗稿》卷八)

六月初六日,厉鹗以孝廉铨选县令进京,取道大运河,舟中作诗寄赠查为仁。(厉鹗《樊榭山房续集》卷七)

六月,查礼前往百草沟展墓。(《铜鼓书堂遗稿》卷八)

六月,查礼返津,登览竹间楼。(《铜鼓书堂遗稿》卷八)

六月底,查礼进京,作诗留别查为仁、查为义。查为仁次韵赋诗送之。(《铜鼓书堂遗稿》卷八、《水西余韵》第45页)

夏末,厉鹗到达天津,馆于古春小茨。(陆谦祉《清厉樊榭先生鹗年谱》、厉鹗《绝妙好词笺序》)

七月初一日,查礼在京城煤市街寓斋等候万光泰、查羲,结果未到。(《铜鼓书堂遗稿》卷八)

七夕(七月初七日),万光泰取道潞河进京,舟中读《樊榭山房续集》,作诗寄赠厉鹗。(万光泰《柘坡居士集》卷十一)

七夕(七月初七日),查为仁延请英廉、厉鹗、吴廷华、陈皋等人集会南溪草堂,以"荷净纳凉时"分韵赋诗。(厉鹗《樊榭山房续集》卷七、英廉《梦堂诗稿》卷八)

七夕之后的某天晚上，英廉即来古春小茨拜访厉鹗。次日早上，查为仁展示所藏方孝孺《双松图》，三人一同欣赏，并分别为之题诗。(英廉《梦堂诗稿》卷八、厉鹗《樊榭山房续集》卷七)

　　立秋前五日(七月初九日)，查礼在圆明园侍奏。(《铜鼓书堂遗稿》卷八)

　　七月，查礼为董邦达(字孚存，富阳人)《秋江返棹图》题诗，诗赠王肇基。(《铜鼓书堂遗稿》卷八)

　　七月，查礼雨后游览王氏忏园。(《铜鼓书堂遗稿》卷八)

　　七月，查礼游览西苑。(《铜鼓书堂遗稿》卷八)

　　七月，汪沆自闽来京，查礼留饮寓斋。(《铜鼓书堂遗稿》卷八)

　　七月，查礼过访双遂亭，拜见白辉远。(《铜鼓书堂遗稿》卷八)

　　七月，查礼过访法源寺，观看苏灵芝(武功人，唐代书法家)所书《宝塔颂碑》。(《铜鼓书堂遗稿》卷八)

　　七月，查礼游览索氏旧园。(《铜鼓书堂遗稿》卷八)

　　闰七月初四日，厉鹗在古春小茨为《绝妙好词笺》作序。(《绝妙好词笺》卷首)

　　闰七月，汪沆自京城南归杭州，再赴任福州，万光泰作诗送之。(万光泰《柘坡居士集》卷十一)

　　闰七夕(闰七月初七日)，汪沆到达天津，查为仁招致厉鹗等人集会水琴山画堂，分韵赋诗。(厉鹗《樊榭山房续集》卷七、汪沆《槐塘诗稿》卷五)

　　闰七月初八日，厉鹗与汪沆在于斯东堂观看戏剧演出，赋诗唱和。(厉鹗《樊榭山房续集》卷七、汪沆《槐塘诗稿》卷五)

　　闰七月初九日，汪沆将赴武昌，厉鹗将返杭州，查为仁、吴廷华、吴可驯等人夜集竹间楼饯行，作诗送别。(厉鹗《樊榭山房续集》

卷七、汪沆《槐塘诗稿》卷五)

闰七月初十日,汪沆离开天津赴任。(汪沆《槐塘诗稿》卷五)

闰七月十一日,厉鹗未入京就选,离开天津,返归浙江。陈皋填词《台城路》送之。(厉鹗《樊榭山房续集》卷七、陈皋《吾尽吾意斋乐府》)

闰七月,陈皋为周焯《卜砚山房后集》题词《朝中措》。(陈皋《吾尽吾意斋乐府》)

闰七月初九日,蒋溥(字质甫,常熟人)招集朱佩莲、查礼等人同登小余平台望净业湖。(《铜鼓书堂遗稿》卷八)

闰七月十一日,陈邦彦赠诗,查礼依韵和之。(《铜鼓书堂遗稿》卷八)

闰七月,吴廷华过访近圃作诗寄赠,查礼依韵答之。(《铜鼓书堂遗稿》卷八)

八月,陈邦彦邀请薄海(字图南,号隅谷,大兴人)、高纲、汪箕台、高镔、查礼在京师集会一经斋食蟹。(《铜鼓书堂遗稿》卷八)

秋日,查礼与万光泰、高镔、高秉、查羲等人同游万柳堂,过访夕照寺,分韵赋诗。(《铜鼓书堂遗稿》卷八、万光泰《柘坡居士集》卷十一)

八月十五日,查礼与万光泰、高镔、查羲等人同游黑龙潭,寻访风氏园。(《铜鼓书堂遗稿》卷八)

中秋(八月十五日),查为仁为所辑《拟乐府补题》作序。(《拟乐府补题》卷首)

九月,查礼移居宣南坊绳匠胡同。(《铜鼓书堂遗稿》卷八、万光泰《柘坡居士集》卷十一)

九月,释佛云卒,查礼作诗悼之。(《铜鼓书堂遗稿》卷八)

九月初十日,查礼招集王昆霞、周长发、朱佩莲、申甫、万光泰、高镐、查羲等人同游陶然亭,分韵赋诗。(《铜鼓书堂遗稿》卷八、万光泰《柘坡居士集》卷十一)

九月,高藹任保安令,查礼作诗送之。(《铜鼓书堂遗稿》卷八)

秋末,英廉升迁大名府知府,离开天津,查为仁寄诗叙别。(英廉《梦堂诗稿》卷八)

冬夜,查礼与王昆霞、朱岷、万光泰、高镐、查羲等人集会借舫,分韵赋诗。(《铜鼓书堂遗稿》卷八)

十月,查昌业(字立功,号次斋,海宁人)进京。(《津门诗钞》卷八)

长至前四日(十月二十七日),周大枢过访笋巢赋诗,查礼、查昌业等人依韵答之。(《铜鼓书堂遗稿》卷八、《津门诗钞》卷八)

冬,查礼为常熟补溪芙蓉庄题诗,寄赠顾镇(字备九,常熟人)。(《铜鼓书堂遗稿》卷八)

十一月初四日,查礼邀请周长发、吴爔文(字朴庭,山阴人)、江衡(字岳南,歙县人)、万光泰、高镐、吴可驯、吴上庚(字宿长,淳安人)、吴璜(字鉴南,山阴人)、查开、查羲等人在京师集会古藤簃寓斋,分赋《寒林图》。(《铜鼓书堂遗稿》卷八)

小寒前七日(十一月初十日),查礼与万光泰、高镐、吴可驯、查为义、查昌业等人过访陶然亭看雪,分韵赋诗。李定业、查羲畏寒未至。(《铜鼓书堂遗稿》卷八)

十二月,查昌业返回天津。(《津门诗钞》卷八)

十二月初十日,陈皋返回天津,万光泰等人集会借舫,作诗送之。(万光泰《柘坡居士集》卷十一)

冬,查礼为万光泰《玉莲图》题诗,诗赠马荣祖(字立本、力本,

江都人)。(《铜鼓书堂遗稿》卷八、万光泰《柘坡居士集》卷十一)

冬,陈世倌惠赠涞鲫,查礼作诗谢之。(《铜鼓书堂遗稿》卷八)

冬,查礼作诗寄赠葛正笏。(《铜鼓书堂遗稿》卷八)

冬,高秉作诗寄赠,查礼赋诗答之。(《铜鼓书堂遗稿》卷八)

冬,查祥来信,查礼作诗寄谢。(《铜鼓书堂遗稿》卷八)

冬,查礼以新韭冰鱼款待,薄启东赋诗致谢,查礼依韵答之。(《铜鼓书堂遗稿》卷八)

冬,薄启东以家制饼饵招待,查礼赋诗谢之。(《铜鼓书堂遗稿》卷八)

乾隆十四年己巳(1749)

正月初九日,查礼觐见乾清宫,乾隆帝命佐郡滇南。(《铜鼓书堂遗稿》卷八)

正月二十五日,查礼改官粤西。万光泰时在京城,作诗送之。(《铜鼓书堂遗稿》卷八、万光泰《柘坡居士集》卷十二)

正月,查羲、李定业、高镔等人自京城回天津,万光泰作诗送之。(万光泰《柘坡居士集》卷十二)

正月,高秉为查礼篆"郡司马印"以赠别。(《铜鼓书堂遗稿》卷二八《高泽公印谱序》、《水西余韵》第91页)

二月,查礼自京城返回天津。(《铜鼓书堂遗稿》卷八)

二月,查礼邀高纲过访近圃看杏花。(《铜鼓书堂遗稿》卷八)

三月,万光泰过访嘉树堂,作诗寄赠,查礼依韵答之。(《铜鼓书堂遗稿》卷八)

三月,查礼作诗寄赠汪沆。(《铜鼓书堂遗稿》卷八)

夏日,查为义为查淳画兰花扇页。(《水西余韵》第85页)

四月,查礼前往百草沟展墓。(《铜鼓书堂遗稿》卷九)

四月,查礼将赴任粤西,作诗留别查为仁、查为义、沽上诸友、姐夫李源。(《铜鼓书堂遗稿》卷九)

四月底,查礼自天津出发,经大运河南下,赴任广西庆远郡丞。(《铜鼓书堂遗稿》卷九)

六月,查为仁笺注《绝妙好词》完毕。(查善长、查善和《绝妙好词笺跋》)

六月二十日,查为仁以手书远寄厉鹗。(厉鹗《樊榭山房续集》卷七《哭查莲坡》)

六月二十八日,查为仁卒,葬于三河县北石渠。(《宛平查氏支谱》卷一)

七月十三日,查礼登临滕王阁,并受蒋肇予之邀而画梅。(《铜鼓书堂遗稿》卷三十)

秋,获知查为仁凶讯,厉鹗作诗《哭查莲坡》悼之。(厉鹗《樊榭山房续集》卷七)

是年,吴廷华为查为仁撰《莲坡府君小传》。(《宛平查氏支谱》卷二)

乾隆十五年庚午(1750)

三月上浣(上旬),查善长、查善和为《绝妙好词笺》题跋。(《绝妙好词笺》卷末)

夏,周焯卒。(《铜鼓书堂遗稿》卷三一《宋谢文节公桥亭卜卦砚铭》)

乾隆十六年辛未(1751)

春,水西庄改建为行宫。(《水西余韵》第185页)

八月,查为义捐输城内鼓楼南之废宅,改建"问津书院",次年二月落成。(《(嘉庆)长芦盐法志》卷十八《问津书院碑记》、卷十九《学校》)

是年,程可式赋诗留别查为义。(《津门诗钞》卷二八)

乾隆十七年壬申(1752)

七月初八日,查善和之长子查诚(榜名维城,字卫宗,号静岩,又号海泖,1752—1811)出生。(《宛平查氏支谱》卷一)

八月二十日,查为仁卜葬三河县北石渠。杭世骏为之撰《皇清例授承德郎议叙六品莲坡查君元配金安人继配刘安人墓志铭》。(《新中国出土墓志·北京[壹]》第359页)

乾隆十八年癸酉(1753)

是年,查善长中举。(《宛平查氏支谱》卷一)

重九日(九月初九日),查礼返津,高秉在隐书楼篆刻朱文"身行万里半天下"一印,以赠查礼。(《水西余韵》第91页)

重九后一日(九月初十日),高镳在隐书楼篆刻白文"身行万里半天下"一印,以赠查礼。(《水西余韵》第91页)

是年,查礼为高秉作《高泽公印谱序》。(《铜鼓书堂遗稿》卷二八)

乾隆十九年甲戌(1754)

人日(正月初七日),高镳为查礼篆刻"漓江过客"一印。(《水西余韵》第91页)

试灯日(正月十三日),周学士(周焯次子)篆刻"查礼私印"一枚。(《水西余韵》第91页)

元夕(正月十五日夜),高秉为查礼篆刻"恂叔"一印。(《水西余韵》第91页)

是年,查善长考取进士,与纪昀(字晓岚,献县人)同科,陈世倌为正主考官。(《宛平查氏支谱》卷一、纪昀《纪文达公遗集》卷十六《江南淮南仪所监掣通判集堂查公墓志铭》)

乾隆二十年乙亥(1755)

六月,查礼赴任广西太平府知府。(《水西余韵》第91页)

初秋,查为义在屋南小筑画兰竹。(《水西余韵》第84页)

十二月十四日,查礼除授太平府太守。(《水西余韵》第90页)

十二月十六日,查礼获得高镕为之所刻"太平守章""羁縻太守"二印。(《水西余韵》第90页)

小除日(十二月二十四日),高秉篆刻朱文"太平守"印,以赠查礼。(《水西余韵》第90页)

除夕(十二月二十九日),高镕过访查礼,在心远地自偏轩中为之篆刻"二千石"一印。高秉在苕花馆为查礼篆刻"丽江郡守"一印。(《水西余韵》第90页)

乾隆二十一年丙子(1756)

元日(正月初一日),高秉过访苕花馆,并为查礼篆刻"二千石"一印。高镕赠予查礼"瘴雨蛮烟"一印。(《水西余韵》第91页)

人日(正月初七日),查礼招请高秉在来蝶亭饮酒。高秉为之篆刻"中宪大夫"一印。(《水西余韵》第91页)

上元日(正月十五日),高秉在沽上校书房篆刻"查礼之印""羁縻太守"双面印。(《水西余韵》第 91 页)

乾隆二十二年丁丑(1757)
秋,查为义在水西庄旁另建介园。(《铜鼓书堂遗稿》卷十四《椿芝椿花歌》)
是年,查礼在广西太平府刊刻查日乾《左传臆说》四卷。(《铜鼓书堂遗稿》卷三十《跋左传臆说》)

乾隆二十三年戊寅(1758)
是年,陈宏谋为查日乾之侧室王氏撰写八十寿序。(陈宏谋《培远堂文集》卷四)

乾隆二十六年辛巳(1761)
九月初十日,查淳之长子查枢(字斗一,号北亭,又号桐屋,1761—1807)出生。(《宛平查氏支谱》卷一)

乾隆二十七年壬午(1762)
上巳后三日(三月十五日),朱佩莲为查礼所辑《查氏一门烈女编》作序。(《查氏一门烈女编》卷首)
夏,查为义因事进京,与陈用敷(字正谊,一字锡民,号体斋,海宁人)交往,赠予画兰便面。(《宛平查氏支谱》卷七陈用敷《集堂府君画册后跋》)
八月二十八日,查日乾之侧室土氏卒,合葬于三河县百草沟。(《宛平查氏支谱》卷一)

十一月初六日,查为义之长孙查彬(榜名曾印,字伯埊,号憩亭,又号湘艻,1762—1821)出生。(《宛平查氏支谱》卷一)

是年,秦蕙田(字树峰,无锡人)为查日乾之侧室王氏撰《王太君传略》。(《宛平查氏支谱》卷二)

乾隆二十八年癸未(1763)

九月初十日,查为义卒,葬于三河县留水渠。(《宛平查氏支谱》卷一)

乾隆三十一年丙戌(1766)

春,查礼为查为仁《莲坡诗话》题跋。(《铜鼓书堂遗稿》卷十六《题亡兄心穀〈莲坡诗话〉后》)

春,查礼为查为义《兰花图》题诗。(《铜鼓书堂遗稿》卷十六《题亡兄履方所遗画兰》)

乾隆三十二年丁亥(1767)

八月,查礼补四川宁远府知府。(查淳《铜鼓书堂遗稿后序》)

乾隆三十三年戊子(1768)

正月十六日,查善长四十寿辰,严月瑶与其诗歌唱和。(《水西余韵》第184页)

乾隆三十四年己丑(1769)

六月下旬,查礼在川北道廨刻印《查氏一门烈女编》。(《查氏一门烈女编》卷末)

乾隆三十五年庚寅(1770)

三月,河神庙(淀神祠)建成,位于介园之东,乾隆帝侍奉皇太后亲诣瞻礼。(《天津县新志》卷首、《志余随笔》卷三)

日在西陆(秋),杭世骏为查礼己丑(1769)以前之诗文作序。(《铜鼓书堂遗稿》卷首)

乾隆三十六年辛卯(1771)

二月上浣(上旬),乾隆帝侍奉皇太后东巡,驻跸水西庄,相度芥园运河形势,并赋诗一首,且将介园更名为"芥园"。(《天津县新志》卷首、卷二四)

乾隆三十八年癸巳(1773)

三月中浣(中旬),乾隆帝巡幸天津,阅视河工,驻跸水西庄,并赋诗一首。(《天津县新志》卷首、卷二四)

七月十三日,查诚之长子查讷勤(字谨之,号云帆,又号简庵,1773—1817)出生。(《宛平查氏支谱》卷一)

乾隆四十一年丙申(1776)

二月下浣(下旬),乾隆帝侍奉皇太后东巡,莅临天津,驻跸水西庄,并赋诗一首。(《天津县新志》卷首、卷二四)

乾隆四十二年丁酉(1777)

是年,查诚中举。(《宛平查氏支谱》卷一)

乾隆四十三年戊戌(1778)

是年,查日乾之侧室张氏(天津人)卒,江德量(字成嘉,仪征人)为之作《慕园府君侧室张氏小传》。(《宛平查氏支谱》卷二)

乾隆四十四年己亥(1779)

长至前三日(十一月十二日),查礼画梅贻赠查淳。(《水西余韵》第89页)

乾隆四十七年壬寅(1782)

三月十二日,查淳次子查林(字桂一,号茂亭,又号花侬、松生、守樗,1782—1832)出生。(《宛平查氏支谱》卷一)

九月,查礼升任湖南巡抚。(查淳《铜鼓书堂遗稿后序》)

十二月二十九日,查礼卒。(《宛平查氏支谱》卷一)

乾隆四十八年癸卯(1783)

是年,查彬中举,刘墉(字崇如,诸城人)为正主考官。(《宛平查氏支谱》卷一、卷五《项太孺人六十寿序》)

冬,查为义家遭火灾,房屋、器服、书画,被毁殆尽。(《宛平查氏支谱》卷七《集堂府君画册后跋》)

是年,钱载(字坤一,号箨石,秀水人)为查礼撰《俭堂府君小传》。(《宛平查氏支谱》卷二)

乾隆四十九年甲辰(1784)

是年,查彬考取进士,纪昀为副主考官。(《宛平查氏支谱》卷一、《纪文达公遗集》卷十六《江南淮南仪所监掣通判集堂查公墓

志铭》)

六月,查礼及其妻合葬于三河县马昌营,曹秀先(字芝田,又字冰持、恒所,号地山,新建人)为之撰《俭堂府君墓志》。(《宛平查氏支谱》卷三)

乾隆五十三年戊申(1788)

十二月十六日,查淳于镇南关公廨为查礼《铜鼓书堂遗稿》作后序。(《铜鼓书堂遗稿》卷末)

乾隆五十四年己酉(1789)

七月二十九日,查为义之长子查溶(字澄之,号介园,1740—1798)五十寿辰,其妻项氏(钱塘人,1742—1829)同寿。杨锡瓒(号涓泉,萧山人)、包承祚(号启堂,钱塘人)、李长森(号荫原,太湖人)、茹棻(号古香,会稽人)、朱依鲁(号筱庭,临桂人)、邵玉清(号朗岩,天津人)、潘奕藻(号畏堂,吴县人)、陈万全(号梅垞,石门人)、沈峄(号简庵,天津人)等人作诗贺寿。(《宛平查氏支谱》卷一、卷八)

乾隆五十六年辛亥(1791)

二月既望(十六日),查溶为其父查为义《集堂府君画册》题跋。其后,朱珪(字石君,大兴人)、周兆基(字廉堂,江夏人)、朱履中(字玉堂,海盐人)、杨志信(字兰如,六安人)、张灼(号柳洲,安肃人)、蒋知让(字师退,铅山人)、谭光祜(字子受,南丰人)、黄掌纶(字展之,大兴人)、蔡之定(号生甫,德清人)、张问陶(号船山,遂宁人)、查淳、查诚等人为《集堂府君画册》题诗。(《宛平查氏支

谱》卷七、卷八)

乾隆五十七年壬子(1792)

四月既望(十六日),顾光旭(字华阳,无锡人)为《铜鼓书堂遗稿》作序。(《铜鼓书堂遗稿》卷首)

乾隆五十九年甲寅(1794)

是年,查善和之三子查鹤(字修年,1770—1797)中举。(《宛平查氏支谱》卷一)

乾隆六十年乙卯(1795)

三月十九日,查为义与其妻杜氏、继配王氏合葬于三河县留水渠,在查日乾墓茔之南阡里许。纪昀为之撰写《集堂府君墓志》。(《宛平查氏支谱》卷三、纪昀《纪文达公遗集》卷十六《江南淮南仪所监掣通判集堂查公墓志铭》)

小春(十月)十七日,查善和为查为义《集堂府君画册》题跋。(《宛平查氏支谱》卷七)

是年,陈用敷为查为义《集堂府君画册》题跋。(《宛平查氏支谱》卷七)

嘉庆三年戊午(1798)

是年,查讷勤中举。(《宛平查氏支谱》卷一)

嘉庆五年庚申(1800)

五月,查彬绘《泛舟屫楼图》。(《水西余韵》第164页)

嘉庆六年辛酉(1801)

是年,查讷勤考中进士。(《宛平查氏支谱》卷一)

是年,查淳观察湘南,道出津门,将榆堡地契、树木等图纸,转交查诚收藏。(《宛平查氏支谱》卷首之查彬《例言》)

十一月壬辰(十九日),刘墉为查彬之母项氏撰《项太孺人六十寿序》。(《宛平查氏支谱》卷五)

嘉庆十年乙丑(1805)

春,甘澍(广西太平人)撰《迎俭堂中丞像入广西太平府祠堂记》。(《宛平查氏支谱》卷六)

嘉庆十二年丁卯(1807)

仲春月(二月),甘澍为查淳及其侧室张氏撰《梅舫观察张安人双寿序》。(《宛平查氏支谱》卷五)

嘉庆十三年戊辰(1808)

七月初一日,查彬续修家谱,并撰《例言》。(《宛平查氏支谱》卷首、卷八《跋》)

道光元年辛巳(1821)

九月,查礼曾孙、查榦之子查咸勤(字贞复,号芙波,1791—1863)恩科顺天乡试解元。(《宛平查氏支谱》卷一、魏茂林《清秘述闻续》卷三)

道光六年丙戌(1826)

是年,梅成栋(字树君,号吟斋,天津人)在水西庄内成立梅花诗社。(《津门诗钞·校点说明》)

道光八年戊子(1828)

是年,金文波捐廉二千金重修水西庄。(《河北第一博物院画报》第49期《天津芥园水西庄记》、《水西余韵》第203—204页、张文琴《天津查氏水西庄文献考述》)

道光二十三年癸卯(1843)

是年,查为义曾孙、查应龙之三子查毅勤(字致远,号果庵,1811—1891)中举。(《宛平查氏支谱》卷一)

道光二十七年丁未(1847)

上巳(三月初二日),觉罗海瑛(字昆圃)等十一人在水西庄内修禊事。田景文(字雪峰,钱塘人)绘画《水西庄修禊图》。(《水西余韵》第4—11页)

咸丰八年戊午(1858)

是年,查彬之孙、查璨之次子查以新(字铭三,号春庭,1838—1873)中举。(《宛平查氏支谱》卷一)

同治三年甲子(1864)

是年,查彬之孙、查玮之次子查丙章(原名以昺,榜名丙旭,号耀庭,又号耀南,1831—1881)中举。(《宛平查氏支谱》卷一)

同治六年丁卯(1867)

是年,查彬曾孙、查以观之长子查恩绥(字承先,号荫阶,1839—1906)中举。(《宛平查氏支谱》卷一)

光绪十一年乙酉(1885)

是年,查恩绥之长子查尔崇(号峻丞,又号查湾,1862—1930)中举。(《宛平查氏支谱》卷一)

光绪十四年戊子(1888)

是年,查丙章之子查双绥(字毅夫,号玉阶,1864—1928)中举。(《宛平查氏支谱》卷一)

附　录

一、水西庄始建年代新证

关于水西庄的始建年代,史料并无明确的记载。民国《天津芥园水西庄记》断定水西庄"经始于雍正元年"①。这个观点产生的依据可能来自《抱瓮集》卷首查为仁所作题识。《抱瓮集》收录了查为仁自雍正元年(1723)至十三年(1735)所作诗歌。查为仁在题识中谈到这些诗歌大多数作于"息影水西"之时②。查为仁在这十三年中所作诗歌共有四百余首,但他辑录成集时,自行删去了十之七八,也就是说,《抱瓮集》仅收录了十之二三,由此可知,有关雍正年间水西庄的资料留存下来的只是极少一部分。根据这些残缺不全的史料来推断水西庄的始建年代,似乎难以得出准确的结论。

水西庄内建有许多景点,根据最早景点建成的时间来推断水

---

① 《河北第一博物院画报》第49期,1933年9月25日。
② (清)查为仁:《抱瓮集》,(清)查为仁:《蔗塘未定稿》,乾隆八年(1743)写刻本。

西庄的始建年代,是一种比较靠谱的方式。根据汪沆《津门杂事诗》注释所载,水西庄内的主要景点有"揽翠轩、枕溪廊、数帆台、候月舫、绣野簃、碧海浮螺亭、藕香榭、花影庵、课晴问雨"等等[1]。吴廷华与汪沆共同纂修的《天津县志》卷七所载略同[2]。吴廷华、汪沆均为水西庄宾朋,他们所言应当不虚,由此可以确信水西庄内建有"花影庵"这一处重要景点。

然而,水西庄内"花影庵"之名,实际上是查为仁从西曹之"花影庵"移植而来。西曹是查为仁乡试科场案发后系狱所在之地。西曹之"花影庵",是查为仁所葺板屋,建成于康熙五十三年(1714)春。建成时,狱中难友方云旅为之赋诗,查为仁依韵和答[3]。这座板屋初名"昨非斋"。查为仁曾将康熙五十六年(1717)秋冬所作诗歌编纂成集,据斋名而命名为《昨非斋草》(又名《怅然吟》),康熙五十七年二月由谈汝龙作序,沈元沧题跋[4]。又,《花影庵杂记》也收录了高云和尚康熙五十七年(1718)所作《秋日,过心穀昨非斋,同谈半村限韵,送钟调元之中州》诗歌两首,谈汝龙、查为仁也同韵赋诗[5]。由此诗题可知,查为仁在西曹所居原名"昨非斋"。而"花影庵"之名,是高云和尚康熙五十七年秋冬之际第五次过访西曹时所取[6]。更换斋名与赐给查为仁法名道号,寓意是相同的,即要查为仁皈佛参禅。

---

[1](清)汪沆:《津门杂事诗》,乾隆四年(1739)写刻本。
[2](清)吴廷华、汪沆:《天津县志》卷七,来新夏、郭凤岐主编:《天津通志》(中),南开大学出版社,2001年,第78页。
[3](清)查为仁辑:《旧雨兼新雨初集》,康熙年间红格钞本。
[4](清)查为仁:《昨非斋草》,康熙五十七年(1718)刻本。
[5](清)查为仁辑:《花影庵杂记》,(清)查为仁:《蔗塘未定稿》,乾隆八年(1743)写刻本。
[6](清)谈汝龙:《花影庵记》,(清)查为仁辑:《花影庵杂记》。

水西庄内"花影庵",是查为仁出狱之后所建,但具体不知建于何年。查为仁于康熙五十九年(1720)三月蒙恩矜释出狱①。《是梦集》收录了查为仁自康熙五十九年四月至康熙六十一年所作诗歌。而《是梦集》最后一首诗为《花影庵盆梅初放》,诗云:

> 分明弥勒与同龛,鼻观微微香暗参。
> 忽见一枝梅弄影,引将清梦到江南。

《是梦集》诸诗按编年排列,据此可知,此诗当作于康熙六十一年(1722)冬。从这首诗的题目可知,水西庄之"花影庵"在康熙六十一年冬已经建成,换句话说,水西庄至迟此年已经开始兴建,模糊言之,即水西庄始建于康熙末年。

西曹之"花影庵"构建非常简陋,仅薄板茅草而已。同样的道理,作为查为仁出狱之后的息影之所——水西庄之"花影庵",构造也很简陋。从建造所需时间和所花经费等方面来说,对于查氏家族而言,是没有多大问题的。另外,特别值得提及的是,西曹之"花影庵"直到雍乾之交还存留于世。雍正十三年(1735),张照即被关押于此②。乾隆七年(1742)冬,查为仁在天津旧城内"澹宜书屋"旁边隙地新建一庵,仍名之为"花影庵",作为"结跏"之所,并为之赋诗一首③。

近年来,有学者撰文认为水西庄始建于康熙末年,"花影庵"是水西庄内最早的景观。这种学术感觉非常敏锐,这类新出观点也十

---

① (清)查为仁:《是梦集序》,(清)查为仁:《蔗塘未定稿》,乾隆八年(1743)写刻本。
② (清)张照:《花影庵集序》,(清)查为仁:《蔗塘未定稿》,乾隆八年(1743)写刻本。
③ (清)查为仁辑:《澹宜书屋六咏》,乾隆十二年(1747)写刻本。

分正确,但是所撰文章则时空错位,引用的资料多为西曹"花影庵"所发生之事。也有学者仍然坚持水西庄始建于雍正元年的说法,这是因为他们没有注意到查为仁在康熙六十一年冬写下的那首诗《花影庵盆梅初放》。

二、乾隆帝五次驻跸水西庄

"驻跸"一词,有广义和狭义的分别。狭义是指帝王出行时沿途停留暂住;广义是泛指与帝王行止有关的事情①。因而,从广义来看,"驻跸"不一定意味着非要住宿不可。帝王的"驻跸"与常人的"到访",其实是同样的意思,只不过,到来者的身份和地位有所差别而已。

水西庄位于天津旧城以西三里的南运河畔,一则由于水路航运;二则由于水利工程的缘故,乾隆帝出巡,曾经在十三年、三十六年、三十八年、四十一年先后四次驻跸水西庄,并为之赋诗三首,后来勒碑立于水西庄地界御碑亭内。关于每次驻跸的具体情况,学者也早已有所论述②。

然而,除了这四次驻跸之外,乾隆帝其实还有一次曾经到访过水西庄。据《天津县新志》卷二十五记载,天津常被大水,乾隆三十五年(1770),天津道宋宗元在芥园之东偏,为祈祷河神而建造了"河神庙"③。"河神庙",又称"淀神祠"。据《天津县新志》卷首记载,"乾隆三十五年三月,高宗以淀神祠告成,乃奉皇太后安舆亲

---

① 中国社会科学院语言研究所词典编辑室编:《现代汉语词典》,商务印书馆,1978年,第60页。
② 王世新主编:《天津市红桥区志》,天津古籍出版社,2001年,第175—177页。
③ 高凌雯:《天津县新志》卷二十五,来新夏、郭凤岐主编:《天津通志》(中),南开大学出版社,2001年,第1054页。

诣瞻礼。"①也就是说,河神庙建成时,乾隆帝侍奉皇太后一起坐车前来瞻仰礼拜了。

芥园,是查为义在"近圃之右,得地数亩",于乾隆二十二年(1757)秋所建,原名"介园"②。乾隆三十六年,乾隆帝将之更名为"芥园"③。"芥园",在原水西庄旁,也即位于大水西庄的领地之内。

由以上所述,我们可以得知,乾隆三十五年三月,乾隆帝与皇太后又一次驻跸水西庄了。

又据《天津县新志》卷首记载,乾隆帝这次巡幸天津,还做了以下一些事情:"阅驻防兵;经略大学士傅恒征缅凯旋,至自云南,朝于行在,召见之;赏给长芦盐商貂皮缎匹;诏免本年钱粮十分之三,蠲免积逋;广入学额五名;赏赉民年七十、八十以上者;减军流以下罪。"④由于条文所载阙略,所以我们现在无法得知这些事情是否都发生在水西庄内。虽然乾隆十六年(1751)春水西庄已经改建为行宫⑤,但是这次巡幸天津,乾隆帝也曾驻跸了柳墅行宫⑥。

总而言之,乾隆帝前后共有五次曾经驻跸水西庄。

---

① 高凌雯:《天津县新志》卷首,来新夏、郭凤岐主编:《天津通志》(中),南开大学出版社,2001年,第497页。
②(清)查礼:《铜鼓书堂遗稿》卷十四,《续修四库全书》第1431册,上海古籍出版社,2002年,第103页。
③ 高凌雯:《天津县新志》卷二十四,来新夏、郭凤岐主编:《天津通志》(中),南开大学出版社,2001年,第1012页。
④ 高凌雯:《天津县新志》卷首,来新夏、郭凤岐主编:《天津通志》(中),南开大学出版社,2001年,第497页。
⑤ 陈克、岳宏主编:《水西余韵》,天津古籍出版社,2008年,第185页。
⑥(清)黄掌纶等撰:《长芦盐法志》卷十九,科学出版社,2009年,第401页。

三、"屋南小筑"在天津旧城内

"屋南小筑"是查氏的重要别业,建成于乾隆四年(1739)夏。建成时,查为仁、查礼均为之赋诗①。陈皋也依照查为仁诗韵,拟作和诗一首②。乾隆五年(1740)夏,查礼移居"屋南小筑"③。

"屋南小筑",实际上是一组建筑群。据汪沆所作诗注,其中的主要胜景有九处:午晴楼、花香石润之堂、送青轩、小丹梯、玉笠亭、若槎、读画廊、月明撕笛台、萱苏径④。查礼曾经为每处景点,各填词一首⑤。建成之后,"屋南小筑"成为查氏兄弟和宾客们雅集宴游、诗词吟咏的欢会之地。

"屋南小筑",具体坐落在哪里?学者们的意见分歧较大。有人以为它在天津旧城内,也有人认为它在城外的水西庄之南。

"屋南小筑",又称"舍南小筑"。要想知道它的真正建造位置,必须先弄清楚:此"屋"、此"舍",究竟是指哪座建筑?而我们认为,此"屋"、此"舍",实际上是指"澹宜书屋"。"澹宜书屋",是查为仁的斋名。查为仁在《澹宜书屋六咏》中说:"今冬,就其屋旁隙地,广为数所。"又说:"乾隆壬戌冬,予拓舍旁余地,种竹葺楼其中。"在这两句话中,查为仁就将"澹宜书屋"简称为"屋",为"舍"。"屋南小筑",顾名思义,它的意思就是"澹宜书屋"南边的建筑。乾隆壬戌,即乾隆七年(1742)。这年冬天,查为仁在"澹宜书屋"周边拓建

---

① (清)查为仁:《竹村花坞集》,(清)查为仁:《蔗塘未定稿》,乾隆八年(1743)写刻本。(清)查礼辑:《沽上题襟集》卷八,乾隆六年(1741)写刻本。
② (清)查礼辑:《沽上题襟集》卷五,乾隆六年(1741)写刻本。
③ (清)查礼辑:《沽上题襟集》卷四,乾隆六年(1741)写刻本。
④ (清)汪沆:《津门杂事诗》,乾隆四年(1739)写刻本。
⑤ (清)查礼:《铜鼓书堂遗稿》卷二十五,《续修四库全书》第1431册,上海古籍出版社,2002年,第184—185页。

了"水琴山画堂、古芸室、衣月廊、竹间楼、花影庵"等数座建筑,仍然总称之为"澹宜书屋",作为"投老偃息"之所,并为六处建筑,各赋诗一首①。

"澹宜书屋",是查为仁出狱之后所建。杭世骏《查莲坡墓志铭》说:"庚子,□□□□□为义、季弟礼,分灯课读。筑澹宜书屋,遍访江以南藏书,贮其中。"②据吴廷华《莲坡府君小传》,空缺处可补入"放归后,与仲弟"六字③。查为仁是在康熙五十九年(1720),即庚子年三月蒙恩矜释出狱的④。又据资料记载,这年冬天,在"澹宜书屋",查为仁与李源、胡依永、杜甲、杜尧勋等人诗酒酬唱,查为仁为此赋诗一首《冬日,李仁山、胡依永、杜禹门、尧勋兄弟过澹宜书屋小酌,各有赠句,赋此奉答》⑤。根据以上引述,我们可以推断出"澹宜书屋"大约建成于康熙五十九年夏秋之季。

如前文所言,乾隆七年冬,查为仁在"澹宜书屋"旁边隙地新建了一座"花影庵",作为"结跏"之所。然而,在此之前,城外水西庄内早已建有一座"花影庵"。乾隆元年(1736),查礼游览水西庄,曾经作诗《腊八日,偕汪西颢征君、家天来侄饮水西庄之花影庵,分赋得十蒸》⑥。由此诗题"水西庄之花影庵",一则可证水西庄内确实建有"花影庵";二则可证"水西庄之花影庵"于乾隆元年即已建成。同时也可以推知,这两座"花影庵"不可能建在同一处,换句话说,"澹宜

---

① (清)查为仁辑:《澹宜书屋六咏》,乾隆十二年(1747)写刻本。
② 叶修成:《杭世骏佚文〈查莲坡墓志铭〉与查为仁乡试科场案》,《贵州社会科学》2013年第10期。
③ 查禄百、查禄昌等纂:《宛平查氏支谱》卷二,1941年铅印本。
④ (清)查为仁:《是梦集序》,(清)查为仁:《蔗塘未定稿》,乾隆八年(1743)写刻本。
⑤ (清)查为仁:《是梦集》,(清)查为仁:《蔗塘未定稿》,乾隆八年(1743)写刻本。
⑥ (清)查礼:《铜鼓书堂遗稿》卷一,《续修四库全书》第1431册,上海古籍出版社,2002年,第12页。

书屋"及其旁边的"花影庵"必在天津旧城内。

乾隆十三年(1748)夏末,厉鹗到达天津,寓居在查氏"古春小苁"。七夕之后的一天晚上,英廉前来造访。次日凌晨,查为仁展示他所收藏的方孝孺《双松图》,三人一同品赏,并分别为画题诗①。这幅《双松图》,据汪沆所说,为"澹宜书屋"所藏②。查为仁于凌晨取出"澹宜书屋"所藏《双松图》,以供住在"古春小苁"的厉鹗来欣赏,从这里就可以得知,"澹宜书屋"和"古春小苁"应该相距不远。

杭世骏《查莲坡墓志铭》说:"甲子,拓街南隙地,构古春小苁为王太恭人承欢处。"③据此可知,"古春小苁"建成于乾隆甲子九年(1744),是查为仁为其生母王氏养老所建。"拓街南隙地",即开拓街道南边的空隙之地而构建。汪沆《屋南小筑》诗注所谓"莲坡昆季新辟小园于道南"④的"道南",也即此"街南"之意。由此可以得知,"古春小苁"必在城内无疑。况且,水西庄建成之后,查氏女眷仍住在城内。英廉时任天津河防同知⑤,官署在城内。"古春小苁",唯在城内,英廉才便于晚上前来拜访厉鹗。

"澹宜书屋"和"古春小苁"是相邻的建筑,由此也可证实"澹宜书屋"是在旧城内。"屋南小筑"在"澹宜书屋"之南,因而,"屋南小筑"也是建在城内的。民国时人说:"屋南小筑,在镇海门内学宫后,

---

① (清)厉鹗:《樊榭山房续集》卷七,中华书局,1936年,第175—176页。(清)英廉:《梦堂诗稿》卷八,《四库未收书辑刊》第9辑第26册,北京出版社,2000年,第425—426页。
② (清)查礼辑:《沽上题襟集》卷四,乾隆六年(1741)写刻本。
③ 叶修成:《杭世骏佚文〈查莲坡墓志铭〉与查为仁乡试科场案》,《贵州社会科学》2013年第10期。
④ (清)汪沆:《津门杂事诗》,乾隆四年(1739)写刻本。
⑤ (清)吴惠元:《续天津县志》卷九,来新夏、郭凤岐主编:《天津通志》(中),南开大学出版社,2001年,第327页。

与查氏于斯堂相对。"① 这种说法，或是有一定道理的。

综合以上所述，我们可以得知：查氏所建的"屋南小筑"（包括午晴楼、花香石润之堂、送青轩、小丹梯、玉笠亭、若槎、读画廊、月明撼笛台、萱苏径）、"澹宜书屋"（包括水琴山画堂、古芸室、衣月廊、竹间楼、花影庵）、"古春小茨"等建筑都在天津旧城内，而不在城西三里之遥的水西庄。

四、《天津市红桥区志》有关水西庄内容的辨误

2001年版《天津市红桥区志》（以下简称《红桥区志》）第四篇《历史名园水西庄》对水西庄的兴衰历史以及过往的研究工作进行了系统梳理和介绍，这对水西庄有关知识的传播推广以及相关学术研究的深入推进，具有十分重要的意义。然而，其中也难免存有一些舛错和纰漏，为了避免以讹传讹，现择其大者，考辨和订正如下。

（一）关于水西庄的始建年代

水西庄始建于何年？文献资料并无明确的记载。而《红桥区志》说："清代雍正元年（1723）开始兴建。"② 这种说法可能来自民国《天津芥园水西庄记》所谓"经始于雍正元年"的观点③。现据史料来看，这个观点有误。

水西庄内建有许多景点，根据早期景点建成的时间来推断水西庄的始建年代，是一种比较可靠的方式。"花影庵"是建筑的名称，但与查氏有关的"花影庵"却有两处：一在西曹，康熙五十三年

---

① 《河北第一博物院画报》第49期《谈荟》，1933年9月25日。
② 王世新主编：《天津市红桥区志》，天津古籍出版社，2001年，第163页。
③ 《河北第一博物院画报》第49期，1933年9月25日。

(1714)春,查日乾、查为仁系狱时所建①;一在水西庄内,查为仁出狱之后所建,但具体不知建于何年。查为仁于康熙五十九年(1720)三月蒙恩矜释出狱②。《是梦集》收录了查为仁自康熙五十九年四月至康熙六十一年所作诗歌。其中有首诗《花影庵盆梅初放》,系于康熙六十一年(1722)冬。根据这首诗题可知,水西庄之"花影庵"于1722年冬即已建成,换句话说,水西庄至迟此年亦已肇建③。因此,水西庄的始建年代,正确的说法应该是:水西庄始建于康熙末年,雍正初年陆续建成。

(二)关于水西庄的建筑

水西庄内有哪些建筑?《红桥区志》说:"水西庄的早期建筑,有揽翠轩、枕溪廊、数帆台、候月舫(泊月舫)、绣野簃、碧海浮螺亭、藕香榭、花影庵、一犁春雨、澹宜书屋、清机小舍、水琴山画堂、古春小茨、沽上校书房、竹间楼、香雨楼、小旸谷(茧斋)、秋白斋、苔花馆、来蝶亭等。"④事实上,根据史料来看,这些建筑并非全在天津旧城外的水西庄内。

其中,"揽翠轩、枕溪廊、数帆台、候月舫(泊月舫)、绣野簃、碧海浮螺亭、藕香榭、花影庵、一犁春雨(课晴问雨)"等,根据汪沆《津门杂事诗》的注释⑤、吴廷华与汪沆所纂《天津县志》卷七的载录⑥,是为水西庄内的景点。吴廷华、汪沆均为水西庄宾朋,他们所言应

---

① (清)查为仁辑:《旧雨兼新雨初集》,康熙年间红格钞本。
② (清)查为仁:《是梦集序》,(清)查为仁:《蔗塘未定稿》,乾隆八年(1743)写刻本。
③ 叶修成:《水西庄始建年代新证》,《今晚报》2013年9月3日。
④ 王世新主编:《天津市红桥区志》,天津古籍出版社,2001年,第164页。
⑤ (清)江沆:《津门杂事诗》,乾隆四年(1739)写刻本。
⑥ (清)吴廷华、汪沆:《天津县志》卷七,来新夏、郭凤岐主编:《天津通志》(中),南开大学出版社,2001年,第78页。

当不虚。

"沽上校书房",是"水西庄"旁"近圃"内的建筑,查礼在《味古庐印谱》中曾说过"近圃之沽上校书房"[①]。"近圃"是查礼于乾隆十二年(1747)十月所建的园子[②]。乾隆戊辰十三年花朝日高镶(字季冶)在"近圃"内为查礼篆刻"近圃"一印[③]。

其余,诸如"澹宜书屋、清机小舍、水琴山画堂、古春小茨、竹间楼、香雨楼、小旸谷(茧斋)、秋白斋、苔花馆、来蝶亭"等,均在天津旧城内。其中部分建筑所在位置,特考证如下。

"澹宜书屋",查为仁的书斋,是他出狱之后所建。杭世骏《查莲坡墓志铭》说:"庚子,□□□□□□为义、季弟礼,分灯课读。筑澹宜书屋,遍访江以南藏书,贮其中。"[④]据吴廷华《莲坡府君小传》,空缺处可补入"放归后,与仲弟"六字[⑤]。查为仁是在康熙五十九年(1720),即庚子年三月蒙恩矜释出狱的[⑥]。又据资料记载,这年冬天,查为仁与李源、胡依永、杜甲、杜尧勋等人在"澹宜书屋"诗酒酬唱,查为仁为此赋诗一首《冬日,李仁山、胡依永、杜禹门、尧勋兄弟过澹宜书屋小酌,各有赠句,赋此奉答》[⑦]。综合以上所述,我们可以推断出"澹宜书屋"大约建成于康熙五十九年夏秋之季,而此时水西庄尚无踪影,故"澹宜书屋"不可能在城外的水西庄,而只能在天

[①]陈克、岳宏主编:《水西余韵》,天津古籍出版社,2008年,第91页。
[②](清)查礼:《铜鼓书堂遗稿》卷七,《续修四库全书》第1431册,上海古籍出版社,2002年,第52—54页。
[③]陈克、岳宏主编:《水西余韵》,天津古籍出版社,2008年,第91页。
[④]叶修成:《杭世骏佚文〈查莲坡墓志铭〉与查为仁乡试科场案》,《贵州社会科学》2013年第10期。
[⑤]查禄百、查禄昌等纂:《宛平查氏支谱》卷二,1941年铅印本。
[⑥](清)查为仁:《是梦集序》,(清)查为仁:《蔗塘未定稿》,乾隆八年(1743)写刻本。
[⑦](清)查为仁:《是梦集》,(清)查为仁:《蔗塘未定稿》,乾隆八年(1743)写刻本。

津旧城内。

乾隆壬戌,即乾隆七年(1742)冬天,查为仁在"澹宜书屋"周边拓建了"水琴山画堂、古芸室、衣月廊、竹间楼、花影庵"等数座建筑,将它们仍然总称之为"澹宜书屋",作为"投老偃息"之所,并为六处建筑,各赋诗一首①。据此即可知,"水琴山画堂、竹间楼"等也在天津旧城内,不在城外的水西庄。

杭世骏《查莲坡墓志铭》说:"甲子,拓街南隙地,构古春小茨为王太恭人承欢处。"②由此可知,"古春小茨"建成于乾隆甲子九年(1744),是查为仁为其生母王氏养老所建。"拓街南隙地",即开拓街道南边的空隙之地而构建。据此可以得知,"古春小茨"也必在城内无疑。乾隆十三年(1748)夏末,厉鹗到达天津,寓居在"古春小茨"。七夕之后的一天晚上,英廉前来造访。次日凌晨,查为仁展示他所收藏的方孝孺《双松图》,三人一同品赏,并分别为画题诗③。这幅《双松图》,据汪沆所说,为"澹宜书屋"所藏④。查为仁于凌晨取出"澹宜书屋"所藏《双松图》,以供住在"古春小茨"的厉鹗来欣赏,从这里可以得知,"澹宜书屋"和"古春小茨"应该相距不远。英廉时任天津河防同知⑤,官署在城内。"古春小茨",唯在城内,英廉才便于晚上前来拜访厉鹗。

---

① (清)查为仁辑:《澹宜书屋六咏》,乾隆十二年(1747)写刻本。
② 叶修成:《杭世骏佚文〈查莲坡墓志铭〉与查为仁乡试科场案》,《贵州社会科学》2013年第10期。
③ (清)厉鹗:《樊榭山房续集》卷七,中华书局,1936年,第175—176页。(清)英廉:《梦堂诗稿》卷八,《四库未收书辑刊》第9辑第26册,北京出版社,2000年,第425—426页。
④ (清)查礼辑:《沽上题襟集》卷四,乾隆六年(1741)写刻本。
⑤ (清)吴惠元:《续天津县志》卷九,来新夏、郭凤岐主编:《天津通志》(中),南开大学出版社,2001年,第327页。

"清机小舍",是查礼夫妇所建馆舍。查礼曾说:"寝室后有隙地,旧积瓦砾,因辟治矮屋数椽,颜曰'清机小舍'。移园竹植窗下,每静夜帘风徐起,竹声飒然。两人相对于白藤、乌几、乱书、残烛之间,人寂语稀,月光当户,清景历历,几忘在城市中。"①这里描述了查礼夫妇在"清机小舍"里的清静生活。其中,"几忘在城市中",则清楚地表明了"清机小舍"是在天津旧城内。

(三)关于查为仁会试中式

关于查为仁的科举考试,《红桥区志》说:"查为仁……于康熙五十年(1711)辛卯科顺天乡试取第一名,复于次年壬辰科会试中式。"②按:查为仁乡试科考舞弊案,当年九月放榜之后即被发现了③。据《圣祖实录》康熙五十年九月二十日所载:

> 都察院左都御史赵申乔疏言:"臣今科典试时,取中顺天生员查为仁为第一名举人。今据顺天府府尹屠沂、内场监试阿尔赛等来文,以本生卷面大兴与册内开宛平不符。榜发十日,本生尚未赴顺天府声明籍贯。有无情弊,难以悬定。据实题明,乞敕部查究实情。"得旨:该部严察议奏。④

按规定,放榜后十天之内,考生如有失误,准许去府衙进行解释。而查为仁不仅"尚未赴顺天府声明籍贯",而且竟随其父"远避

---

① (清)查礼:《铜鼓书堂遗稿》卷三十一,《续修四库全书》第 1431 册,上海古籍出版社,2002 年,第 227 页。
② 王世新主编:《天津市红桥区志》,天津古籍出版社,2001 年,第 165 页。
③ 叶修成:《杭世骏佚文〈查莲坡墓志铭〉与查为仁乡试科场案》,《贵州社会科学》2013 年第 10 期。
④《清实录》第六册,中华书局,1985 年,第 452 页。

浙江"①。可见,查为仁科场事发后,立马就脱逃了,并未参加康熙五十一年壬辰科会试,更未中式。

康熙五十一年四月初六日,直隶巡抚赵弘燮上奏:"今据天津道刘荣申称:有查日昌(即查日乾)家人于有等供出,南岸同知杜于藩系日昌至亲。而杜于藩又自称,藩虽系亲戚,而黄村同知马兆辰之亲更挚,查为仁系伊弟马十三同起身南去,与绍兴府贡生王孝先同在绍兴府居住。"②据此可知,康熙五十年顺天府科场案发后,查日乾父子立即南下,隐匿在绍兴府。查氏父子之所以第一时间直奔绍兴而去,是因为查日乾的姐夫马章玉是山阴人;查日乾的嫡妻,即马章玉从叔之女,也是山阴人。鉴于山阴的亲戚众多,或许能够提供庇护之所,查氏父子于是也就投奔而来了。山阴,是绍兴府下辖的一个县,府治、县治均在绍兴城内。

(四)关于水西庄第一次扩建

《红桥区志》说:"(水西庄)第一次扩建在乾隆四年(1739),查为仁兄弟三人新辟园林'屋南小筑',又称'舍南小筑'。"③然而,据笔者考证,"屋南小筑"(包括午晴楼、花香石润之堂、送青轩、小丹梯、玉笠亭、若槎、读画廊、月明撅笛台、萱苏径)位于天津旧城内,而不在城外迤西三里之遥的水西庄④。

水西庄第一次扩建其实是查礼营建"近圃",时间约在乾隆十

---

① 高凌雯:《志余随笔》卷三,来新夏、郭凤岐主编:《天津通志》(下),南开大学出版社,2001年,第712页。
② 中国第一历史档案馆编:《康熙朝汉文朱批奏折汇编》第四册,档案出版社,1985年,第90页。
③ 王世新主编:《天津市红桥区志》,天津古籍出版社,2001年,第166页。
④ 叶修成:《天津水西庄研究三则》,万鲁建编:《九河寻真(2014)》,天津古籍出版社,2015年,第291—294页。

二年(1747)十月①,目的是为乾隆帝次年驻跸水西庄腾挪空间。"近圃"内有野色亭、梦余室、沽上校书房等景点。查礼在《味古庐印谱》中即言及"近圃之野色亭""近圃之梦余室""近圃之沽上校书房"等②。查礼也曾写过多首与"近圃"有关的诗歌③。如:

寒夜近圃步月

灯火村头暗,家家掩竹扉。

疏林无剩叶,残月有余晖。

堤外孤舟泊,天空一雁飞。

寻诗怜独步,霜气冷侵衣。

雪后近圃晚望

连朝且怯裂肤风,雨雪纷纷叫断鸿。

遍野乍惊衰草白,平台近倚落晖红。

鸡啼茅屋寒烟里,樵断荒邱冷树中。

尘世闲愁尽忘却,独倾杯酒望长空。

乾隆二十二年(1757)秋,查为义在"近圃之右,得地数亩",另建介园④,后来更名为"芥园"⑤。"芥园"在"近圃"之右,则"近圃"就

---

① (清)查礼:《铜鼓书堂遗稿》卷七,《续修四库全书》第1431册,上海古籍出版社,2002年,第52—54页。
② 陈克、岳宏主编:《水西余韵》,天津古籍出版社,2008年,第91页。
③ (清)查礼:《铜鼓书堂遗稿》卷七,《续修四库全书》第1431册,上海古籍出版社,2002年,第52—54页。
④ (清)查礼:《铜鼓书堂遗稿》卷十四,《续修四库全书》第1431册,上海古籍出版社,2002年,第103页。
⑤ 高凌雯:《天津县新志》卷二十四,来新夏、郭凤岐主编:《天津通志》(中),南开大学出版社,2001年,第1012页。

在"芥园"之左。

(五)关于纂辑地方志

乾隆二年至四年(1737—1739),《天津府志》与《天津县志》由吴廷华、汪沆纂修完成。《红桥区志》认为:水西庄的幽雅园林为吴廷华、汪沆纂修这两部志书提供了良好的著书环境①。按:吴廷华、汪沆虽然是水西庄的重要宾客,但《天津府志》与《天津县志》却不是在水西庄,而是在天津志局内纂修完成的。吴廷华有诗题云:"志局为学使者校士地,其西积水成洼,广可一里许,长堤中亘通以平桥,冬暮与同局诸人游而乐之。"②诗题中言及"志局""同局诸人",由此可见,吴廷华、汪沆等人是在天津志局内纂修方志,而不是在水西庄,这两部志书其实和水西庄并没有多大的关联。

(六)关于乾隆帝驻跸的次数

《红桥区志》认为:乾隆帝出巡,曾在十三年、三十六年、三十八年、四十一年先后共计四次驻跸了水西庄③。然而,据笔者统计,除了这四次驻跸之外,乾隆帝事实上还有一次曾经到访过水西庄。据《天津县新志》卷二十五记载,天津常被大水,乾隆三十五年(1770),天津道宋宗元在"芥园"之东偏,为祈祷河神而建造了"河神庙"④。"河神庙",又称"淀神祠"。据《天津县新志》卷首记载,"乾隆三十五年三月,高宗以'淀神祠'告成,乃奉皇太后安舆亲诣瞻

---

① 王世新主编:《天津市红桥区志》,天津古籍出版社,2001年,第171页。
② (清)查礼辑:《沽上题襟集》卷二,乾隆六年(1741)写刻本。
③ 王世新主编:《天津市红桥区志》,天津古籍出版社,2001年,第175—177页。
④ 高凌雯:《天津县新志》卷二十五,来新夏、郭凤岐主编:《天津通志》(中),南开大学出版社,2001年,第1054页。

礼。"①也就是说,河神庙建成之时,乾隆帝侍奉皇太后一起坐车前来瞻仰礼拜了。

"芥园",是查为义在"近圃之右,得地数亩",于乾隆二十二年(1757)秋所建,原名"介园"②。乾隆三十六年,乾隆帝将之更名为"芥园"③。"芥园",在原水西庄旁,也即位于大水西庄的领地之内。综上所述,我们可以得知,乾隆三十五年三月,乾隆帝与皇太后又一次驻跸水西庄了。

又据《天津县新志》卷首记载,乾隆帝这次巡幸天津,还做了以下一些事情:"阅驻防兵;经略大学士傅恒征缅凯旋,至自云南,朝于行在,召见之;赏给长芦盐商貂皮缎匹;诏免本年钱粮十分之三,蠲免积逋;广入学额五名;赏赉民年七十、八十以上者;减军流以下罪。"④由于条文所载阙略,所以我们现在无法得知这些事情是否都发生在水西庄内。虽然乾隆十六年(1751)春水西庄已经改建为行宫⑤,但是这次巡幸天津,乾隆帝也曾驻跸了柳墅行宫⑥。

另外,《红桥区志》有关水西庄及查氏家族的记述还有其它一些瑕疵,诸如搞错了其中的人名、地点、时间等。如将"赵艳雪"错写成了"杜丽春";《长生殿》是在城内的"于斯堂"演出,而误以为是在

---

① 高凌雯:《天津县新志》卷首,来新夏、郭凤岐主编:《天津通志》(中),南开大学出版社,2001年,第497页。
② (清)查礼:《铜鼓书堂遗稿》卷十四,《续修四库全书》第1431册,上海古籍出版社,2002年,第103页。
③ 高凌雯:《天津县新志》卷二十四,来新夏、郭凤岐主编:《天津通志》(中),南开大学出版社,2001年,第1012页。
④ 高凌雯:《天津县新志》卷首,来新夏、郭凤岐主编:《天津通志》(中),南开大学出版社,2001年,第497页。
⑤ 陈克、岳宏主编:《水西余韵》,天津古籍出版社,2008年,第185页。
⑥ (清)黄掌纶等撰:《长芦盐法志》卷十九,科学出版社,2009年,第401页。

城外的"水西庄";厉鹗离津的时间是在"乾隆十三年",而误作了"乾隆十四年",等等。

总之,笔者指出以上种种错误,也是为了《红桥区志》在下次纂修时加以更正,使得相关内容臻于完善。

五、查氏在天津的别业

近年来,笔者见到了多幅为"水西庄"重建而设计的示意图,觉得它们都共同存在以下三个方面的问题:一,未按原址地貌来布置景点;二,将查氏在天津城内城外的建筑不加区分地统统移植到了"水西庄"内;三、将其中的建筑群也拆分开来没有安排在一起。为了指出这些错谬以正视听,现将查氏家族在天津城内外的建筑物尽其可能地进行清点,并考察"水西庄"原址的空间布局如下。

(一)天津两处建筑群落

查氏家族在天津主要拥有两处建筑群落:一处在天津旧城内,以"于斯堂"为主体;一处在旧城外以西,以"水西庄"为主体。

"于斯堂",是康熙中叶查日乾始来天津谋生时所建[①]。之后,在其周边不断建有:"容斋""于斯东堂""戏台""味古庐""隐书楼""清机小舍""古春小茨""梅花世界""香雨楼""秋白斋""染香斋""闻渔阁""小旸谷(茧斋)""瓠屋""苔花馆""来蝶亭""古欢书屋""宝砚斋""心远地自偏轩"等。

查氏家族女眷的闺阁也多有别致的命名,如金至元的"芸书阁"、查调凤的"香初阁"、查容端的"晓镜阁"、查绮文的"芬余阁"、严月瑶的"吹兰阁(原名静芳阁)"、张珍的"怀香阁"、张亚晖的"吟

---

①(清)陶良玉:《慕园府君六十寿序》,查禄百、查禄昌等纂:《宛平查氏支谱》卷五,1941年铅印本。

香阁"等。这些闺阁可能都在"于斯堂"内。

"于斯堂"旁还建有两组建筑群,即"澹宜书屋"(包括澹宜书屋、水琴山画堂、古芸室、衣月廊、竹间楼、花影庵)和"屋南小筑"(包括午晴楼、花香石润之堂、送青轩、小丹梯、玉笠亭、若槎、读画廊、月明撷笛台、萱苏径)。

"水西庄",始建于康熙末年,雍正初年陆续建成[①]。乾隆年间在其旁边扩建了"近圃""小水西""芥园(介园)"等三个小园子。

"水西庄"内的景点主要有:"揽翠轩""枕溪廊""数帆台""候月舫(泊月舫)""绣野簃""碧海浮螺亭""藕香榭""花影庵""一犁春雨(课晴问雨)""喧楼""平冈""茶寮""棋阁"等。

其中,"候月舫"与"泊月舫","一犁春雨"与"课晴问雨"分别是同一个景点,不过是吴廷华、汪沆所纂《天津县志》载录与汪沆所撰《津门杂事诗》诗注略有差异而已[②]。"一犁春雨"与"课晴问雨"均指"农田"。"一犁春雨"本义是指春雨湿润土地的深度刚好适合一个犁头扎下去的深度,意味着可以开始犁地春耕了。"一犁"是用来表示降雨量的多少。"课晴问雨"中的"课""问"都是"占卦卜问"的意思,向神灵占卜询问天气是放晴还是下雨,这是农耕社会的风俗习惯。

"近圃"内有"野色亭""梦余室""沽上校书房"等建筑,后来增立了"御制诗碑"。

"小水西"内有碧沼红桥、茅屋数间,其中一间名叫"半云阁"。

"芥园"内有"河神庙(淀神祠)""琵琶池""夕阳亭"等景点。

[①] 叶修成:《水西庄始建年代新证》,《今晚报》2013年9月3日。
[②] (清)吴廷华、汪沆:《天津县志》卷七,来新夏、郭凤岐主编:《天津通志》(中),南开大学出版社,2001年,第78页。(清)汪沆:《津门杂事诗》,乾隆四年(1739)写刻本。

"水西庄"山门外、南运河边还有一座"牌坊"。

以上是清理出来的查氏在天津城内外所建的大部分建筑物。尤须注意的是,"水西庄"建成以后,查氏家族成员基本上仍然居住在城内,并未完全移居城外的"水西庄",大型的文事活动,也多在城内举行。

为此,重建时,可将城内外的建筑物全都在"水西庄"内再现出来,但要区别开来,可以分设两个园区,即"于斯堂馆"和"水西庄园"。城内建筑物复建在"于斯堂馆"内;城外建筑物复建在"水西庄园"内,同时配以相关的文字加以说明。如此构建,方能充分展现出查氏家族在天津发展与兴盛的历史过程。

祖籍地北京宛平榆垡,查氏也有别业。查日乾于康熙五十七年(1718)在那筑造"慕园",园内建有"致严楼""有怀堂""一亭""蓼莪书屋"等[1]。那里还有"七烈祠堂""查氏祖茔""祖庙"等。

(二)水西庄的空间布局

"水西庄"园林早已荡然无存,成为了历史的陈迹,没有留下当年全盛时期园林景点分布、建筑结构的平面示意图。因而,重建时,只能依据文献资料的文字载录,充分发挥合理的想象,进行再创造了。"水西庄"及其附属园子究竟如何布局的呢?

1933年11月天津市财政局绘制了一幅《天津芥园水西庄故址图》[2],如下。这是我们现在所能见到的唯一一幅有关"水西庄"的空间布局图。但此时的"水西庄",与原初相比,无论是地形,还是建筑,都已发生了很大的变化。根据这幅故址图,结合相关的文字资料,我们大致能够推测出"水西庄"及其附属园子"近圃""小水西"

---

[1](清)刘文煊:《慕园记》,查禄百、查禄昌等纂:《宛平查氏支谱》卷六,1941年铅印本。
[2]陈克、岳宏主编:《水西余韵》,天津古籍出版社,2008年,第267页。

"芥园"等的地理方位。

这幅故址图将"水西庄"的领地,除"济安自来水公司"地界之外,分为了甲、乙、丙、丁、戊、己、庚、子、丑、寅、卯等十一段。根据图中的"说明""图例"、文字标注等,我们可以看出:"河神庙"在"戊段";"河神庙牌坊"在"丙段";"乾隆御碑"在"己段",如下图所示。

又据《天津县新志》卷二十五记载,天津常被大水,乾隆三十五年(1770)天津道宋宗元在"芥园"之东偏,为祈祷河神而建造了"河神庙"①。"河神庙"在"芥园"之东偏,那么"芥园"则在"河神庙"之西偏。"河神庙"所在"戊段"的西偏是"子段",由此可知,"芥园"则在"子段",如下图所示。

乾隆二十二年(1757)秋,查为义在"'近圃'之右,得地数亩",另建"介园"②。乾隆三十六年,乾隆帝将之更名为"芥园"③。"芥园"在"近圃"之右,那么"近圃"就在"芥园"之左。"芥园"所在"子段"的左旁是"己段",据此可推知,"近圃"就在"己段",如下图所示。

原初"水西庄"的所在地则在故址图的右下方,也即"济安自来水公司"的地界,如下图所示。

"小水西"建成时,查为仁及其儿女、儿媳、侍女均为之赋诗。其中严月瑶诗云:"构得新庄更向西。"④查容端诗云:"小圃新成复向西。"⑤由此两诗可知,"小水西"位处"水西庄"的西边。故址图中"水

---

① 高凌雯:《天津县新志》卷二十五,来新夏、郭凤岐主编:《天津通志》(中),南开大学出版社,2001年,第1054页。
② (清)查礼:《铜鼓书堂遗稿》卷十四,《续修四库全书》第1431册,上海古籍出版社,2002年,第103页。
③ 高凌雯:《天津县新志》卷二十四,来新夏、郭凤岐主编:《天津通志》(中),南开大学出版社,2001年,第1012页。
④ 陈克、岳宏主编:《水西余韵》,天津古籍出版社,2008年,第185页。
⑤ (清)梅成栋纂:《津门诗钞》卷二十,天津古籍出版社,1993年,第617页。

西庄"所在地"济安自来水公司"地界的西边是"庚""寅""卯"三段。据此即可知,"小水西"的所在地就在"庚""寅""卯"三段之中,如下图所示。

复旧如旧,故而重建"水西庄"时,可以根据这幅故址图中的地貌形态以及"水西庄""小水西""近圃""芥园""河神庙""牌坊""御碑"等的空间布局来最大限度地复原"水西庄"的历史风貌。

天津芥园水西庄故址图

六、水西庄重建的构想

重建水西庄,自清末民国以来,有识之士奔走呼号已历经一百多年。我们不能因为"怎样建"的争议比较大,而将"应该建"这个重要的前提竟然也给彻底否了。不管大家的歧见如何,对于天津,作为历史文化名城而言,笔者以为重建水西庄是非常有必要的。为此,下面则就"怎样建",谈谈笔者个人的看法和建议。

(一)水西庄的形态:野趣幽境

重建的水西庄要基本上再现出它的历史风貌。它的主要形态特征是自然、素朴、简单,"不加丹垩"。建筑布局是因地布置,随山附形、依水而建。它的整个园林规划也不是事先一次性拟就的。即使同一期内的建筑,也是在不同时间段内先后建造而成,而不是一蹴而就的。因而所谓名人设计、匠心独运、中轴线布局等等,都是后人的推测之词。

重建的水西庄在整体上要赋予它"野趣幽境"的形态,不要雕梁画栋、红墙绿瓦。毕竟它不是皇家园林,也不是仕宦园林,而是私人园林。但也不同于一般的私人园林,它是一座"半茅半瓦野人家"的隐士园林。雍正年间,查为仁就是在这里发愤抒懑、锄花莳竹、疗养心理的。

重建后的水西庄,要能够让久居城市之中的人们,对灯红酒绿的生活审美疲劳之后,于闲暇时间或假期来此游赏郊野风光、野人村居,领悟天然意趣、别样感觉,让城市文明重压下的疲惫身心能够在此得到完全的放松和适度的调整。

(二)水西庄兴建的经济基础:盐商文化

水西庄主人的身份是长芦盐商,得以发家致富的途径是盐业经营。水西庄得以建成是有赖于业盐所得的丰厚收入。为此,重建之后的水西庄内要设置专门的地方,用文字、图像、雕塑等来介绍长芦盐业历史以及查氏家族的发迹史。对于长芦盐商文化的介绍和宣传,可以使游客不仅了解水西庄兴建的经济基础,更可以了解作为历史文化名城的天津早期崛起的经济文化背景。

(三)水西庄兴盛的时代背景:博学鸿词

乾隆元年举行博学鸿词科考,当时被保荐者达260多人,参加考试者也有170多人,这些应征的士子都是当时文坛的精英。查礼也曾参加,虽然未曾中式,却有幸结识了这些士子。其中,有数十人,或与查氏诗文往来赠答,或曾过访水西庄参与吟咏。彼时,水西庄的文事活动臻于鼎盛,与扬州马曰琯的"小玲珑山馆"南北遥相呼应,在士林中影响极大。

重建的水西庄,在园内要着力宣传乾隆元年博学鸿词科考举行的时代背景、知识内容。对其中到访水西庄者、或未到但与水西庄主人有诗文赠答者,要进行清理和统计,作生平简介,重点介绍他们在水西庄内参与的文事活动,或与水西庄主人诗文赠答的时间、内容等具体情况。

没有博学鸿词科考,也就没有这么多文人士子取道天津。科考失利之后,这些士人又多滞留京津地区,投谒交友,寻找援引,等待新的仕宦机会。也就是说,没有博学鸿词科考,就没有水西庄文事之盛。所以丙辰科博学鸿词应该是水西庄重建时需要考虑的重要内容之一。介绍博学鸿词科考,就与中国传统主流文化衔接起来了,这样,就可以使重建的水西庄产生全国性的影响力。

为此,重建的水西庄要将大运河纳入视野,以展现它的开放性、流动性。大运河源头活水、人来船往,水西庄即借此保持了它的对外联系,水西庄的人文也借此保持了它的生命活力。

(四)水西庄的历史意义:文化胜地

水西庄影响遍及大江南北,名留史册,并不是因为它的园林特色,而是源于它的人文气息,包括主人的文化素养、丰富的书史收藏、繁多的文事活动等。重建的水西庄要塑造成为一个文化胜地,而不仅仅是一座园林景观。

为此,首先要详细介绍水西庄主人的生平履历、文化修养、创作著述,这也是当年水西庄吸引名流士子来此的主要原因。

其次,要做好宾朋好友的介绍。对于曾经过访水西庄者,除了介绍其生平著述之外,更要突出他们过访水西庄的背景、所参与的文事活动等,这点尽可能做到深入发掘和资料详尽。唯其如此,才能彰显水西庄的历史意义和文化价值。不突出他们与水西庄主人的关系、具体交往的情况,而流于一般的人物介绍,意义则不大。宾朋好友分为两类:过访者和未过访者。过访者,当然要详尽介绍;对于重要的未过访但有关系者,也应该介绍。如纪晓岚,乾隆十九年(1754)会试,他与查为仁之子查善长同科进士;乾隆四十九年(1784)会试,查为义之孙查彬考取进士,纪晓岚为副主考官;乾隆六十年(1795),查为义与其妻杜氏、继配王氏合葬三河县留水渠时,纪晓岚为之撰写墓志铭。

第三,文物展览。凡是查氏家族原有的物品以及曾经收藏的书画、印章、铜器、古籍等文物,如能购买的,则购买;不能购买的,则临摹或复制,均陈列在重建的水西庄内,配以文字说明,供游客遥想当年的盛况。

另外,书画悬挂。与水西庄各座楼台亭阁相关的诗词、图画,均应搜集汇编,邀请天津当今著名书画家重新书写摹绘,装裱悬挂在对应的楼台亭阁里面。这些举措,可以浓厚水西庄的人文意蕴,增添游客观赏的内容。

(五)整体布局、现代意义与现实价值

水西庄景区整体布局,宏观上可以分为两个部分,即文化活动场所和商业活动场所。文化活动场所置于水西庄内,可以设立高级会所,能够举办文化沙龙、学术会议等;另外设置其它活动场地,如文娱汇演大厅、琴棋书画室、茶座等。商业活动场所则分布在重建的水西庄周边的商业区域,不得干扰和破坏水西庄的野趣幽境。

重建水西庄,不仅可以为天津旅游事业增添一道人文景观,而且可以延续天津古代的人文传统。将其打造成现代天津的文化胜地,这对于深入理解天津深厚的历史文化底蕴,承传和弘扬天津的地域文化,促进当代天津文化的繁荣与发展,具有极其重要的意义。水西庄及查氏家族是天津的文化品牌,发掘和利用水西庄及查氏家族的文化资源,对于向世人宣传天津历史上的文化成就,促使世人来了解天津、认识天津和研究天津,促进天津的现代城市文化建设,激发天津人民爱乡之情,提高天津城市文化的品味,完善天津城市的文化功能,也有着重要的历史意义和现实价值。

七、水西庄及查氏的传奇故事

(一)双凤传奇

乾隆十一年(1746)三月十五日,查为仁夜梦双凤临空而降,栖息屋边,各衔一玲珑金色篆字,一"贞"一"福"。后纳两个小妾,名字刚好与梦境相合,一个叫"贞娘",一个叫"福娘"。其后,请苏中顾方来绘制《双凤图》,查为仁题诗并作序。英廉(冯氏,号梦堂,福余人)次年十一月二十日题集句诗一首,并作跋。诗云:"粉壁红窗画不成(花蕊夫人),天风吹下许飞琼(许浑)。可怜月好风凉夜(白居易),雏凤清于老凤声(李商隐)。"跋曰:"莲坡老友,以慧业文心,结南柯因果,一日出此图索题,余雅能说梦者,因叮咛数语,书以归之,将毋笑丰干饶舌耶?"先后题诗者,还有吴廷华(号东壁,仁和人)、厉鹗(号樊榭,钱塘人)、工昆霞(字来庭,道士)、赵虹(字饮谷,嘉定人)、李元(号沧屿,山阴人)、刘文煊(字紫仙,山阴人)、余尚炳(字犀若,绍兴人)、陈皋(字江皋,钱塘人)等,朱岷(字导江,武进人)题签。

——梅成栋《津门诗钞》卷七

(二)水仙和诗

康熙五十五年(1716)九月初九日,查为仁作赏菊诗两首:

> 黄菊窥篱作好秋,五年清梦隔悠悠。何来野老敲门入,却送霜枝破客愁。自植几丛当槛列,更删数朵小瓶留。花开便是重阳节,莫惜风轩洗盏酬。

> 略同薏苦不须猜,佳客如云次第来。澹处何嫌邀月看,瘦时偏耐倚霜栽。孤根尚有寒蛩伴,晚色休教白雁催。钞得玉函方一卷,眼前怀抱好为开。

其时,和者甚众。青城道士董白(字守素)寓居北京天坛,十月十二日扶乩降仙。水仙从天而降,自言其身世:姓杜,名丽春,江西吉水人。明朝万历年间,随父进京,途经天津,溺水而亡。其前身为玉霄宫校书,死后,即拜见碧霞元君,仍被授职琅苑,兼管天津水府事。道士董白请求水仙赋诗留念。水仙见案上有查为仁赏菊诗,极为欣赏,于是和诗两首,即升空而去。和诗如下:

> 瞬息东风瞬息秋,尘寰犹认岁悠悠。无知花草自开落,底事心情易喜愁。红粉易消肌玉冷,青春难挽鬓丝留。何如早觅还丹诀,逝水年华尚可酬。

> 说与诗人莫费猜,闲中亲见转轮来。薜华逞艳才堪种,槿树旋枯不复栽。有限精神休浪掷,无情乌兔递相催。春兰秋菊寻常物,须看蟠桃池上开。

——查为仁《赏菊倡和诗》

(三)梦得诗句

雍正十二年(1734)秋夜,查为仁梦中到旧游地赏玩,得诗两联

"贪将叶叶花花地,趁取风风雨雨天。高馆人归余积藓,空阶日暮起寒烟",醒后续成七言律诗一首:"海国相思红豆筵,歌喉一串似珠圆。贪将叶叶花花地,趁取风风雨雨天。高馆人归余积藓,空阶日落起寒烟。年来颇识闲中味,只拟长斋绣佛前。"其后,查羲(号选佛,海宁人)、查奕楠(号松晴,海宁人)等人和之。

——查为仁《莲坡诗话》卷中、查为仁《抱瓮集》

(四)天赐名号

康熙五十五年(1716)十一月,查为仁妹婿李源(字仁山,山阴人)有事去中州,客寓祥符。梦入深山,峰峦如画,烟霞泉石,殆非人间。见一长髯道士,云衣鹤氅,潇洒逸群,李源拜求名字。道士取出一斜幅纸,书其名曰"更"。"更"字左右两傍,模糊不清。又书其字曰"莲坡",并赠以偈句:"莲坡莲坡,石坚不磨,即此藏密,妙用无多"。李源拟将名与字都转赠给查为仁。一年后,李源自河南归,讲述此梦境,之后众人再也未曾提及此事。五十七年(1718)冬,查为仁拜高云和尚为师,并恳求赐给法名道号。高云不假思索,赐给查为仁:名"成甦",字"莲坡"。众人深感惊讶,咄咄称怪。

——李源《祥符梦说》、谈汝龙《花影庵记》

(五)椿芝椿花

乾隆二十二年(1757),水西庄旁"近圃"中的一棵老椿树上长出灵芝,芝大如轮,方圆约二尺多。这颗大灵芝上又生出十多颗小灵芝,龙势盘旋,须爪毕露。这年秋天,查为义在"介园"也栽种了十多棵新椿树。乾隆二十四年(1759)春天,新老椿树,一齐开花。花色纯白,朵若梅,穗若藤,垂垂累累,清香可爱。椿树开花,椿树生芝,是家庭的祥瑞,人寿的征兆。

——查礼《铜鼓书堂遗稿》卷十四《椿芝椿花歌》

参考文献

(唐)孔颖达:《毛诗正义》,北京大学出版社,1999年。
(汉)班固:《汉书》,中华书局,1962年。
赵尔巽等撰:《清史稿》,中华书局,1977年。
《清实录》,中华书局,1985年。
中国第一历史档案馆编:《康熙朝汉文朱批奏折汇编》,档案出版社,1985年。
中国文物研究所、北京石刻艺术博物馆编:《新中国出土墓志·北京》[壹],文物出版社,2003年。
陈克、岳宏主编:《水西余韵》,天津古籍出版社,2008年。
《清朝贡举年表》,沈云龙主编:《近代中国史料丛刊》第一编第135册,新北文海出版社,1966年。
(清)郑方坤:《清朝名家诗钞小传》,台湾明文书局,1986年。
(清)王昶:《湖海诗人小传》,台湾明文书局,1986年。
(清)李桓辑:《国朝耆献类征初编》,台湾明文书局,1986年。

(清)杭世骏:《词科掌录举目》,台湾明文书局,1986年。

(清)杭世骏:《词科余话》,台湾明文书局,1986年。

傅璇琮主编:《唐才子传校笺》,中华书局,1990年。

徐世昌纂:《大清畿辅书征》,民国天津徐氏铅印本。

徐世昌撰:《大清畿辅先哲传》,北京古籍出版社,1993年。

陆谦祉:《清厉樊榭先生鹗年谱》,台湾商务印书馆,1981年。

黄云眉:《清邵二云先生晋涵年谱》,台湾商务印书馆,1982年。

陆勇强:《陈维崧年谱》,中国社会科学出版社,2006年。

(清)释自如:《上方山志》,乾隆二十九年(1764)刻本。

(清)王定安等纂:《重修两淮盐法志》,光绪三十年(1904)刻本。

(清)楼卜瀍等纂:《诸暨县志》,台北成文出版社有限公司,1983年。

(清)朱肇基等纂:《太平府志》,《中国地方志集成·安徽府县志辑》第37册,江苏古籍出版社,1998年。

(清)黄掌纶等撰:《长芦盐法志》,科学出版社,2009年。

来新夏、郭凤岐主编:《天津通志》(旧志点校卷),南开大学出版社,1999年。

王世新主编:《天津市红桥区志》,天津古籍出版社,2001年。

(清)李斗:《扬州画舫录》,中华书局,1960年。

(清)钱泳:《履园丛话》,中华书局,1979年。

(清)法式善等撰:《清秘述闻三种》,中华书局,1982年。

(清)福格:《听雨丛谈》,中华书局,1984年。

(清)徐士銮:《敬乡笔述》,天津古籍出版社,1986年。

(清)吴荣光:《吾学录》,中华书局,1989年。

(清)汪沆:《津门杂事诗》,乾隆四年(1739)写刻本。

（清）查礼辑：《沽上题襟集》，乾隆六年(1741)写刻本。

（清）完颜恽珠辑：《国朝闺秀正始集》，道光十一年(1831)刻本。

（清）陈仪：《陈学士文集》，《丛书集成初编》第2498册，商务印书馆，1935年。

（清）周焯：《卜砚山房后集》，高凌雯辑：《天津诗人小集十二种》第四册，1936年天津金钺刻本。

（清）厉鹗：《樊榭山房全集》，中华书局，1936年。

（清）陈宏谋：《陈榕门先生遗书》，《广西乡贤丛书》，1944年铅印本。

（清）章学诚：《章学诚遗书》，文物出版社，1985年。

（清）全祖望：《全祖望集汇校集注》，上海古籍出版社，2000年。

（清）万光泰：《柘坡居士集》，《四库全书存目丛书》第281册，齐鲁书社，1997年。

（清）英廉：《梦堂诗稿》，《四库未收书辑刊》第9辑第26册，北京出版社，2000年。

（清）杭世骏：《道古堂全集》，《续修四库全书》第1426、1427册，上海古籍出版社，2002年。

（清）纪昀：《纪文达公遗集》，《续修四库全书》第1435册，上海古籍出版社，2002年。

（清）吴省钦：《白华前稿》《白华后稿》，《续修四库全书》第1448册，上海古籍出版社，2002年。

（清）陶樑辑：《国朝畿辅诗传》，《续修四库全书》第1681册，上海古籍出版社，2002年。

（清）王又朴：《诗礼堂古文》，《清代诗文集汇编》第248册，上海古籍出版社，2010年。

（清）商盘：《质园诗集》，《清代诗文集汇编》第296册，上海古籍出版社，2010年。

（清）汪沆：《槐塘诗稿》，《清代诗文集汇编》第301册，上海古籍出版社，2010年。

（清）彭元瑞：《恩余堂辑稿》，《清代诗文集汇编》第374册，上海古籍出版社，2010年。

（清）铁保辑：《熙朝雅颂集》，辽宁大学出版社，1992年。

（清）梅成栋纂：《津门诗钞》，天津古籍出版社，1993年。

张宏生主编：《全清词·雍乾卷》，南京大学出版社，2012年。

（清）陈廷焯：《白雨斋词话》，人民文学出版社，1959年。

（清）洪亮吉：《北江诗话》，人民文学出版社，1983年。

（清）王昶：《蒲褐山房诗话》，齐鲁书社，1988年。

（清）袁枚：《随园诗话》，江苏广陵古籍刻印社，1998年。

王逸塘：《今传是楼诗话》，张寅彭主编：《民国诗话丛编》（三），上海书店出版社，2002年。

（清）陈廷敬、王奕清等编：《钦定词谱》，中国书店，1983年。

（清）查为仁、厉鹗笺：《绝妙好词笺》，河北大学出版社，2005年。

冯柳堂：《乾隆与海宁陈阁老》，上海书店出版社，1988年。

章用秀：《天津地域与津沽文学》，天津社会科学院出版社，2000年。

章用秀：《天津的园林古迹》，天津古籍出版社，2004年。

商衍鎏：《清代科举考试述录及有关著作》，百花文艺出版社，2004年。

郭喜东、张彤、张岩：《天津历史名园》，天津古籍出版社，2008年。

刘尚恒：《天津查氏水西庄研究文录》，天津社会科学院出版社,2008年。

韩吉辰:《红楼寻梦水西庄》,清华大学出版社,2015年。

孙文良:《满族大辞典》,辽宁大学出版社,1990年。

[日]宫田一郎、石汝杰主编:《明清吴语词典》,上海辞书出版社,2005年。

《广智星期报》第231—406期。

《河北第一博物院画报》第49期,1933年9月25日。

王澈:《乾隆元年荐举博学鸿词史料(下)》,《历史档案》1990年第4期。

徐丰梅:《杭世骏生卒年确考》,《商丘职业技术学院学报》2003年第5期。

田晓春:《凭仗君扶大雅轮——从樊榭集外书札一通之考证论厉鹗在雍、乾诗坛的地位》,《西北师大学报》(社会科学版)2004年第2期。

高洪钧:《〈天津艺文志〉与天津历史文化名人》,《天津成人高等学校联合学报》2004年第4期。

张兵、王小恒:《厉鹗与浙派诗学思想体系的重建》,《文学遗产》2007年第1期。

王之望:《珍贵的史料,博恰的赏评——查为仁的〈莲坡诗话〉评析》,《天津大学学报》(社会科学版)2008年第1期。

牛润珍、张慧:《〈大清一统志〉纂修考述》,《清史研究》2008年第1期。

王之望:《佳词醇雅,笺助风流——略论查为仁、厉鹗的〈绝妙好词笺〉》,《广西社会科学》2009年第5期。

张文琴:《天津查氏水西庄文献考述》,《图书馆工作与研究》

2009年第9期。

杜吉华:《徐州清代名僧智朴》,《徐州史志》2010年第1期。

孙爱霞:《北查风流,尽在水西——查礼诗词研究》,《社科纵横》(新理论版)2010年第2期。

孙爱霞:《查为仁诗词简论》,《山东文学》(下半月)2010年第5期。

李桂芹:《〈拟乐府补题〉初探——兼论中期浙西词派》,《河南师范大学学报》(哲学社会科学版)2011年第3期。

李桂芹:《〈拟乐府补题〉的词学文献价值》,《南阳师范学院学报》(社会科学版)2011年第7期。

范学亮:《商盘笔下的查氏"水西园"所蕴含的文献价值》,《名作欣赏》2011年第14期。

杨传庆:《查礼及其〈榕巢词话〉》,《古典文学知识》2012年第3期。

项姝珍:《论查为仁孤高愁苦的诗心》,《怀化学院学报》2012年第10期。

陈玉兰、项姝珍:《天津查氏水西庄诗人群的文化心态及雅集内涵》,《浙江师范大学学报》(社会科学版)2013年第1期。

王小恒:《万光泰与津门查氏水西庄》,《兰州文理学院学报》(社会科学版)2014年第2期。

陈玉兰、项姝珍:《天津查氏水西庄雅集的江南文化特质》,《苏州大学学报》(哲学社会科学版)2014年第4期。

曹磊、席丽莎:《京南花月无双地,蓟北繁华第一城——记天津历史名园查氏水西庄》,《新建筑》2014年第4期。

张兵、王小恒:《天津查氏水西庄与清代雍、乾之际文坛走向》,《西北师大学报》(社会科学版)2014年第6期。

李瑞豪:《水西庄雅集与雍、乾之际的畿辅诗坛》,《河北师范大学学报》(哲学社会科学版)2015年第1期。

刘东海:《雍乾词坛"拟〈乐府补题〉"创作考述》,《中华文史论丛》2015年第4期。

李桂芹:《论〈绝妙好词笺〉的典范意义》,《安徽师范大学学报》(人文社会科学版)2015年第5期。

夏飘飘:《厉鹗入京与入仕考述》,《浙江树人大学学报》2015年第6期。

项姝珍:《天津查氏水西庄文献活动略论》,《图书馆学刊》2015年第8期。

吴华峰:《厉鹗在雍乾诗坛地位管窥——以〈移居〉诗四首唱和为中心》,《中国韵文学刊》2016年第1期。

王小恒:《论浙派诗人陈皋的诗文化活动》,《兰州文理学院学报》(社会科学版)2016年第2期。

张晖:《从〈陈维崧集〉看清代别集整理》,《南方都市报》2011年5月29日。

徐旭晟:《杭世骏学术研究》,华东师范大学硕士学位论文,2009年。

项姝珍:《天津查氏水西庄雅集研究》,浙江师范大学硕士学位论文,2013年。

孙晓芳:《查礼旅桂诗文笺注》,广西师范学院硕士学位论文,2015年。

叶修成:《天津水西庄及查氏家族研究述略》,《新亚论丛》2010年总第十一期。

叶修成:《英廉在津创作及其与水西庄查氏家族的交往》,《民族文学研究》2012年第3期。

叶修成:《论英廉在津登览纪行之作》,《晋中学院学报》2012年第5期。

叶修成:《水西庄查氏著述中所见杭世骏佚序二篇》,《渭南师范学院学报》2012年第11期。

叶修成:《重建水西庄之构想》,《天津日报》2012年12月17日。

叶修成:《查为义生平仕履及文艺创作考论》,《天津市社会科学界第八届学术年会优秀论文集》,天津人民出版社,2012年。

叶修成:《水西庄始建年代新证》,《今晚报》2013年9月3日。

叶修成:《杭世骏佚文〈查莲坡墓志铭〉与查为仁乡试科场案》,《贵州社会科学》2013年第10期。

叶修成:《天津水西庄研究三则》,万鲁建编:《九河寻真(2014)》,天津古籍出版社,2015年。

叶修成:《清代天津水西庄考论》,《天津师范大学学报》(社会科学版)2015年第4期。

叶修成:《〈查氏七烈编〉中所见清代佚词九首》,《南昌大学学报》(人文社会科学版)2016年第1期。

叶修成:《天津水西庄查氏家族成员生平及其著述考》,《文津学志》2016年第九辑。

叶修成:《厉鹗与水西庄查氏的文学交游及其意义》,《北京社会科学》2017年第4期。

查氏家族文献参见本书第三章第一节《水西庄查氏家族成员生平及其著述》。

后 记

2008年博士毕业后,我即来天津工作。入其境,问其俗,于是想了解天津古代历史上有哪些文化名流和重要文化事件,通过网络搜索,结果发现了水西庄。水西庄文化蕴藏着丰富而深厚的内涵,它是天津儒雅文化的标识,也是天津古代文化的鼎峰,具有重要的学术研究价值和现实借鉴意义。由此,我以"天津水西庄查氏家族文化研究"为题申报了天津市文化艺术科学研究规划项目,并最终获得了立项(批准号 E08062)。

本书是在此课题结项成果的基础上增删修订而成的。在研究的过程中,曾得到了诸多水西庄研究专家的帮助和教益,如韩吉辰、刘尚恒、黄禄衡、章用秀、陈克、罗澍伟、郭鸿林、赵永强、张文琴等先生和女士,谨此致以诚挚的谢意!

本书多个章节已以单篇论文的形式在《民族文学研究》《北京社会科学》《贵州社会科学》《天津师范大学学报》《南昌大学学报》《天津日报》《今晚报》等报刊公开发表,在此真诚地感谢诸位编辑对拙文的采用,以及为此而付出的辛劳!

本书的出版,多亏王振良兄的催促和玉成,他和责任编辑唐舰女士为此书的出版付出了许多辛劳,谨此深致谢忱!

爱人王一华帮忙将古籍文字变成电脑文字,我也要表示深深谢意!

本书错讹和遗漏之处必定不少,敬请诸位专家学者批评和教正!

叶修成
2016 年 8 月于天津财经大学

《问津文库》已出书目

(总计 56+3 种)

◎ 天津记忆

沽帆远影　刘景周著	59.00 元
荏苒芳华：洋楼背后的故事　王振良著	49.00 元
津门书肆记　雷梦辰原著/曹式哲整理	49.00 元
故纸温暖：老天津的广告　由国庆著	28.00 元
沽上文谭　章用秀著	38.00 元
百年留踪：解放桥的前世今生　方博著	39.00 元
南市沧桑　林学奇著	79.00 元
津沽漫记：日本人笔下的天津　万鲁建编译	39.00 元
忆弢盦：来新夏先生纪念文集　焦静宜编	92.00 元
与山河同在：天津抗日杀奸团回忆录　阎伯群编	38.00 元
楮墨留芳：天津文化名人档案　周利成著	30.00 元
布衣大师：允文允武的艺术名家阎道生　阎伯群著	30.00 元

口述津沽:民间语境下的堤头与铃铛阁　张建著　　28.00元
大地史书:地质史上的天津　侯福志著　　29.00元
丹青碎影:严智开与天津市立美术馆　齐珏著　　28.00元
立宪领袖:孙洪伊其人其事　葛培林著　　30.00元
津门开岁:徐天瑞日记解读　王勇则著　　58.00元
水产教育家张元第　张绍祖编著　　36.00元
八年梦魇:抗战时期天津人的生活　郭文杰著　　28.00元
沽文化诠真　尹树鹏著　　48.00元
圈外谈艺录　姜维群著　　38.00元
记忆的碎片:津沽文化研究的杂述与琐思　王振良著　　38.00元
水产教育家张元第集　张绍祖编　　58.00元
应得的荣誉:女医生里昂罗拉·霍华德·金的故事
　　[加]玛格丽特著/胡妍译　　38.00元

◎通俗文学研究集刊

望云谈屑　张元卿著　　39.00元
还珠楼主前传　倪斯霆著　　38.00元
品报学丛.第一辑　张元卿、顾臻编　　38.00元
云云编:刘云若研究论丛　张元卿编　　38.00元
品报学丛.第二辑　张元卿、顾臻编　　32.00元
刘云若评传　张元卿著　　32.00元
郑证因小说经眼录　胡立生著　　78.00元

◎三津谭往

三津谭往.2013　王振良主编　　39.00元

三津谭往.2014　万鲁建编　　　　　　　　　39.00 元
三津谭往.2015　孙爱霞编　　　　　　　　　48.00 元

◎ 九河寻真

九河寻真.2013　王振良主编　　　　　　　　59.00 元
九河寻真.2014　万鲁建编　　　　　　　　　59.00 元
九河寻真.2015　万鲁建编　　　　　　　　　88.00 元

◎ 津沽文化研究集刊

《雷雨》八十年　耿发起等编　　　　　　　　55.00 元
陈诵洛年谱　张元卿著　　　　　　　　　　　48.00 元
碧血英魂：天津市忠烈祠抗日烈士研究　王勇则著　98.00 元
都市镜像：近代日本文学的天津书写　李炜著　　38.00 元
天津楹联述略　李志刚著　　　　　　　　　　36.00 元
口述津沽：民间语境下的西沽　张建著　　　　　56.00 元
口述津沽：民间语境下的西于庄　张建著　　　　108.00 元
紫芥掇实：水西庄查氏家族文化研究　叶修成著　58.00 元

◎ 津沽名家诗文丛刊

王南村集　王焕原著/宋健整理　　　　　　　　68.00 元
严范孙先生古近体诗存稿　严修原著/杨传庆整理　48.00 元
星桥诗存　苏之銮原著/曲振明整理　　　　　　58.00 元
退思斋诗文存　陈宝泉原著/郑伟整理　　　　　88.00 元
待起楼诗稿　刘云若原著/张元卿辑注　　　　　42.00 元
刘大同诗集　刘建封原著/刘自力、曲振明整理　　88.00 元

◎ **津沽笔记史料丛刊**

严修日记(1876—1894) 严修原著/陈鑫整理　　138.00元
桑梓纪闻　马鸿翱原著/侯福志整理　　42.00元
天津县乡土志辑略　郭登浩编　　98.00元
严修日记(1894—1898) 严修原著/陈鑫整理　　128.00元
周武壮公遗书　周盛传原著/刘景周整理　　128.00元

◎ **随艺生活**

方寸芸香:藏书票里的书故事　李云飞编　　98.00元
问津书韵:第十三届全国读书年会文集　杜鱼编　　78.00元
开卷二〇〇期　董宁文、董国和、周建新编　　168.00元